Die Verwertung von Sicherungseigentum durch den Insolvenzverwalter – eine umsatzsteuerrechtliche Betrachtung

Forum Unternehmens-, Steuer- und Bilanzrecht

Deutsche, europäische und internationale Rechtsfragen

Herausgegeben von Oliver Fehrenbacher / Michael Stöber

Band 9

PETER LANG

Ramona Claußen

Die Verwertung von Sicherungseigentum durch den Insolvenzverwalter – eine umsatzsteuerrechtliche Betrachtung

PETER LANG

Bibliografische Information der Deutschen Nationalbibliothek
Die Deutsche Nationalbibliothek verzeichnet diese Publikation in der Deutschen Nationalbibliografie; detaillierte bibliografische Daten sind im Internet über http://dnb.d-nb.de abrufbar.

Zugl.: Kiel, Univ., Diss., 2018

D 8
ISSN 2366-293X
ISBN 978-3-631-76551-7 (Print)
E-ISBN 978-3-631-76557-9 (E-PDF)
E-ISBN 978-3-631-76558-6 (EPUB)
E-ISBN 978-3-631-76559-3 (MOBI)
DOI 10.3726/b14566

Peter Lang – Berlin · Bern · Bruxelles · New York · Oxford · Warszawa · Wien

Diese Publikation wurde begutachtet.

www.peterlang.com

Vorwort

Die vorliegende Arbeit ist im Wintersemester 2015/2016 vom Fachbereich Rechtswissenschaften der Christian-Albrechts-Universität zu Kiel als Dissertation angenommen worden und entstand während meiner Tätigkeit als wissenschaftliche Mitarbeiterin am Institut für Wirtschafts- und Steuerrecht.

Mein besonderer Dank gilt meinem Doktorvater Prof. Dr. Michael Stöber, welcher mir im Laufe des Promotionsvorhabens wertvolle Anregungen mit auf den Weg gegeben und stets für einen fachlichen Austausch Zeit gefunden hat. Weiterhin möchte ich mich bei Herrn Prof. Dr. Joachim Jickeli für die Übernahme und die zügige Erstellung des Zweitgutachtens bedanken. Auch bei Herrn Prof. Dr. Jan Roth möchte ich mich für die zahlreichen Anregungen und Diskussionen im Laufe der Bearbeitung bedanken. Schließlich bedanke ich mich bei meinem Doktorvater und Herrn Prof. Dr. Oliver Fehrenbacher für die Aufnahme meiner Arbeit in die vorliegende Schriftenreihe.

Weiterer Dank gilt meiner Kollegin Raika Voldrich, welche mir zu jeder Zeit helfend zur Seite stand und mit konstruktiven Hinweisen zum Erfolg dieser Arbeit beigetragen hat. Ebenfalls möchte ich mich bei allen Mitarbeitern des Instituts für Wirtschafts- und Steuerrecht für einen regen Gedankenaustausch und die harmonische und freundschaftliche Zeit am Lehrstuhl bedanken.

Besonderer Dank gilt zudem meiner Familie und insbesondere meinen Eltern, Henning Claußen und Kirsten Reintjes, welche mich während meiner gesamten Studienzeit unterstützt und mich in meinem Vorhaben kontinuierlich bestärkt haben.

Der größte Dank gilt Jule von dem Bussche-Haddenhausen, welche mir stets mit ihrem liebevollen Zuspruch zur Seite stand und immer ein offenes Ohr für mich hatte und letztlich zum Gelingen der Arbeit beigetragen hat. Weiter möchte ich mich bei Dipl. iur. Lisa-Marie Ross, Dhana Marquardt und Michelle Nietzsch für die mühevolle Korrektur dieser Arbeit und die stete Unterstützung während der gesamten Studienzeit bedanken.

Kiel, Mai 2018 *Ramona Claußen*

Inhaltsübersicht

Inhaltsverzeichnis

Abkürzungsverzeichnis

1. MwSt-RL	Erste Richtlinie 67/227/EWG des Rates vom 11.04.1967 zur Harmonisierung der Rechtsvorschriften der Mitgliedstaaten über die Umsatzsteuer, ABl. EWG Nr. L 71/1967 vom 14.04.1967, S. 1301
2. MwSt-RL	Zweite Richtlinie 67/228/EWG des Rates v. 11.04.1967 zur Harmonisierung der Rechtsvorschriften der Mitgliedstaaten über die Umsatzsteuern – Struktur und Anwendungsmodalitäten des gemeinsamen Mehrwertsteuersystems, ABl. EWG Nr. L 71/1967 vom 14.04.1967, S. 1303
6. MwSt-RL	Sechste Richtlinie 77/388/EWG des Rates v. 17.05.1977 zur Harmonisierung der Rechtsvorschriften der Mitgliedstaaten über die Umsatzsteuern – Gemeinsames Mehrwertsteuersystem: einheitliche steuerpflichtige Bemessungsgrundlage, ABl. EG Nr. L 145 vom 13.06.1977, S. 1
a.A.	andere Ansicht
ABl.	Amtsblatt
Abs.	Absatz, Absätze
Abschn.	Abschnitt(e)
Abt.	Abteilung
abzgl.	abzüglich
AEUV	Vertrag über die Arbeitsweise der Europäischen Union
a.F.	alte Fassung
Alt.	Alternative
Anm.	Anmerkung
AO	Abgabenordnung
Art.	Artikel
ARUG	Aktionärsrechterichtlinie-Umsetzungsgesetz
Aufl.	Auflage
BB	Betriebs-Berater
Bd.	Band
BeckOK	Beck'scher Online-Kommentar
Begr.	Begründung
Beschl.	Beschluss
BFH	Bundesfinanzhof
BFHE	Amtliche Sammlung der Entscheidungen des Bundesfinanzhofs

BFH/NV	Sammlung amtlich nicht veröffentlichter Entscheidungen des Bundesfinanzhofs
BGB	Bürgerliches Gesetzbuch
BGBl.	Bundesgesetzblatt
BGH	Bundesgerichtshof
BGHZ	Amtliche Sammlung der Entscheidungen des Bundesgerichtshofs in Zivilsachen
BMF	Bundesministerium der Finanzen
BR-Drucks.	Bundesratsdrucksache
BStBl.	Bundessteuerblatt
BT-Drucks.	Bundestagsdrucksache
BVerfG	Bundesverfassungsgericht
BVerfGE	Amtliche Sammlung der Entscheidungen des Bundesverfassungsgerichts
bzw.	beziehungsweise
DB	Der Betrieb (Zeitschrift)
ders.	derselbe
d. h.	das heißt
DStJG	Veröffentlichungen der Deutschen Steuerjuristischen Gesellschaft
DStR	Deutsches Steuerrecht (Zeitschrift)
DStRE	Deutsches Steuerrecht – Entscheidungsdienst (Zeitschrift)
DStZ	Deutsche Steuer-Zeitung (Zeitschrift)
DVO	Verordnung (EG) Nr. 1777/2005 des Rates v. 17.10.2005 zur Festlegung von Durchführungsvorschriften zur Richtlinie 77/388/EWG über das gemeinsame Mehrwertsteuersystem, ABl. EU Nr. L 288/2005 vom 29.10.2005, S. 1
DZWIR	Deutsche Zeitschrift für Wirtschafts- und Insolvenzrecht
EFG	Entscheidungen der Finanzgerichte
EG	Europäische Gemeinschaft
EGV	Vertrag zur Gründung der Europäischen Gemeinschaft
Einf.	Einführung
EU	Europäische Union
EuGH	Europäischer Gerichtshof
EWG	Europäische Wirtschaftsgemeinschaft
EWiR	Entscheidungen zum Wirtschaftsrecht (Zeitschrift)
f., ff.	folgende
FD-InsR	Fachdienst Insolvenzrecht (Zeitschrift)

FG	Finanzgericht
Fn.	Fußnote
FS	Festschrift
GG	Grundgesetz
HB	Handbuch
HGB	Handelsgesetzbuch
Hrsg.	Herausgeber
InsO	Insolvenzordnung
InsR	Insolvenzrecht
InVo	Insolvenz und Vollstreckung (Zeitschrift)
i.S.d.	im Sinne des/der
JuS	Juristische Schulung (Zeitschrift)
Kap.	Kapitel
KO	Konkursordnung
KTS	Zeitschrift für Insolvenzrecht
Lfg.	Ergänzungslieferung
MüKo	Münchener Kommentar
m.w.N.	mit weiteren Nachweisen
MwSt	Mehrwertsteuer
MwStDVO	Mehrwertsteuer-Durchführungsverordnung (EU) Nr. 282/2011 des Rates v. 15.03.2011 zur Festlegung von Durchführungsvorschriften zur Richtlinie 2006/112/EG über das gemeinsame Mehrwertsteuersystem, ABl. EU Nr. L 77/2011 vom 23.03.2011, S. 1
MwStR	MehrwertSteuerrecht (Zeitschrift)
MwStSystRL	Richtlinie 2006/112/EG des Rates v. 28.11.2006 über das gemeinsame Mehwertsteuersystem, ABl. EU Nr. L 347/2006 vom 11.12.2006, S. 1
NJW	Neue Juristische Wochenschrift (Zeitschrift)
Nr.	Nummer
NWB	Neue Wirtschafts-Briefe (Zeitschrift)
NZA	Neue Zeitschrift für Arbeitsrecht
NZG	Neue Zeitschrift für Gesellschaftsrecht
NZI	Neue Zeitschrift für Insolvenz- und Sanierungsrecht
RegE	Gesetzentwurf der Bundesregierung
RFH	Reichsfinanzhof
RGBl.	Reichsgesetzblatt
RIW	Recht der Internationalen Wirtschaft

Rs.	Rechtssache
RStBl.	Reichssteuerblatt
Rz.	Randziffer
S.	Seite
Slg.	Sammlung der Rechtsprechung des Gerichtshofs
sog.	sogenannte
StB	Der Steuerberater (Zeitschrift)
StuW	Steuern und Wirtschaft (Zeitschrift)
u. a.	unter anderem
UR	Umsatzsteuer-Rundschau (Zeitschrift)
Urt.	Urteil
UStB	Der Umsatzsteuer-Berater (Zeitschrift)
UStDV	Umsatzsteuerdurchführungs-Verordnung
UStG	Umsatzsteuergesetz
v.	von
v.H.	von Hundert
Verf.	Verfasser
vgl.	vergleiche
Vorbem.	Vorbemerkungen
WM	Zeitschrift für Wirtschafts- und Bankrecht
ZHR	Zeitschrift für das gesamte Handelsrecht und Wirtschaftsrecht
ZInsO	Zeitschrift für das gesamte Insolvenzrecht
ZIP	Zeitschrift für Wirtschaftsrecht
zit.	zitiert
ZPO	Zivilprozessordnung
z. T.	zum Teil
ZZP	Zeitschrift für Zivilprozess

Kapitel 1: Einführung

I. Bedeutung der Umsatzsteuer innerhalb des „Insolvenzsteuerrechts"

Neben der Lohnsteuer[1] stellt die Umsatzsteuer[2] der Höhe nach die zweitgrößte Einnahmequelle des Staates dar.[3] So lag der Anteil der Umsatzsteuer im Jahr 2016 bei ungefähr 166 Mrd. Euro und macht somit einen Gesamtanteil von rund 23 % am gesamten Steueraufkommen in Deutschland aus.[4] Nicht nur im Bereich des eigentlichen Steuerrechts ist die Umsatzsteuer von zentraler Bedeutung, auch im Rahmen des Insolvenzrechts nehmen umsatzsteuerrechtliche Fragestellungen und Problemfelder stetig zu. Dies liegt zum einen an der wirtschaftlichen Bedeutung der Umsatzsteuer innerhalb der Insolvenzverfahren, welche hier eine gewichtige Auswirkung auf die Befriedigungsquoten der Insolvenzgläubiger hat. Insbesondere in kleinen Regelinsolvenzverfahren kann die Frage einer eventuell vorliegenden Vorsteuerabzugsmöglichkeit darüber entscheiden, ob die Verfahrenskosten (§ 54 InsO) gedeckt und damit ein Insolvenzverfahren überhaupt eröffnet werden kann.[5] Zum anderen sind bereits die Grundlagen der Umsatzbesteuerung im Insolvenzverfahren rechtlich höchst umstritten.[6] Dies ist letztlich auf die Inkongruenz des Steuer- und Insolvenzrechts zurückzuführen.[7] Die Forderung nach einem einheitlichen Insolvenzsteuerrecht wurde mehrfach in

---

1 Die Lohnsteuereinnahmen lagen 2016 bei ca. 186 Mrd. Euro, vgl. Statistisches Bundesamt DESTATIS Internetveröffentlichung, abgerufen am 02.12.2017 unter: https://www-genesis.destatis.de/genesis/online;jsessionid=09E4DEC2ED0595EBDC9020856D321AA7.tomcat_GO_2_1?operation=previous&levelindex=2&levelid=1512240283550&step=2.

2 Die Umsatzsteuereinnahmen lagen 2016 bei ca. 166 Mrd. Euro, vgl. https://www-genesis.destatis.de/genesis/online;jsessionid=09E4DEC2ED0595EBDC9020856D321AA7.tomcat_GO_2_1?operation=previous&levelindex=2&levelid=1512240283550&step=2.

3 *Hey*, in: Tipke/Lang, Steuerrecht, § 7 Rz. 19; *Roth*, Insolvenzsteuerrecht, Rz. 4.323.

4 Statistisches Bundesamt DESTATIS Internetveröffentlichung, abgerufen am 05.09.2017 unter: https://www.destatis.de/DE/ZahlenFakten/GesellschaftStaat/OeffentlicheFinanzenSteuern/Steuern/Steuerhaushalt/Steuerhaushalt.html.

5 Vgl. *Roth*, Insolvenzsteuerrecht, Rz. 4.323 f.

6 Näheres in den folgenden Kapiteln.

7 *Hölzle*, BB 2012, 1571; *Schwarz*, Umsatzsteuer in der Insolvenz – neue Facetten des Leistungsfähigkeitsprinzips, S. 1.

der Literatur gestellt und wird dennoch weitestgehend vom Gesetzgeber ignoriert.[8] So verwundert es nicht, dass das derzeitige „Insolvenzsteuerrecht“ durch die Judikatur der Umsatzsteuersenate des BFH[9] geprägt ist.[10] Die Rechtsprechung konnte in den vergangenen Jahren bereits viele aufgeworfene Fragen hinsichtlich der umsatzsteuerrechtlichen Problematik im Insolvenzverfahren beantworten, allerdings sind auch noch zahlreiche Fragen offen geblieben.[11] Des Weiteren ist die unionsrechtliche Entwicklung der Umsatzsteuer nicht außer Acht zu lassen. Mit dem Ziel, einen gemeinsamen Binnenmarkt zu schaffen, wurden im Laufe der Jahre zahlreiche Richtlinien speziell zur Umsatzsteuer erlassen; prägend für das nationale Umsatzsteuerrecht ist die derzeitig geltende MwStSystRL.[12] Durch den unionsrechtlichen Einfluss wurden zudem weitere Problemfelder im Bereich der Umsatzsteuer geschaffen und nur in Teilen von der Rechtsprechung und Literatur aufgearbeitet. Dies liegt nicht zuletzt an der vorrangigen Stellung des EuGH, welcher auch als „Superrevisionsinstanz“[13] zu umsatzsteuerrechtlichen Fragestellungen angesehen werden kann.

Die Komplexität der beiden Rechtsgebiete – Umsatzsteuer- und Insolvenzrecht – bringt es mit sich, dass es noch ein langer Weg zu einem einheitlichen Insolvenzsteuerrecht ist.

II. Gang der Untersuchung

Im Rahmen dieser Arbeit möchte ich mich speziell mit dem Thema der Verwertung von Sicherungseigentum im Insolvenzverfahren und deren umsatzsteuerrechtlicher Auswirkung auseinandersetzen. Die zentrale Problematik besteht hierbei in der richtigen umsatzsteuerrechtlichen Behandlung der einzelnen Vorgänge bei der Verwertung von Sicherungseigentum durch den Insolvenzverwalter unter Beachtung der unionsrechtlichen Vorgaben der MwStSystRL. Ausgehend von dieser Thematik sollen daher folgende Problempunkte behandelt werden: zum einen das Vorliegen einer entgeltlichen Geschäftsbesorgung zwischen Insolvenzverwalter und Insolvenzgläubiger und die daran anschließende Einordnung der Verwertungskostenpauschale (§§ 170, 171 InsO) als Entgelt

8 *Roth*, Insolvenzsteuerrecht, Rz. 1.1 ff.; *Schwarz*, Umsatzsteuer in der Insolvenz – neue Facetten des Leistungsfähigkeitsprinzips, S. 1.

9 Insbesondere durch den V., VII. und XI. Senat des BFH.

10 *Kahlert*, DStR 2011, 1973; *Roth*, Insolvenzsteuerrecht, Rz. 4.325.

11 Vgl. *Roth*, Insolvenzsteuerrecht, Rz. 4.325.

12 Siehe S. 6 f.

13 Zitiert nach: *Dobratz*, Leistung und Entgelt im Europäischen Umsatzsteuerrecht, S. 1.

im umsatzsteuerrechtlichen Sinn; zum anderen das Bestehen eines Kommissionsgeschäfts zwischen Insolvenzverwalter und Insolvenzgläubiger und dessen Europarechtskonformität. Der erste Abschnitt dieser Arbeit versteht sich als allgemeiner Teil, in welchem die Grundlagen sowohl zum Umsatzsteuer- als auch zum Insolvenzrecht behandelt werden. Im anschließenden Kapitel werden die zuvor genannten Problemfelder, welche sich bei der Verwertung von Sicherungseigentum im Insolvenzverfahren ergeben, grundlegend sowohl anhand des nationalen Rechts als auch des Unionsrechts aufgearbeitet. Das vierte Kapitel setzt sich mit den Vorsteuerabzugsmöglichkeiten sowie den Aufrechnungsmöglichkeiten des Finanzamtes auseinander. Abschließend wird die Arbeit im fünften Kapitel zusammengefasst und ein Ausblick auf die zukünftige Entwicklung in diesem Themengebiet gegeben.

Kapitel 2: Allgemeiner Teil

I. Allgemeine Grundsätze der Umsatzsteuer

1. Entwicklung der Umsatzsteuer

Dem Grundgedanken nach ist die Umsatzsteuer eine der ältesten Besteuerungsformen, welche bereits zu Zeiten der Antike bekannt und weit verbreitet war.[14] Dennoch lässt sich keine stringente Fortentwicklung in der Geschichte finden; vielmehr sind immer neue Besteuerungsformen eingeführt worden, die im Ansatz versucht haben, dem Grundgedanken der Umsatzsteuer als einer allgemeinen Verbrauchsteuer Rechnung zu tragen.[15] So wurden u. a. erstmals sog. Akzisen – Verbrauchsabgaben eines Unternehmers – besteuert, welche nach dem 30-jährigen Krieg als Haupteinnahmequelle von Städten und Adel dienten.[16] Eine weitere wichtige Einnahmequelle waren die sog. Quittungssteuern – ein Vorläufer unserer derzeitigen Umsatzsteuer –, welche als Steuern auf den Zahlungsverkehr bei Rechtsgeschäften erhoben wurden.[17] Erst während des Ersten Weltkriegs (1916) wurde der sog. „Warenumsatzstempel" – mit einer Besteuerung von 0,1 v. H. des Entgelts aus gewerblichen Warenlieferungen – eingeführt.[18] Im Rahmen einer umfassenden Reformierung wurde schließlich die sog. Reichsumsatzsteuer mit einem Steuersatz von 0,5 v. H. eingeführt, um die entstandenen Wiederaufbau- und Reparationskosten nach Ende des Ersten Weltkriegs (1918) decken zu können.[19] Die Besteuerung sämtlicher Waren und Dienstleistungen war als sog. Allphasen-Brutto-Umsatzsteuer ausgestaltet, welche auf jeder Handels- und Produktionsstufe erhoben wurde, ungeachtet etwaiger Vorbelastungen vorangegangener steuerpflichtiger Leistungen.[20] Dieses System der Umsatzbesteue-

---

14 *Grabower/Herting/Schwarz*, Die Umsatzsteuer, S. 7 ff.; *Jacobs*, DStZ 2006, 654.

15 *Jacobs*, DStZ 2006, 654.

16 *Englisch*, in: Tipke/Lang, Steuerrecht, § 17 Rz. 1; *Grabower/Herting/Schwarz*, Die Umsatzsteuer, S. 174; *Jacobs*, DStZ 2006, 654.

17 *Jacobs*, DStZ 2006, 654 (655).

18 *Birkenfeld*, UR 1993, 321 f.; *Englisch*, in: Tipke/Lang, Steuerrecht, § 17 Rz. 1; *Jacobs*, DStZ 2006, 654 (655); *Weiss*, UR 1993, 329.

19 *Englisch*, in: Tipke/Lang, Steuerrecht, § 17 Rz. 2; *Jacobs*, DStZ 2006, 654 (660); *Kortschak*, Lehrbuch Umsatzsteuer, Rz. 1.

20 *Englisch*, in: Tipke/Lang, Steuerrecht, § 17 Rz. 2; *Grabower*, Die Geschichte der Umsatzsteuer und ihre gegenwärtige Gestaltung im Inland und im Ausland, S. 286 f.; *Kortschak*, Lehrbuch Umsatzsteuer, Rz. 1; *Weiss*, UR 1993, 329.

rung wurde in den Folgejahren, insbesondere zur Zeit des Nationalsozialismus und auch in der Zeit nach dem Zweiten Weltkrieg, fortgeführt. Als wesentliche Umsatzsteuergesetze sind hierbei das UStG von 1934[21] und von 1951[22] zu nennen, in welchen die Besteuerung an die jeweilige Wirtschaftslage angepasst wurde, der Kern der Allphasen-Brutto-Besteuerung jedoch unverändert blieb.[23]

2. Harmonisierung der Umsatzsteuer

Die sog. Kumulationswirkung der Allphasen-Brutto-Besteuerung führte jedoch zur Verletzung der Wettbewerbsneutralität, da Unternehmen gezwungen waren, mehrere Produktionsstufen im selben Unternehmen unterzubringen oder diese ganz auszulassen.[24] Damit einhergehend häufte sich die Anzahl der vor dem Bundesverfassungsgericht eingereichten Verfassungsbeschwerden[25], sodass letztlich die Einführung einer Allphasen-Netto-Umsatzsteuer (1968)[26] erwogen wurde.[27] Nicht nur die erheblichen Zweifel des Bundesverfassungsgerichts bezüglich der Wettbewerbsneutralität der Umsatzsteuer, sondern auch die Entwicklung der EWG führte schließlich zum Anstoß der Harmonisierung des gemeinsamen Mehrwertsteuersystems innerhalb der damaligen EWG anhand gemeinsam verabschiedeter Richtlinien, welche grundsätzlich zur Wettbewerbsneutralität beitragen sollten.[28]

a) Richtlinien und Verordnungen

Grundlage des nationalen Umsatzsteuerrechts ist zum einen das UStG und zum anderen die UStDV, welche aufgrund gesetzlicher Ermächtigung (Art. 80 Abs. 1 GG i.V.m. § 26 UStG) erlassen wurden.[29] Maßgeblich wird das nationale Umsatzsteuer-

21 UStG 1934 v. 16.10.1934, RGBl. I 1934, 942.

22 UStG 1951 v. 01.09.1951, BGBl. I 1951, 791.

23 Zur ausführlichen Darstellung siehe: *Birkenfeld*, UR 1993, 321 (322 ff.); kurz: *Englisch*, in: Tipke/Lang, Steuerrecht, § 17 Rz. 2.

24 *Englisch*, in: Tipke/Lang, Steuerrecht, § 17 Rz. 2; *Kortschak*, Lehrbuch Umsatzsteuer, Rz. 1.

25 Siehe u. a.: BVerfG Urt. v. 06.05.1964–1 BvR 320/57, BVerfGE 18, 1 ff.; BVerfG Urt. v. 20.12.1966–1 BvR 320/57, BVerfGE 21, 12 (26 ff.).

26 UStG vom 29.05.1967, BGBl. I 1967, 545 ff.

27 Siehe: BT-Drucks. V/1581, Schriftlicher Bericht des Finanzausschusses über den von den Fraktionen der CDU/CSU, FDP eingebrachten Entwurf eines Umsatzsteuergesetzes (Nettoumsatzsteuer) S. 1 f.; *Birkenfeld*, UR 1993, 321 (326); *Englisch*, in: Tipke/Lang, Steuerrecht, § 17 Rz. 2; *Kortschak*, Lehrbuch Umsatzsteuer, Rz. 1.

28 *Birkenfeld*, UR 1993, 321 (326); *Englisch*, in: Tipke/Lang, Steuerrecht, § 17 Rz. 3; *Kirchhof*, DStR 2008, 1 (5).

29 *Englisch*, in: Tipke/Lang, Steuerrecht, § 17 Rz. 4.

recht jedoch durch das Unionsrecht geprägt.[30] Insbesondere aus Art. 113 AEUV (ex-Artikel 93 EGV) ergibt sich, dass der Rat im Rahmen eines besonderen Gesetzgebungsverfahrens und nach Anhörung des Europäischen Parlaments und des Wirtschafts- und Sozialausschusses einstimmig die Bestimmungen zur Harmonisierung der Rechtsvorschriften über die Umsatzsteuern, die Verbrauchsabgaben und sonstige indirekte Steuern erlässt, soweit diese Harmonisierung für die Errichtung und das Funktionieren des Binnenmarkts und die Vermeidung von Wettbewerbsverzerrungen notwendig ist. Um somit das Ziel – die Harmonisierung der umsatzsteuerlichen Rechtsvorschriften der EWG – erreichen zu können, wurden auf Grundlage der heute in Art. 113 AEUV enthaltenen Ermächtigung im Jahr 1967 sowohl die 1. MwSt-RL als auch die 2. MwSt-RL verabschiedet.[31] Diese beiden Richtlinien führten noch nicht gänzlich zum angestrebten Erfolg, schufen aber die Grundlage des gemeinsamen Mehrwertsteuersystems und eine damit einhergehende Wettbewerbsneutralität innerhalb des gemeinsamen Binnenmarktes sowie auf nationaler Ebene.[32]

Mit der 6. MwSt-RL (77/388/EWG) vom 17.05.1977, welche heute noch als „Grundgesetz des Umsatzsteuerrechts" bezeichnet wird, wurde dann „eine einheitliche steuerpflichtige Bemessungsgrundlage" für die Mitgliedsstaaten festgelegt.[33] Diese Richtlinie unterlag im Laufe der Jahre zahlreichen grundsätzlichen Änderungen, bis sie schließlich im Jahr 2006 neugefasst wurde; sie hat heute die Bezeichnung „MwStSystRL" (RL 2006/112/EG).[34] Im Jahr 2005, noch unter der Geltung der 6. MwSt-RL, wurde die DVO (EG) 1777/2005 durch den Rat der

---

30 *Englisch*, in: Tipke/Lang, Steuerrecht, § 17 Rz. 5; *Kortschak*, Lehrbuch Umsatzsteuer, Rz. 2; *Robisch*, in: Bunjes, UStG, Vor § 1 Rz. 4.

31 Erste Richtlinie 67/227/EWG des Rates v. 11.04.1967 zur Harmonisierung der Rechtsvorschriften der Mitgliedstaaten über die Umsatzsteuer, ABl. EWG Nr. L 71/1967 vom 14.04.1967, S. 1301; Zweite Richtlinie 67/228/EWG des Rates v. 11.04.1967 zur Harmonisierung der Rechtsvorschriften der Mitgliedstaaten über die Umsatzsteuern – Struktur und Anwendungsmodalitäten des gemeinsamen Mehrwertsteuersystems, ABl. EWG Nr. L 71/1967 vom 14.04.1967, S. 1303; *Birkenfeld*, UR 1993, 321 (326 f.).

32 *Dobratz*, Leistung und Entgelt im Europäischen Umsatzsteuerrecht, S. 110 f.; *Englisch*, in: Tipke/Lang, Steuerrecht, § 17 Rz. 6; *Klezath*, DStJG 13 (1990), S. 168.

33 Sechste Richtlinie 77/388/EWG des Rates v. 17.05.1977 zur Harmonisierung der Rechtsvorschriften der Mitgliedstaaten über die Umsatzsteuern – Gemeinsames Mehrwertsteuersystem: einheitliche steuerpflichtige Bemessungsgrundlage, ABl. EG Nr. L 145/1977 vom 13.06.1977, S. 1; *Robisch*, in: Bunjes, UStG, Vor § 1 Rz. 5; *Stadie*, in: Stadie UStG, Vorbem. Rz. 59.

34 Richtlinie 2006/112/EG des Rates v. 28.11.2006 über das gemeinsame Mehwertsteuersystem, ABl. EU Nr. L 347/2006 vom 11.12.2006, S. 1; *Robisch*, in: Bunjes, UStG, Vor § 1 Rz. 6; *Englisch*, in: Tipke/Lang, Steuerrecht, § 17 Rz. 7.

Europäischen Union eingeführt, welche zur Konkretisierung der Vorschriften der MwStSystRL beitragen sollte.[35] Die Neufassung der MwStDVO trat am 01.07.2011 in Kraft.[36]

b) *Wirkung der Richtlinien und Verordnungen*

Die zuvor genannten Richtlinien und Verordnungen sind Bestandteile des sekundären Unionsrechts und haben ihre Grundlage jetzt im AEUV (primäres Unionsrecht).[37]

Gemäß Art. 288 Abs. 3 AEUV (ex-Artikel 249 EGV) sind Richtlinien für jeden Mitgliedstaat, an den sie gerichtet sind, hinsichtlich des zu erreichenden Ziels verbindlich, überlassen jedoch den innerstaatlichen Stellen die Wahl der Form und der Mittel. Grundsätzlich gelten Richtlinien daher nicht unmittelbar für die Staatsbürger der einzelnen Mitgliedstaaten, sondern sind erst in nationales Recht umzusetzen.[38] Eine Bindung der Mitgliedstaaten findet jedoch in dem Sinne statt, dass die Richtlinie ihrem Inhalt nach in nationales Recht umgesetzt werden muss.[39] Sofern ein Mitgliedstaat seiner Pflicht zur rechtzeitigen Umsetzung der Richtlinie nicht nachkommt, kann durch ein Vertragsverletzungsverfahren (Art. 258 AEUV) eine entsprechende Sanktion verhängt werden.[40] Die Möglichkeit des Vertragsverletzungsverfahrens i.S.d. Art. 258 AEUV ist jedoch im Hinblick auf die ordnungsgemäße Umsetzung und Wahrung des Unionsrechts nicht hinreichend effektiv. Nicht zuletzt deswegen, weil im Rahmen des Vertragsverletzungsverfahrens lediglich ein Feststellungsurteil ergeht (vgl. Art. 260 AEUV), das

---

35 Verordnung (EG) Nr. 1777/2005 des Rates v. 17.10.2005 zur Festlegung von Durchführungsvorschriften zur Richtlinie 77/388/EWG über das gemeinsame Mehrwertsteuersystem, ABl. EU Nr. L 288/2005 vom 29.10.2005, S. 1; *Englisch*, in: Tipke/Lang, Steuerrecht, § 17 Rz. 7; *Robisch*, in: Bunjes, UStG, Vor § 1 Rz. 6.

36 Mehrwertsteuer-Durchführungsverordnung (EU) Nr. 282/2011 des Rates v. 15.03.2011 zur Festlegung von Durchführungsvorschriften zur Richtlinie 2006/112/EG über das gemeinsame Mehrwertsteuersystem, ABl. EU Nr. L 77/2011 vom 23.03.2011, S. 1; *Englisch*, in: Tipke/Lang, Steuerrecht, § 17 Rz. 7.

37 *Frotscher*, Internationales Steuerrecht, Rz. 58; *Schaumburg*, in: Schaumburg, Internationales Steuerrecht, Rz. 3.15.

38 *Frotscher*, Internationales Steuerrecht, Rz. 60; *Geismann*, in: von der Groeben/Schwarze/Hatje, Art. 288, Rz. 46; *Robisch*, in: Bunjes, UStG, Vor § 1 Rz. 9; *Schaumburg*, in: Schaumburg, Internationales Steuerrecht, Rz. 3.15.

39 *Frotscher*, Internationales Steuerrecht, Rz. 60; *Heidner*, UR 2003, 69 (70); *Kirchhof*, DStR 2008, 1 (4).

40 *Heidner*, UR 2003, 69 (70); *Schaumburg*, in: Schaumburg, Internationales Steuerrecht, Rz. 3.28.

nicht vollstreckbar ist und bei Nichtbeachtung durch den Mitgliedstaat nur ein weiteres Vertragsverletzungsverfahren nach sich ziehen würde.[41] Nach ständiger Rechtsprechung des EuGH können Richtlinien unter bestimmten Voraussetzungen dennoch eine unmittelbare Wirkung im Vertikalverhältnis (zwischen Bürger und Mitgliedstaat) entfalten: Wenn sie „inhaltlich unbedingt und hinreichend genau" formuliert sind und die Umsetzung in nationales Recht „nicht fristgerecht" erfolgte.[42] Sofern nicht umgesetzten Richtlinien eine unmittelbare Wirkung zukommt, ergibt sich im Verhältnis zum innerstaatlichen Recht eine Rangregel aus Art. 23 Abs. 1 GG.[43] Danach gebührt dem Unionsrecht ein unbedingter Vorrang gegenüber dem nationalen Recht (sog. Anwendungsvorrang).[44] Eine solche vorrangige Stellung folgt bereits aus dem EU-Recht selbst, siehe Art. 4 Abs. 3 EUV, Art. 288 AEUV.[45]

Sofern es um die Gültigkeit und Auslegung von (rechtzeitig oder verspätet) umgesetzten Richtlinien geht, können die nationalen Finanzgerichte dem EuGH eine entsprechende Vorlagefrage zu einer Vorabentscheidung gem. Art. 267 Abs. 2 AEUV vorlegen.[46] Hierbei steht dem EuGH die abschließende Entscheidungsbefugnis über die Gültigkeit und Auslegung des Unionsrechts zu, „solange die Europäischen Gemeinschaften, insbesondere die Rechtsprechung des Gerichtshofs der Gemeinschaften einen wirksamen Schutz der Grundrechte gegenüber

41 *Heidner*, UR 2003, 69 (70); *Streinz*, Europarecht, § 5 Rz. 490 u. § 8 Rz. 638.

42 St. Rspr., siehe EuGH Urt. v. 19.01.1982, Rs. C-8/81 (*Becker*), ECLI:EU:C:1982:7, Slg. 1982, 00053, Rz. 25; EuGH Urt. v. 19.11.1991, Rs. C-6/90 (*Francovich und Bonifaci/ Italien*), ECLI:EU:C:1991:428, Slg. 1991, I-05357, Rz. 11; EuGH Urt. v. 17.07.2008, Rs. C-226/07 (*Flughafen Köln/Bonn*), ECLI:EU:C:2008:429, Slg. 2008, I-05999, Rz. 23; EuGH Urt. v. 03.03.2011, Rs. C-203/10 (*Auto Nikolovi*), ECLI:EU:C:2011:118, Slg. 2011, I-01083, Rz. 61.

43 BVerfG Beschl. v. 09.06.1971–2 BvR 225/69, BVerfGE 31, 145 (173 f.); BVerfG Beschl. v. 22.10.1986–2 BvR 197/83, BVerfGE 73, 339 (375); BVerfG Beschl. v. 08.04.1987–2 BvR 687/85, BVerfGE 75, 223 (244 f.); *Heidner*, UR 2003, 69 (70); *Schaumburg*, in: Schaumburg, Internationales Steuerrecht, Rz. 3.36.

44 BVerfG Beschl. v. 08.04.1987–2 BvR 687/85, BVerfGE 75, 223 (244); *Schaumburg*, in: Schaumburg, Internationales Steuerrecht, Rz. 3.37 f.; *Stadie*, in: Rau/Dürrwächter, UStG, Einf. Rz. 620 f.

45 EuGH Urt. v. 15.07.1964, Rs. C-6/64 (*Costa/E.N.E.L.*), ECLI:EU:C:1964:66, Slg. 1964, 01141 (01269 f.); EuGH Urt. v. 09.03.1978, Rs. C-106/77 (*Amministrazione delle finanze dello Stato/Simmenthal*), ECLI:EU:C:1978:49, Slg. 1978, 00629, Rz. 14/16; *Schaumburg*, Internationales Steuerrecht, Rz. 3.37.

46 *Heidner*, UR 2003, 69 (70); *Schaumburg*, in: Schaumburg, Internationales Steuerrecht, Rz. 3.34.

der Hoheitsgewalt der Gemeinschaften generell gewährleisten, der dem vom Grundgesetz als unabdingbar gebotenen Grundrechtsschutz im wesentlichen gleichzuachten ist […]".[47]

Für Verordnungen ergibt sich aus Art. 288 Abs. 2 AEUV (ex-Artikel 249 EGV) eine allgemeine Geltung: Sie sind verbindlich und gelten unmittelbar in jedem Mitgliedsstaat. Somit bedürfen Verordnungen keiner Umsetzung in nationales Recht und begründen folglich eigene Rechte und Pflichten für Private. Gemäß Art. 23 Abs. 1 S. 2 i.V.m. Art. 20 Abs. 3 GG gehen EU-Verordnungen grundsätzlich dem nationalen Recht vor.[48]

Von besonderer Bedeutung ist hier die Mehrwertsteuer-Durchführungsverordnung (MwStDVO, 282/2011/EU), welche eine Neufassung der Verordnung aus dem Jahr 2005 darstellt und weitere Einzelheiten der MwStSystRL regelt.[49] Aus Art. 397 MwStSystRL geht hervor, dass der Rat auf Vorschlag der Kommission einstimmig die zur Durchführung der MwStSystRL erforderlichen Maßnahmen beschließt.[50] Allerdings genießt die MwStDVO kein „Überordnungsverhältnis" im Vergleich zur MwStSystRL.[51] Aus der Systematik folgt, dass die MwStSystRL die Grundlage der MwStDVO bildet, während die Richtlinie selbst auf primärem Unionsrecht (Art. 113 AEUV) basiert. Somit kann die MwStDVO lediglich den Inhalt der MwStSystRL konkretisieren, darf aber nicht hiervon abweichen.[52] Für die unmittelbare Geltung der MwStDVO im nationalen Recht bedeutet dies zugleich, dass sie nur so weit reicht, wie die von ihr konkretisierten Richtlinienbestimmungen wirksam umgesetzt worden sind. Sofern die von der MwStDVO konkretisierten Richtlinienbestimmungen nicht oder nicht ausreichend in na-

---

47 So urteilte das BVerfG in seiner bekannten „Solange II"-Rechtsprechung: BVerfG Beschl. v. 22.10.1986–2 BvR 197/83, BVerfGE 73, 339 (387); *Kortschak*, Lehrbuch Umsatzsteuer, Rz. 20; *Schaumburg*, in: Schaumburg, Internationales Steuerrecht, Rz. 3.33; siehe zudem: Charta der Grundrechte der Europäischen Union (2010/C 83/02), ABl EU Nr. C 83 vom 30.03.2010, S. 389 ff.

48 *Schaumburg*, Internationales Steuerrecht, Rz. 3.36; *Stadie*, in: Rau/Dürrwächter, UStG, Einf. Rz. 571; *Streinz*, Europarecht, § 5 Rz. 473.

49 Mehrwertsteuer-Durchführungsverordnung (EU) Nr. 282/2011 des Rates v. 15.03.2011 zur Festlegung von Durchführungsvorschriften zur Richtlinie 2006/112/EG über das gemeinsame Mehrwertsteuersystem, ABl. EU Nr. L 77/2011 vom 23.03.2011, S. 1; *Monfort*, UR 2012, 172 (173); *Robisch* in: Bunjes, UStG vor § 1 Rz. 6.

50 Art. 397 der Richtlinie 2006/112/EG des Rates v. 28.11.2006 über das gemeinsame Mehwertsteuersystem, ABl. EU Nr. L 347/2006 vom 11.12.2006, S. 64.

51 *Monfort*, UR 2012, 172 (174); *Stadie*, in: Stadie, UStG, Vorbem. Rz. 65.

52 *Lohse*, DStR 2011, 1740; *Monfort*, UR 2012, 172 (174); *Stadie*, in: Stadie, UStG, Vorbem. Rz. 65.

tionales Recht umgesetzt worden sind, führt ein Verstoß des nationalen Rechts gegen die Konkretisierungen der MwStDVO nicht zu einer Unanwendbarkeit der entsprechenden nationalen Regelung.[53] Diese Wirkungsbeschränkung der MwStDVO ist stets dann unproblematisch, wenn die Bestimmungen der MwStSystRL wirksam in nationales Recht umgesetzt worden sind. Sofern eine Nichtumsetzung der MwStSystRL vorliegen sollte, kann sich der einzelne Steuerpflichtige nur dann auf die Richtlinie berufen, wenn sie inhaltlich unbedingt und hinreichend genau formuliert ist.[54] Dies sollte im Falle der durch die MwStDVO konkretisierten Richtlinienbestimmungen stets gegeben sein. Von einer Wirksamkeitsbeschränkung der Vorschriften der MwStDVO kann lediglich dann eine Ausnahme gemacht werden, wenn sich jene auf allgemeine Grundsätze des Unionsrechts hinsichtlich der MwStSystRL beziehen. Diesbezüglich kommt den Vorschriften der MwStDVO eine unmittelbare Wirkung zu.[55]

c) Auslegungsgrundsätze

Aufgrund der vorrangigen Anwendung von Unionsrecht (Art. 4 Abs. 3 EUV, Art. 288 Abs. 3 AEUV) und der damit einhergehenden Bindung sowohl der Legislative und Exekutive als auch der Judikative müssen die nationalen Vorschriften anhand der Vorgaben des Unionsrechts richtlinienkonform ausgelegt werden.[56] Der Grundsatz der richtlinienkonformen Auslegung entwickelte sich mit der Rechtsprechung des EuGH bis 1984[57] und präzisierte sich in den Folgejahren, insbesondere in den bekannten Urteilen „*Von Colson und Kamann*“[58] und „*Harz*“[59]. Die Auslegung der nationalen Vorschriften sollte danach „im

53 Siehe *Lohse*, DStR 2011, 1740.

54 *Englisch*, in: Tipke/Lang, Steuerrecht, § 17 Rz. 9; *Lohse*, DStR 2011, 1740.

55 Vgl. *Lohse*, DStR 2011, 1740.

56 *Geismann*, in: von der Groeben/Schwarze/Hatje, Art. 288, Rz. 55; *Müller/Christensen*, Juristische Methodik Bd. II, Rz. 186; *Roth/Joppen*, in: Riesenhuber, Europäische Methodenlehre, § 13 Rz. 3; *Schaumburg*, in: Schaumburg, Internationales Steuerrecht, Rz. 3.60.

57 EuGH Urt. v. 12.11.1974, Rs. C-32/74 (*Haaga GmbH*), ECLI:EU:C:1974:116, Slg. 1974, 01201, Rz. 6; EuGH Urt. v. 26.02.1975, Rs. C-67/74 (*Bonsignore/Oberstadtdirektor der Stadt Köln*), ECLI:EU:C:1975:34, Slg. 1975, 00297, Rz. 5; EuGH Urt. v. 20.05.1976, Rs. C-111/75 (*Mazzalai/Ferrovia del Renon*), ECLI:EU:C:1976:68, Slg. 1976, 00657, Rz. 7/11; *Dänzer-Vanotti*, DB 1994, 1052.

58 EuGH Urt. v. 10.04.1984, Rs. C-14/83 (*Von Colson und Kamann/Land Nordrhein-Westfalen*), ECLI:EU:C:1984:153, Slg. 1984, 01891, Rz. 26.

59 EuGH Urt. v. 10.04.1984, Rs. C-79/83 (*Harz/Deutsche Tradax*), ECLI:EU:C:1984:155, Slg. 1984, 01921, Rz. 26.

Lichte des Wortlauts und des Zwecks der Richtlinie" erfolgen.[60] In Bezug auf die Judikative[61] bedeutet dies vor allem eine fortlaufende Verpflichtung, die Vorgaben der Richtlinie bei der Auslegung zu berücksichtigen, auch wenn durch den EuGH eine weitere Konkretisierung oder Änderung der Auslegung der Richtlinie erfolgt.[62]

Die richtlinienkonforme Auslegung erfolgt erst, sobald die Umsetzungsfrist der Richtlinie abgelaufen ist.[63] Diskutiert wurde allerdings der Rahmen der richtlinienkonformen Auslegung und deren Rang im Verhältnis zu den nationalen Auslegungskriterien.[64] Innerhalb der nationalen Auslegungskriterien – Wortlaut, Systematik, Telos, Historie – herrscht Einigkeit darüber, dass diese sich weder gegenseitig ausschließen noch ein Auslegungskriterium vorzugswürdig ist; vielmehr ergänzen sie sich bei der Auslegung nationaler Vorschriften.[65] Es ist dennoch zu beachten, dass auch diese Auslegungsmethoden ihre Grenzen in der sog. verfassungskonformen Auslegung finden, sodass grundsätzlich diejenige Auslegungsmethode vorzugswürdig ist, die sich am ehesten am Grundgesetz orientiert oder dem Grundgesetz entspricht.[66] In der Literatur wurde demzufolge die Frage aufgeworfen, ob sich die richtlinienkonforme Auslegung an den bekannten

60 EuGH Urt. v. 10.04.1984, Rs. C-14/83 (*Von Colson und Kamann/Land Nordrhein-Westfalen*), ECLI:EU:C:1984:153, Slg. 1984, 01891, Rz. 26; EuGH Urt. v. 10.04.1984, Rs. C-79/83 (*Harz/Deutsche Tradax*), ECLI:EU:C:1984:155, Slg. 1984, 01921, Rz. 26; *Brechmann*, Die richtlinienkonforme Auslegung, S. 60; *Probst*, DStJG 13 (1990), S. 139.

61 Siehe folgende Urteile: BGH Vorlagebeschl. v. 14.02.1974 – II ZB 11/73, NJW 1974, 1640; BGH Beschl. v. 05.12.1974 – II ZB 11/73, NJW 1975, 213 (214); BFH Urt. v. 12.11.1980 – II R 1/76, BFHE 132, 319 (321); BFH Urt. v. 05.04.1984 – V R 51/82, BFHE 140, 393 (395 f.); BFH Beschl. v. 31.07.1991 – I R 19/90, BFHE 165, 296 (297).

62 *Roth/Joppen*, in: Riesenhuber, Europäische Methodenlehre, § 13 Rz. 5.

63 EuGH Urt. v. 04.07.2006, Rs. C-212/04 (*Adeneler u. a.*), ECLI:EU:C:2006:443, Slg. 2006, I-06057, Rz. 115; EuGH Urt. v. 23.04.2009, Rs. C-378/07 (*Angelidaki*), ECLI:EU:C:2009:250, Slg. 2009, I-03071, Rz. 201; *Roth/Joppen*, in: Riesenhuber, Europäische Methodenlehre, § 13 Rz. 11.

64 Siehe u. a.: *Dänzer-Vanotti*, RIW 1991, 754 f.; *Di Fabio*, NJW 1990, 947 (948 ff.); *Heidner*, UR 2003, 69 (73); *Roth/Joppen*, in: Riesenhuber, Europäische Methodenlehre, § 13 Rz. 31 ff.; *Schaumburg*, in: Schaumburg, Internationales Steuerrecht, Rz. 3.62; *Schön*, Die Auslegung europäischen Steuerrechts, S. 36 ff.

65 Vgl. hierzu: *Canaris*, FS Medicus 1999, S. 58 ff; *Englisch*, in: Tipke/Lang, Steuerrecht, § 5 Rz. 55 ff.; *Larenz*, Methodenlehre der Rechtswissenschaft, S. 343 ff.; a.A.: *Spetzler*, RIW 1991, 579 (580).

66 BVerfG Beschl. v. 26.04.1994–1 BvR 1299/89, BVerfGE 90, 263 (275); *Canaris*, FS Medicus 1999, 25 (52); *Schaumburg*, in: Schaumburg, Internationales Steuerrecht, Rz. 3.62; *Spetzler*, RIW 1991, 579 (580).

Auslegungskanones orientiert und sich diesen anschließt oder ob es sich hierbei um eine ganz neue Form der Auslegung auf Grundlage der europäischen Vorschriften handelt.[67]

Eine Harmonisierung des nationalen Steuerrechts mit den Vorgaben des Unionsrechts würde jedoch fehlgehen, wenn nicht auch eine entsprechende Auslegungsmethode zur Anwendung käme. Grundsätzlich mögen die nationalen Auslegungskanones bevorzugt werden; sofern es jedoch um die Auslegung einer EU-Richtlinie geht, muss gewährleistet sein, dass auch die mit ihr verbundenen Ziele und Zwecke hinreichend in nationales Recht umgesetzt werden. Hierfür kann es nicht genügen, nur auf die bereits bekannten Auslegungsmethoden zurückzugreifen; vielmehr ist auf die Besonderheiten des EU-Rechts Rücksicht zu nehmen. Demzufolge ist mit der zuvor beschriebenen vorherrschenden Meinung in der Literatur[68] darauf abzustellen, dass es sich bei der richtlinienkonformen Auslegung um eine Auslegungsmethode handelt, die den bereits bekannten Methoden vorgeht. Sie ist immer dann ausschlaggebend, wenn die übrigen Auslegungsmethoden einen Deutungsspielraum lassen und zu keinem eindeutigen Ergebnis führen – ähnlich der verfassungskonformen Auslegung.[69] Dies spiegelt sich auch in den Vorschriften des primären Unionsrechts über die Umsetzung von Richtlinien in nationales Recht wider, siehe Art. 4 Abs. 3 EUV, Art. 288 Abs. 3 AEUV. Die damit einhergehende Bindung, auch der Judikative, schließt eine richtlinienkonforme Auslegung bei der Anwendung nationalen Rechts mit ein, sodass dieser Auslegungsmethode in der Schnittstelle von Europarecht und nationalem Recht eine besondere Bedeutung zukommt.[70] Die Grenzen einer

---

67 Eigenständige Auslegungsmethode: *Probst*, DStJG 13 (1990), S. 139 („neue Kategorie der Gesetzesinterpretation", daher muss bei einer Konkurrenz der Auslegungsmethoden der richtlinienkonformen Auslegung der Vorrang gebühren); *Schön*, Die Auslegung europäischen Steuerrechts, S. 41 f. (keine „harmonisierte Gesetzgebung ohne harmonisierte Auslegung"); *Spetzler*, RIW 1991, 579 (580) („neue, selbständige Interpretationsmethode", welcher „Vorrang vor den herkömmlichen Interpretationsregeln zukommt"); *Voss*, StuW 1993, 155 (157) („der Grundsatz der richtlinienkonformen Auslegung kann durch keine nationalen Auslegungsgrundsätze in Frage gestellt werden"); dagegen: *Dänzer-Vanotti*, RIW 1991, 754 („keine selbständige Methode, sondern Teil der allgemeinen von den deutschen Gerichten angewendeten Auslegungsmethode"); *Englisch*, in: Tipke/Lang, Steuerrecht, § 4 Rz. 32 („keine eigenständige Auslegungsmethode"); *Schaumburg*, in: Schaumburg, Internationales Steuerrecht, Rz. 3.62 („keine originäre Auslegungsmethode").

68 Siehe Fn. 67.

69 *Dänzer-Vanotti*, DB 1994, 1052 (1055); *Heidner*, UR 2003, 69 (73); *Schaumburg*, in: Schaumburg, Internationales Steuerecht, Rz. 3.62.

70 Vertiefend: *Schön*, Die Auslegung europäischen Steuerrechts, S. 42.

solchen richtlinienkonformen Auslegung sind – nach Auffassung des BVerfG – jedoch dort zu ziehen, wo sie den Wortsinn oder den objektiven Zweck des Gesetzgebers verlassen würde.[71] Nach der Rechtsprechung des EuGH lässt sich die Grenze der richtlinienkonformen Auslegung für die Mitgliedstaaten in drei Bereiche einteilen:[72] Die nationalen Gerichte müssen eine richtlinienkonforme nur innerhalb ihrer Zuständigkeit bzw. ihres Beurteilungsspielraums anwenden;[73] zudem können der richtlinienkonformen Auslegung die allgemeinen Grundsätze des Unionsrechts, insbesondere das Gebot der Rechtssicherheit und das Verbot der Rückwirkung, entgegenstehen;[74] schließlich ist der Anwendungsbereich der Richtlinie zu berücksichtigen, d. h. nur sofern nationale Regelungen mit der Richtlinie zusammenkommen besteht eine Verpflichtung zur richtlinienkonformen Auslegung.[75]

3. Wesen und Gegenstand der Umsatzsteuer

Bereits im Beschluss vom 08.11.1972 stellte der BFH fest: „Die meisten Verkehrsteuern einschließlich der Umsatzsteuer haben keinen tieferen Sinn als den, dem Staate Geld zu bringen.“[76] Eine ähnliche Begriffsbestimmung lässt sich auch in § 3 Abs. 1 AO finden, allerdings gilt diese für alle Steuerarten. Ein legitimer Zweck der Belastung mit der Umsatzsteuer lässt sich hieraus jedoch nicht entnehmen.[77] Währenddessen wurde sich in der Literatur vielfach darum bemüht, den Belastungsgrund der Umsatzsteuer herzuleiten.[78] Spätestens mit Verabschiedung der 1. MwSt-RL zur Harmonisierung der Rechtsvorschriften

---

71 BVerfG Beschl. v. 26.04.1994–1 BvR 1299/89, BVerfGE 90, 263 (275); *Heidner*, UR 2003, 69 (73); *Larenz*, Methodenlehre der Rechtswissenschaft, S. 343; *Schön*, DStJG 19 (1996), S. 186 f.; kritisch hierzu: *Brechmann*, Die richtlinienkonforme Auslegung, S. 266 f.

72 Siehe: *Brechmann*, Die richtlinienkonforme Auslegung, S. 61 f.

73 Insbesondere: EuGH Urt. v. 10.04.1984, Rs. C-14/83 (*Von Colson und Kamann/Land Nordrhein-Westfalen*), ECLI:EU:C:1984:153, Slg. 1984, 01891, Rz. 28; EuGH Urt. v. 10.04.1984, Rs. C-79/83 (*Harz/Deutsche Tradax*), ECLI:EU:C:1984:155, Slg. 1984, 01921, Rz. 28.

74 EuGH Urt. v. 08.10.1987, Rs. C-80/86 (*Kolpinghuis Nijmegen*), ECLI:EU:C:1987:431, Slg. 1987, 03969, Rz. 13.

75 EuGH Urt. v. 07.11.1989, Rs. 125/88 (*Nijman*), ECLI:EU:C:1989:401, Slg. 1989, 03533, Rz. 7 f.

76 BFH Beschl. v. 08.11.1972 – II B 24/72, BStBl. II 1973, 94 (96); *Englisch*, in: Tipke/Lang, Steuerrecht, § 17 Rz. 10.

77 *Englisch*, in: Tipke/Lang, Steuerrecht, § 17 Rz. 10.

78 Steuer auf die Verkehrsvorgänge im unternehmerischen Bereich: Anm. *Weiss*, UR 1981, 147 (149); *Hübner*, UR 1985, 6 (7).

im Jahr 1967 ist die Umsatzsteuer als allgemeine Verbrauchsteuer anerkannt.[79] Es erfolgt nur eine indirekte Besteuerung des Verbrauchers, weshalb Steuerschuldner immer noch der Unternehmer ist, bei dem sich die Umsatzsteuervorgänge sammeln (vgl. § 13a UStG). Dieser wiederrum wälzt die Steuer auf den Verbraucher ab, indem er die Umsatzsteuer im Preis mitberechnet.[80] Um eine Belastung der Unternehmer mit der Umsatzsteuer zu vermeiden und somit letztlich auch zu einer Wettbewerbsneutralität beizutragen, wurde die Umsatzsteuer i.S.d. MwStSystRL als Allphasen-Netto-Steuer mit Vorsteuerabzug ausgestaltet.[81]

Die wesentlichen steuerbaren Umsätze sind dabei in § 1 Abs. 1 UStG geregelt, welcher auf Art. 2 Abs. 1 MwStSystRL[82] beruht. Hierzu zählen die entgeltlichen Lieferungen (§ 1 Abs. 1 Nr. 1 Alt. 1 UStG), die sonstigen Leistungen (§ 1 Abs. 1 Nr. 1 Alt. 2 UStG), die Einfuhr von Gegenständen (§ 1 Abs. 1 Nr. 4 UStG) und der innergemeinschaftliche Erwerb (§ 1 Abs. 1 Nr. 5 UStG).

a) Leistung als gemeinsamer Oberbegriff

Als wichtigstes Besteuerungsmerkmal ist im Umsatzsteuerrecht die Leistung zu nennen. Auch wenn diese nicht direkt in der Überschrift des § 1 UStG erwähnt wird, knüpfen doch alle relevanten Umsatzsteuertatbestände an dieses Merkmal an.[83] Insbesondere aus den Formulierungen des § 3 Abs. 1 UStG („Lieferungen eines Unternehmers sind Leistungen, ...") und des § 3 Abs. 9 UStG („Sonstige Leistungen sind Leistungen, ...") wird deutlich, dass das Merkmal der Leistung

---

79 Siehe Art 2. Abs. 1 der Ersten Richtlinie 67/227/EWG des Rates v. 11.04.1967 zur Harmonisierung der Rechtsvorschriften der Mitgliedstaaten über die Umsatzsteuer, ABl. EWG Nr. L 71/1967, S. 1302; *Englisch*, in: Tipke/Lang, Steuerrecht, § 17 Rz. 10 m.w.N.; *Kirchhof*, DStR 2008, 1 (3).

80 *Englisch*, in: Tipke/Lang, Steuerrecht, § 17 Rz. 12; *Kirchhof*, DStR 2008, 1 (3).

81 Vgl. Art. 1 Abs. 2 der Richtlinie 2006/112/EG des Rates v. 28.11.2006 über das gemeinsame Mehwertsteuersystem, ABl. EU Nr. L 347/2006 vom 11.12.2006, S. 9; *Englisch*, in: Tipke/Lang, Steuerrecht, § 17 Rz. 15; *Robisch*, in: Bunjes, UStG, Vor § 1 Rz. 19; *Stadie*, Umsatzsteuerrecht, Kap.1, Rz. 1.8 f.

82 Art. 2 Abs. 1 der Richtlinie 2006/112/EG des Rates v. 28.11.2006 über das gemeinsame Mehwertsteuersystem, ABl. EU Nr. L 347/2006 vom 11.12.2006, S. 9.

83 So unter anderem auch die Lieferungen und sonstigen Leistungen i.S.d. § 3 UStG; siehe *Gruß*, Der Umsatzbegriff nach den Änderungen durch das Umsatzsteuergesetz (Mehrwertsteuer), S. 13 ff.; *Möller*, Die Sicherungsübereignung im Umsatzsteuerrecht, S. 28; *Vogel*, DStR 1977, 710.

grundlegend für die weiteren Definitionen der Lieferung und sonstigen Leistung ist.[84]

Die Fachliteratur hat sich dieses Problemfeldes bereits mehrfach angenommen und versucht, eine Definition des umsatzsteuerrechtlichen Leistungsbegriffs zu entwickeln.[85] Die unterschiedlichen Lösungsansätze reichen dabei von einer Herleitung einzig aufgrund der nationalen Vorschriften bis hin zu einer Auslegung der MwStSystRL und der mit ihr erstrebten Zwecke und Ziele.

aa) Die „Leistung" im Umsatzsteuerrecht

Sofern man mit den Vorgaben des nationalen Zivilrechts und insbesondere mit der Vorschrift des § 241 Abs. 1 BGB argumentiert, kann unter den Begriff der Leistung jedes rechtsgeschäftliche Verhalten (Tun, Dulden oder Unterlassen) subsumiert werden, das ein Schuldverhältnis zum Inhalt hat.[86] Fraglich ist jedoch, ob das Umsatzsteuerrecht nach Maßgabe des nationalen Zivilrechts ausgelegt werden sollte. Die neuere Rechtsprechung und auch die derzeit vorherrschende Meinung in der Literatur wollen den weit gefassten Begriff der Leistung im Rechtssinne durch eine wirtschaftliche Betrachtung einschränken.[87] Unter „Leistungen im wirtschaftlichen Sinne sind demzufolge Leistungen zu verstehen, bei denen ein über die reine Entgeltsentrichtung hinausgehendes, eigenes wirtschaftliches In-

84 *Möller*, Die Sicherungsübereignung im Umsatzsteuerrecht, S. 28 f.; *Vogel*, DStR 1977, 710 (711).

85 Vgl. ferner: *Dobratz*, Leistung und Entgelt im Europäischen Umsatzsteuerrecht, S. 39 ff.; *Götz*, Leistungsumfang und Einheitlichkeit der Leistung im Umsatzsteuerrecht, S. 13 ff.; *Möller*, Die Sicherungsübereignung im Umsatzsteuerrecht, S. 29 ff.; *Mühlhoff*, Der Begriff der Lieferungen und sonstigen Leistungen im Umsatzsteuerrecht, S. 6 ff.

86 *Grüneberg*, in: Palandt, BGB, § 241 Rz. 4; *Mansel*, in: Jauernig, BGB, § 241 Rz. 7 f.; Grundlegend: *Götz*, Leistungsumfang und Einheitlichkeit der Leistung im Umsatzsteuerrecht, S. 13; *Mühlhoff*, Der Begriff der Lieferungen und sonstigen Leistungen im Umsatzsteuerrecht, S. 6; *Wieacker*, FS Nipperdey 1965, S. 784.

87 FG Brandenburg Urt. v. 09.03.1993–1 K 147/92 U, EFG 1993, 416: „wirtschaftlicher Wert"; BFH Urt. v. 10.07.1997 – V R 95/96, BFHE 183, 296 (298): „geldwerte Leistung"; BFH Beschl. v. 14.01.1999 – V R 70/97, BFH/NV 1999, 840: „Vorteil"; *Englisch*, in: Tipke/Lang, Steuerrecht, § 17 Rz. 131: „wirtschaftlicher Vorteil"; *Robisch*, in Bunjes, UStG, § 1 Rz. 10: „wirtschaftliches Interesse"; siehe vertiefend m.w.N.: *Gruß*, Der Umsatzbegriff nach den Änderungen durch das Umsatzsteuergesetz (Mehrwertsteuer), S. 15; *Möller*, Die Sicherungsübereignung im Umsatzsteuerrecht, S. 31 ff.

teresse des Entrichtenden verfolgt wird."[88] Auch wenn eine Anlehnung an den zivilrechtlichen Begriff durch den Gesetzgeber in seinem Entwurf zum Umsatzsteuergesetz 1963[89] vorgenommen wurde, gilt es zu beachten, dass die zivilrechtlichen und die umsatzsteuerrechtlichen Begriffe nicht gleichlaufend sind und folglich nicht ohne einen Blick auf die Zielsetzung des jeweiligen Rechtsgebiets übernommen werden können.[90] Das Umsatzsteuerrecht hat für den Begriff der Leistung einen anderen Anknüpfungspunkt („Umsatz") als das allgemeine Zivilrecht.[91]

Nach Auffassung von *Dobratz* ist hingegen der Begriff der Leistung von dem der wirtschaftlichen Tätigkeit abzugrenzen.[92] Hierbei stützt sich *Dobratz* auf Art. 4 der 6. Richtlinie[93], kommt jedoch zu dem Ergebnis, dass eine Auslegung anhand der Steuerpflichtigkeit – wie in Art. 4 der 6. Richtlinie – nicht zielführend ist. Vielmehr ist der Leistungsbegriff – wie in der Entscheidung des EuGH[94] – unter dem Einfluss des gemeinsamen Mehrwertsteuersystems, welches die Umsatzsteuer als allgemeine Verbrauchsteuer versteht, auszulegen. Folglich setzt das Vorliegen einer Leistung die Verschaffung eines „Vorteils" voraus, welcher letztlich zu einem „Verbrauch" führt.[95]

---

88 BFH Urt. v. 31.07.1969 – V 94/65, BStBl. II 1969, 637 (638); siehe auch Abschn. 1.1 Abs. 3 S. 2 UStAE, BMF v. 01.10.2010 – IV D 3 – S 7015/10/10002, BStBl. I 2010, 846 (857); *Robisch*, in: Bunjes, UStG, § 1 Rz. 10; kritisch: *Stadie*, in: Stadie, UStG, § 1 Rz. 9.

89 Entwurf eines Umsatzsteuergesetzes, BT-Drucks. IV/1590 v. 30.10.1963, S. 2 ff.

90 BFH Urt. v. 31.07.1969 – V 94/65, BStBl. II 1969, 637 (638); *Beisse*, StuW 1981, 1 (8); *Englisch*, in: Tipke/Lang, Steuerrecht, § 5 Rz. 70 f. und § 17 Rz. 87; *Götz*, Leistungsumfang und Einheitlichkeit der Leistung im Umsatzsteuerrecht, S. 13; *Stadie*, in: Stadie, UStG, § 1 Rz. 9.

91 Ausführlicher: *Götz*, Leistungsumfang und Einheitlichkeit der Leistung im Umsatzsteuerrecht, S. 13.

92 *Dobratz*, Leistung und Entgelt im Europäischen Umsatzsteuerrecht, S. 40 ff.

93 Art. 4 der Sechsten Richtlinie 77/388/EWG des Rates v. 17.05.1977 zur Harmonisierung der Rechtsvorschriften der Mitgliedstaaten über die Umsatzsteuern – Gemeinsames Mehrwertsteuersystem: einheitliche steuerpflichtige Bemessungsgrundlage, ABl. EG Nr. L 145/1977 vom 13.06.1977, S. 3.

94 EuGH Urt. v. 29.02.1996, Rs. C-215/94 (*Mohr/Finanzamt Bad Segeberg*), ECLI:EU:C:1996:72, Slg. 1996, I-00959, Rz. 19; EuGH Urt v. 18.12.1997, Rs. C-384/95 (*Landboden-Agrardienste/Finanzamt Calau*), ECLI:EU:C:1997:627, Slg. 1997, I-07387, Rz. 20 f.

95 EuGH Urt. v. 29.02.1996, C-215/94 (Rs. *Mohr/Finanzamt Bad Segeberg*), ECLI:EU:C:1996:72, Slg. 1996, I-00959, Rz. 21 f.; EuGH Urt. v. 18.12.1997, C-384/95 (Rs. *Landboden-Agrardienste/Finanzamt Calau*), ECLI:EU:C:1997:627, Slg. 1997, I-07387, Rz. 23; *Dobratz*, Leistung und Entgelt im Europäischen Umsatzsteuerrecht, S. 42 f; *Hummel*, UR 2015, 213 (217).

Auch eine Auslegung im Rahmen der derzeitig geltenden MwStSystRL kann zu keinem anderen Ergebnis führen. Der Begriff der Leistung wird hierin gar nicht mehr erwähnt, sondern durch den des „Umsatzes" ersetzt.[96] Bereits in den Erwägungsgründen wird aufgezeigt, dass eine Harmonisierung der Vorschriften über die Umsatzsteuer vorzunehmen ist, indem alle möglichen Faktoren einer Wettbewerbsverzerrung sowohl auf nationaler Ebene als auch auf Unionsebene ausgeschaltet werden.[97] Die Abkehr von der vorherigen Formulierung (siehe Art. 6 Abs. 1 der 6. Richtlinie)[98] zeigt auf, dass gerade nicht auf die nationalen Vorgaben abgestellt werden sollte, sondern eine richtlinienkonforme Auslegung des Begriffs vorzunehmen ist. Demzufolge muss dem Charakter der Umsatzsteuer als allgemeiner Verbrauchsteuer Rechnung getragen werden. Auch wenn der Begriff der Leistung in der Gesetzesbegründung zum UStG 1963[99] noch im weitesten Sinne an den des nationalen Zivilrechts angelehnt wurde, scheint es dennoch geboten, die derzeitigen unionsrechtlichen Vorgaben bei der Begriffsbestimmung zu berücksichtigen. Eine alleinige Festlegung des Begriffs anhand des Zivilrechts wäre zu weitgehend und würde die Vorgaben des Unionsrechts unberücksichtigt lassen. Insbesondere würde es dem besonderen Postulat der Wettbewerbsneutralität zuwiderlaufen, wenn eine Auslegung lediglich anhand der nationalen Vorschriften erfolgte.[100] Eine solche systemwidrige Auslegung kann nicht im Sinne der Richtlinie sein und ist daher abzulehnen.

Demzufolge setzt das Vorliegen einer Leistung einen identifizierbaren Leistungsempfänger voraus, dem ein Vorteil verschafft wurde, der zu einem endgültigen Verbrauch geführt hat.[101]

---

96 Vgl. Art. 14 Abs. 2 und Art. 24 Abs. 1 der Richtlinie 2006/112/EG des Rates v. 28.11.2006 über das gemeinsame Mehwertsteuersystem, ABl. EU Nr. L 347/2006 vom 11.12.2006, S. 12 u. 14.

97 Vgl. Erwägungsgrund (4) der Richtlinie 2006/112/EG des Rates v. 28.11.2006 über das gemeinsame Mehwertsteuersystem, ABl. EU Nr. L 347/2006 vom 11.12.2006, S. 1.

98 Art. 6 der Sechsten Richtlinie 77/388/EWG des Rates v. 17.05.1977 zur Harmonisierung der Rechtsvorschriften der Mitgliedstaaten über die Umsatzsteuern – Gemeinsames Mehrwertsteuersystem: einheitliche steuerpflichtige Bemessungsgrundlage, ABl. EG Nr. L 145/1977 vom 13.06.1977, S. 5.

99 Gesetzesbegründung zum Entwurf eines Umsatzsteuergesetzes vom 30.10.1963, BT-Drucks. IV/1590, S. 35.

100 Ähnlich RFH in seinem Urt. v. 15.11.1921 – V A 202/21, RFHE 7, 244 (245): Für die Auslegung der Steuergesetze sind „ihr Zweck und ihre wirtschaftliche Bedeutung zu berücksichtigen".

101 Zusammenfassend: *Dobratz*, Leistung und Entgelt im Europäischen Umsatzsteuerrecht, S. 68 f.

bb) Begriff der Lieferung, § 3 Abs. 1 UStG

Unter einer Lieferung i.S.d. § 3 Abs. 1 UStG sind Leistungen eines Unternehmers zu verstehen, durch die er oder in seinem Auftrag ein Dritter den Abnehmer oder in dessen Auftrag einen Dritten befähigt, im eigenen Namen über einen Gegenstand zu verfügen (Verschaffung der Verfügungsmacht). Europarechtliche Grundlage dieser Vorschrift ist Art. 14 Abs. 1 MwStSystRL.[102] Bei der Umsetzung der Vorgaben der MwStSystRL fällt jedoch auf, dass der deutsche Gesetzgeber auf eine Neuformulierung des § 3 Abs. 1 UStG verzichtet und es bei der bereits aus dem UStG von 1934[103] bekannten Formulierung belassen hat. Eine sog. „Umsetzung durch Unterlassen"[104] ist jedoch nur dann möglich, wenn die nationale Regelung bereits den Vorgaben der MwStSystRL entspricht und es daher keiner erneuten Umsetzung bedarf.

Art. 14 Abs. 1 MwStSystRL definiert den Begriff der Lieferung als eine Übertragung der Befähigung, wie ein Eigentümer über einen körperlichen Gegenstand zu verfügen.[105] Anders als in § 3 Abs. 1 UStG („Gegenstand") wird in Art. 14 Abs. 1 i.V.m. Art. 15 Abs. 1 MwStSystRL der Gegenstandsbegriff enger gefasst und beinhaltet nur körperliche Gegenstände oder diesen gleichgestellte Gegenstände (wie Elektrizität, Gas, Wärme, Kälte und ähnliche Sachen).[106] In § 3 Abs. 1 UStG wird hingegen nicht genauer festgelegt, um was für eine Art von Gegenstand es sich handeln muss. Vielmehr bedürfte dieser Begriff einer Auslegung. Grundsätzlich werden nach bürgerlichem Recht unter Gegenständen insbesondere Sachen i.S.d. § 90 BGB, Forderungen, Rechte sowie sonstige Vermögenswerte verstanden.[107] Die zivilrechtliche Art der Verwendung des Begriffs des Gegenstandes ist dementsprechend deutlich weiter gefasst als in der MwStSystRL. Dem Gesetzgeber

---

102 Siehe: Art. 14 Abs. 1 der Richtlinie 2006/112/EG des Rates v. 28.11.2006 über das gemeinsame Mehwertsteuersystem, ABl. EU Nr. L 347/2006, S. 12.

103 Siehe § 3 Abs. 1 UStG 1934 v. 16.10.1934, RGBl. I 1934, 942.

104 Ähnlich im Fall der Aktionärsrechterichtlinie (ARUG), vgl. hierzu: *Stöber*, DStR 2014, 1680 (1681); *Teichmann*, NZG 2014, 401 (403).

105 Siehe: Art. 14 Abs. 1 der Richtlinie 2006/112/EG des Rates v. 28.11.2006 über das gemeinsame Mehwertsteuersystem, ABl. EU Nr. L 347/2006 vom 11.12.2006, S. 12.

106 Siehe: Art. 14 Abs. 1 und Art. 15 Abs. 1 der Richtlinie 2006/112/EG des Rates v. 28.11.2006 über das gemeinsame Mehwertsteuersystem, ABl. EU Nr. L 347/2006 vom 11.12.2006, S. 12; BFH Beschl. v. 04.06.1987 – V B 56/86, BStBl. II 1987, 795 (796); BFH Urt. v. 08.11.1995 – XI R 63/94, BStBl. II 1996, 114 (116 f.); *Hahn*, in: Weymüller, UStG, § 3 Rz. 56; *Leonard*, in: Bunjes, UStG, § 3 Rz. 35 f.; *Stadie*, in: Stadie, UStG, § 3 Rz. 8.

107 *Ellenberger*, in: Palandt, BGB, Überbl. v. § 90 Rz. 2; *Martin*, in: Sölch/Ringleb, UStG, § 3 Rz. 40.

verbleibt bei der Umsetzung einer Richtlinie jedoch stets ein eigener Gestaltungsspielraum, sodass hieran nicht unbedingt eine Unwirksamkeit der nationalen Regelung festgemacht werden kann.[108]

Prägendes Merkmal der Lieferung i.S.d. § 3 Abs. 1 UStG bleibt die Leistung. Ohne eine solche kann auch die Verschaffung der Verfügungsmacht nicht zu einer umsatzsteuerrechtlich relevanten Lieferung führen. Vielmehr müssen alle Voraussetzungen des § 3 Abs. 1 UStG kumulativ vorliegen. Demzufolge muss zunächst das Bestehen einer Leistung festgestellt werden, alsdann, ob die Verfügung über einen Gegenstand den wirtschaftlichen Schwerpunkt darstellt und schließlich, ob auch die Verfügungsmacht an dem Gegenstand verschafft worden ist.[109]

Bei der Voraussetzung der Verschaffung der Verfügungsmacht ist jedoch fraglich, ob diese den unionsrechtlichen Vorgaben der MwStSystRL entspricht, sodass im Folgenden näher auf das Merkmal der Verschaffung der Verfügungsmacht einzugehen ist.

cc) Verschaffung der Verfügungsmacht, § 3 Abs. 1 UStG

Die Verschaffung der Verfügungsmacht wurde in § 3 Abs. 1 UStG legal definiert als eine Leistung eines Unternehmers, durch die er […] den Abnehmer […] befähigt, im eigenen Namen über einen Gegenstand zu verfügen. Während in Art. 14 Abs. 1 MwStSystRL lediglich die Übertragung der Befähigung, wie ein Eigentümer über den körperlichen Gegenstand zu verfügen, vorausgesetzt wird.

Sowohl der EuGH[110] als auch der BFH[111] haben sich innerhalb ihrer Rechtsprechung mit der Auslegung der Vorschriften auseinandergesetzt. Der EuGH stellte in mehreren Urteilen darauf ab, dass es für die Auslegung der Vorschrift nicht auf die nationalen Vorschriften zur Eigentumsübertragung ankomme, sondern vielmehr auf die faktische Ermächtigung, wie ein Eigentümer über den

---

108 Siehe *Stöcker*, in: Peter/Burhoff/Stöcker, UStG, § 3 Rz. 14.

109 *Englisch*, in: Tipke/Lang, Steuerrecht, § 17 Rz. 84 ff.; *Giesberts*, UR 1976, 61 (64); *Hahn*, in: Weymüller, UStG, § 3 Rz. 27 ff.

110 EuGH Urt. v. 21.04.2005, Rs. C-25/03 (*HE*), ECLI:EU:C:2005:241, Slg. 2005, I-03123, Rz. 64; EuGH Urt. v. 15.12.2005, Rs. C-63/04 (*Centralan Property*), ECLI:EU:C:2005:773, Slg. 2005, I-11087, Rz. 62; EuGH Urt. v. 03.06.2010, Rs. C-237/09 (*De Fruytier*), ECLI:EU:C:2010:316, Slg. 2010, I-04985, Rz. 24; EuGH Urt. v. 02.07.2015, Rs. C-209/14 (*NLB Leasing*), ECLI:EU:C:2015:440, Rz. 29.

111 BFH Urt. v. 29.09.1987 – X R 13/81, BStBl. II 1988, 153 (154); BFH Urt. v. 28.01.1999 – V R 4/98, BStBl. II 1999, 628 (629); BFH Urt. v. 15.06.1999 – VII R 3/97, BStBl. II 2000, 46 (52 f.).

Gegenstand zu verfügen.[112] Auch den zivilrechtlichen Vorschriften lässt sich kein vergleichbarer Begriff entnehmen, sodass es sich um einen selbständigen Begriff des Unionsrechts handelt, der richtlinienkonform und im Sinne des Unionsrechts auszulegen ist.[113] Der BFH hat sich dieser Rechtsprechung weitestgehend angeschlossen, indem er unter der Verschaffung der Verfügungsmacht letztlich einen tatsächlichen Vorgang versteht, der die unbedingte und endgültige Übertragung von „Substanz, Wert und Ertrag" fordert.[114] Dies kann auch mit der zivilrechtlichen Eigentumsübertragung einhergehen, ist aber nicht von dieser abhängig.[115] Es soll vordergründig darauf ankommen, ob das „wirtschaftliche Eigentum" i.S.d. § 39 AO verschafft worden ist.[116] Nach Ansicht von *Seeliger*, der sich auch die Rechtsprechung anschließt, übt der wirtschaftliche Eigentümer die tatsächliche Herrschaft über den Gegenstand in der Gestalt aus, dass der rechtliche Eigentümer dauerhaft von der wirtschaftlichen Einwirkung auf den Gegenstand ausgeschlossen werden kann und einem etwaigen Herausgabeanspruch des rechtlichen Eigentümers keine Bedeutung mehr zukommt.[117]

Da der EuGH in seiner Rechtsprechung bezüglich der Übertragung der Verfügungsbefähigung festgehalten hat, dass die zivilrechtlichen Vorschriften der Eigentumsübertragung außer Betracht zu lassen sind, verwundert es, dass dennoch sowohl in der Richtlinie als auch in der Rechtsprechung des EuGH die Formu-

---

112 EuGH Urt. v. 21.04.2005, Rs. C-25/03 (*HE*), ECLI:EU:C:2005:241, Slg. 2005, I-03123, Rz. 64; EuGH Urt. v. 15.12.2005, Rs. C-63/04 (*Centralan Property*), ECLI:EU:C:2005:773, Slg. 2005, I-11087, Rz. 62; vgl. zudem: *Gruß*, Der Umsatzbegriff nach den Änderungen durch das Umsatzsteuergesetz (Mehrwertsteuer), S. 22.

113 *Möller*, Die Sicherungsübereignung im Umsatzsteuerrecht, S. 54; *Nieskens*, in: Rau/Dürrwächter, UStG, § 3 Rz. 632; *Spital-Frenking*, UR 1958, 123.

114 BFH Urt. v. 29.09.1987 - X R 13/81, BStBl. II 1988, 153 (154); BFH Urt. v. 28.01.1999 - V R 4/98, BStBl. II 1999, 628 (629); BFH Urt. v. 15.06.1999 - VII R 3/97, BStBl. II 2000, 46 (52 f.).

115 BFH Urt. v. 24.04.1969 - V 176/64, BStBl. II 1969, 451 (452); BFH Urt. v. 06.12.1979 - V R 87/72, BStBl. II 1980, 279 (281 f.); BFH Urt. v. 28.01.1999 - V R 4/98, BStBl. II 1999, 628 (629); BFH Urt. v. 21.04.2005 - V R 11/03, BStBl. II 2007, 63 (66); *Drüen*, in: Tipke/Kruse, AO, § 39 Rz. 21a; *Englisch*, in: Tipke/Lang, Steuerrecht, § 17 Rz. 96; *Leonard*, in: Bunjes, § 3 Rz. 51; *Stadie*, in: Stadie, UStG, § 3 Rz. 16; *Stöcker*, in: Peter/Burhoff/Stöcker, UStG, § 3 Rz. 108.

116 *Drüen*, in: Tipke/Kruse, AO, § 39 Rz. 21a ff.; *Englisch*, in: Tipke/Lang, Steuerrecht, § 17 Rz. 96; *Kortschak*, Lehrbuch Umsatzsteuer, Rz. 43; *Stöcker*, in: Peter/Burhoff/Stöcker, UStG, § 3 Rz. 101/1.

117 Siehe vertiefend m.w.N.: BFH Urt. v. 26.01.1970 - IV R 144/66, BStBl. II 1970, 264 (272); *Seeliger*, Der Begriff des wirtschaftlichen Eigentums im Steuerrecht, S. 46 ff.

lierung „Befähigung, wie ein Eigentümer [...] zu verfügen" verwendet wird,[118] während es im deutschen Umsatzsteuerrecht lediglich auf die Befähigung, im eigenen Namen über einen Gegenstand zu verfügen, ankommt (siehe § 3 Abs. 1 UStG). Dies scheint auf den ersten Blick widersprüchlich zu sein und sollte grundlegend dargestellt werden.

Im Umsatzsteuergesetz wird eine weitergehende Erklärung des Begriffs der „Befähigung" und der „Verfügung" nicht vorgenommen. Vielmehr werden diese Begriffe anhand eines ebenso auslegungsbedürftigen Begriffs definiert (Verschaffung der Verfügungsmacht).[119] Grundsätzlich wird unter der Verfügung die Aufhebung, Übertragung, Belastung oder inhaltliche Änderung eines Rechts verstanden.[120] Sofern man auf die Vorschrift des § 185 Abs. 1 BGB abstellt, wird für eine wirksame Verfügung stets eine Berechtigung des Verfügenden gefordert. Dies erscheint widersprüchlich zu der bereits erörterten EuGH-Rechtsprechung, welche lediglich von einer tatsächlichen Verfügungsbefähigung ausgeht und nicht von einer Verfügungsberechtigung.[121] Auch in der MwStSystRL wird ausschließlich auf die Befähigung abgestellt und nicht auf eine zusätzliche Berechtigung. Zudem lässt der Wortlaut des § 3 Abs. 1 UStG darauf schließen, dass es nicht auf die Berechtigung des Übertragenden ankommen kann, sondern es ausschließlich um eine Befähigung geht. Die Begriffe „Berechtigung" und „Befähigung" sind daher schon sprachlich zu unterscheiden.[122] So kann auch der Verkauf von Diebesgut umsatzsteuerrechtlich zu einer Lieferung führen, wobei Einigkeit darüber besteht, dass es lediglich auf die faktische Verfügungsbefähigung und nicht auf eine rechtliche Befähigung ankommen soll.[123] Allerdings wird die Verfügungsbefähigung im Zusammenhang mit dem Begriff des Eigentümers verwendet,

---

118 Vgl. Art. 14 Abs. 1 der Richtlinie 2006/112/EG des Rates v. 28.11.2006 über das gemeinsame Mehwertsteuersystem, ABl. EU Nr. L 347/2006 vom 11.12.2006, S. 12; EuGH Urt. v. 21.04.2005, Rs. C-25/03 (*HE*), ECLI:EU:C:2005:241, Slg. 2005, I-03123, Rz. 64; EuGH Urt. v. 15.12.2005, Rs. C-63/04 (*Centralan Property*), ECLI:EU:C:2005:773, Slg. 2005, I-11087, Rz. 62; EuGH Urt. v. 03.06.2010, Rs. C-237/09 (*De Fruytier*), ECLI:EU:C:2010:316, Slg. 2010, I-04985, Rz. 24.

119 Anm. *Weiss*, UR 1980, 73 (77).

120 Vgl. statt aller: *Bayreuther*, in: MüKoBGB, § 185 Rz. 3.

121 So auch: *Streit/Korf*, UR 2008, 410.

122 Vertiefend: *Pehle*, Die Bestimmung des Lieferortes bei grenzüberschreitenden ruhenden Umsatzgeschäften, S. 107 ff.

123 EuGH Urt. v. 08.02.1990, Rs. C-320/88 (*Shipping and Forwarding Enterprise Safe*), ECLI:EU:C:1990:61, Slg. 1990, I-00285, Rz. 9; EuGH Urt. v. 18.07.2013, Rs. C-78/12 (*Evita-K*), ECLI:EU:C:2013:486, Rz. 35; *Hahn*, in: Weymüller, UStG, § 3 Rz. 66.1; *Pehle*, Die Bestimmung des Lieferortes bei grenzüberschreitenden ruhenden Umsatz-

welcher durch die nationalen Vorschriften schon vorbelastet ist.[124] Bezüglich der Formulierung sowohl in der Richtlinie als auch in der Rechtsprechung scheint es naheliegend, dass lediglich ein Vergleich zur Eigentümerstellung gezogen werden soll, eine solche aber nicht vorliegen muss. Eine dem Eigentümer vergleichbare Position hat nach nationalem Recht zumindest auch der unmittelbare Besitzer des Gegenstandes, vgl. 854 Abs. 1 BGB, sodass es ausreichend erscheint, wenn dem Dritten eine besitzrechtliche Position in Form des unmittelbaren Besitzes eingeräumt werden soll. Dies entspricht nicht nur einer dem Eigentümer vergleichbaren Rechtsposition, sondern steht zudem mit den Vorgaben des EuGH im Einklang.[125]

Storg diskutiert darüber hinaus die Möglichkeit, eine Ermächtigung i.S.d. § 185 Abs. 1 BGB als ausreichend für eine Lieferung i.S.d. § 3 Abs. 1 UStG zu erachten.[126] Hierbei soll es jedoch ausschließlich um die Frage gehen, ob eine Berechtigung erforderlich ist oder ob nicht eine tatsächliche Möglichkeit über einen Gegenstand zu verfügen ausreichen sollte.[127] Sowohl *Storg* als auch *Streit/Korf* kommen zu dem – meines Erachtens richtigen – Ergebnis, dass es nicht auf eine Berechtigung ankommen sollte, sondern lediglich auf eine Befähigung.[128] Dies führt jedoch wiederrum zum Ausgangsproblem der nicht eindeutigen Rechtsprechung des EuGH bezüglich dieser Problematik. Der EuGH möchte mit seiner bereits ergangenen

---

geschäften, S. 107 m.w.N.; *Schön*, UR 1998, 1 (3); *Stöcker*, in: Peter/Burhoff/Stöcker, UStG, § 3 Rz. 103.

124 *Möller*, Die Sicherungsübereignung im Umsatzsteuerrecht, S. 58 f.; *Streit/Korf*, UR 2008, 410; Begriff des Eigentümers in anderen Sprachfassungen der MwStSystRL: „right to dispose of tangible property as *owner*", Art. 14 Council Directive 2006/112/EC of 28.11.2006 on the common system of value added tax; „poder de disposición sobre un bien corporal con las facultades atribuidas a su *propietario*", Art. 14 Directiva 2006/112/CE del consejo 28.11.2006 relativa al sistema común del impuesto sobre el valor añadido; „de overdracht of overgang van de macht om als een *eigenaar* over een lichamelijke zaak te beschikken", Art. 14 Richlijn 2006/112/EG van de Raad van 28.11.2006 betreffende het gemeenschappelijke stelsel van belasting over de toegevoegde waarde.

125 Der EuGH stellt in seiner Rechtsprechung auf die unmittelbare Übertragung ab, vgl. EuGH Urt. v. 06.02.2003, Rs. C-185/01 (*Auto Lease Holland*), ECLI:EU:C:2003:73, Slg. 2003, I-01317, Rz. 34; ob hierunter die Erlangung des unmittelbaren Besitzes i.S.d. § 854 BGB gemeint ist, bleibt unklar; so auch: *Streit/Korf*, UR 2008, 410 (421).

126 *Storg*, Leistender und Leistungsempfänger im Umsatzsteuerrecht, S. 97 f.

127 *Storg*, Leistender und Leistungsempfänger im Umsatzsteuerrecht, S. 97 f.; so auch: *Streit/Korf*, UR 2008, 410 (422).

128 *Storg*, Leistender und Leistungsempfänger im Umsatzsteuerrecht, S. 98; *Streit/Korf*, UR 2008, 410 (422).

Rechtsprechung die Vorgaben und Ziele der MwStSystRL durchsetzen, gibt den nationalen Gerichten aber keinerlei Entscheidungs- bzw. Auslegungshilfe an die Hand, um diesen Zwecken gerecht zu werden.[129] Vielmehr wiederholt der EuGH den Wortlaut der Richtlinie, ohne näher darauf einzugehen, wie der Begriff des Eigentümers unionsrechtskonform ausgelegt werden soll, und überlässt es letztlich den nationalen Gerichten, einzelfallabhängig zu überprüfen, ob anhand der unionsrechtlichen Vorgaben die Befähigung, wie ein Eigentümer über den Gegenstand zu verfügen, übergegangen ist.[130]

Die Rechtsprechung des EuGH vermag nicht zu überzeugen, zumal sie den nationalen Gerichten keinerlei Entscheidungsspielraum innerhalb der nationalen Vorschriften zu gewähren scheint. Eine ausschließlich anhand des Unionsrechts orientierte Rechtsprechung ist innerhalb der Mitgliedstaaten jedoch schwer umsetzbar, sofern der EuGH – wie in den hier zitierten Entscheidungen[131] – stets wenig konkrete Angaben zur Auslegung macht, sondern alles ohne weitere Auslegungshilfe an die nationalen Gerichte zurückverweist. Dies konterkariert das vom EuGH verfolgte Ziel der Schaffung eines gemeinsamen Mehrwertsteuersystems und trägt zu einer weiteren Rechtszersplitterung bei.[132] Ohne konkretere Angaben wird dies dazu führen, dass die nationalen Gerichte weiterhin die nationalen Vorschriften zur Auslegung heranziehen und sich damit auch in Zukunft die Vorlagefragen beim EuGH ansammeln werden. Entsprechende Vorgaben in der MwStSystRL können nicht ohne Weiteres ohne den Sinngehalt des nationalen Rechts übernommen werden. Es ist vielmehr die Aufgabe des Unionsgesetzgebers, innerhalb der Richtlinie eindeutige Formulierungen zu verwenden, sodass nach Umsetzung durch die Mitgliedstaaten der Telos der Vorschriften unberührt bleibt.

Wünschenswert wäre es daher, dass der EuGH in seiner Rechtsprechung eindeutig Stellung beziehen und eine klare Vorgabe für die nationalen Gerichte machen würde.

---

129 U.a.: EuGH Urt. v. 06.02.2003, Rs. C-185/01 (*Auto Lease Holland*), ECLI:EU:C:2003:73, Slg. 2003, I-01317, Rz. 32; EuGH Urt. v. 21.02.2006, Rs. C-223/03 (*University of Huddersfield*), ECLI:EU:C:2006:124, Slg. 2006, I-01751, Rz. 43 u. 48; EuGH Urt. v. 02.07.2015, Rs. C-209/14 (*NLB Leasing*), ECLI:EU:C:2015:440, Rz. 26 f.; *Streit/Korf*, UR 2008, 410 (412).

130 *Streit/Korf*, UR 2008, 410 (412).

131 U.a.: EuGH Urt. v. 06.02.2003, Rs. C-185/01 (*Auto Lease Holland*), ECLI:EU:C:2003:73, Slg. 2003, I-01317, Rz. 23; EuGH Urt. v. 15.12.2005, Rs. C-63/04 (*Centralan Property*), ECLI:EU:C:2005:773, Slg. 2005, I-11087, Rz. 63; EuGH Urt. v. 02.07.2015, Rs. C-209/14 (*NLB Leasing*), ECLI:EU:C:2015:440, Rz. 26 f.

132 So auch: *Streit/Korf*, UR 2008, 410 (413).

b) *Sonstige Leistungen, § 1 Abs. 1 Nr. 1 Alt. 2 UStG*

Sonstige Leistungen sind nach § 3 Abs. 9 UStG Leistungen, die keine Lieferungen sind. Unionsrechtliche Vorgabe ist Art. 24 Abs. 1 MwStSystRL, wonach als Dienstleistung jeder Umsatz gilt, der keine Lieferung von Gegenständen ist.[133] Der europarechtlich geprägte Begriff der Dienstleistung entspricht dem nationalen Pendant der sonstigen Leistung, sodass eine wirksame Umsetzung der Richtlinie vorliegt.[134]

Sowohl die Lieferung als auch die sonstige Leistung lassen sich unter dem gemeinsamen Oberbegriff der Leistung zusammenfassen, sodass zwingend die folgenden Voraussetzungen der Leistung an sich gegeben sein müssen: „die vom Leistungswillen getragene Zuwendung eines wirtschaftlichen Vorteils an eine andere Person".[135] Wichtigstes Abgrenzungskriterium zur Lieferung nach § 3 Abs. 1 UStG ist, dass es bei einer sonstigen Leistung nicht um die Verschaffung der Verfügungsmacht an dem jeweiligen Gegenstand geht und damit nicht um die tatsächliche Übertragung der wirtschaftlichen Substanz.[136] Diese Abgrenzung soll anhand einer Gesamtbetrachtung aus der Sicht eines Durchschnittverbrauchers erfolgen, wobei vordergründig auf den wirtschaftlichen Gehalt der Leistung abgestellt wird.[137] Sofern sich eine Leistung sowohl aus Lieferungselementen als auch aus Elementen einer sonstigen Leistung zusammensetzt, gilt es festzustellen, ob es sich dabei um eine einheitliche Leistung handelt. Auch diese Feststellung erfolgt aus der Sicht eines Durchschnittverbrauchers und gründet auf dem Grundsatz der Einheitlichkeit der Leistung.[138]

Eine genauere Definition der sonstigen Leistung/Dienstleistung findet sich weder im Gesetzestext noch in der MwStSystRL und deren DVO, weshalb da-

---

133 Art. 24 Abs. 1 der Richtlinie 2006/112/EG des Rates v. 28.11.2006 über das gemeinsame Mehwertsteuersystem, ABl. EU Nr. L 347/2006 vom 11.12.2006, S. 14.

134 *Martin*, in: Sölch/Ringleb, UStG, § 3 Rz. 521; *Nieskens*, in: Rau/Dürrwächter, UStG, § 3 Rz. 3736.

135 *Nieskens*, in: Rau/Dürrwächter, UStG, § 3 Rz. 3721.

136 *Kortschak*, Lehrbuch der Umsatzsteuer, Rz. 222; *Nieskens*, in: Rau/Dürrwächter, UStG, § 3 Rz. 3723.

137 EuGH Urt. v. 02.05.1996, Rs. C-231/94 (*Faaborg-Gelting Linien/Finanzamt Flensburg*), ECLI:EU:C:1996:184, Slg. 1996, I-02395, Rz. 12; EuGH Urt. v. 10.03.2005, Rs. C-491/03 (*Hermann*), ECLI:EU:C:2005:157, Slg. 2005, I-02025, Rz. 19 u. 24; *Nieskens*, in: Rau/Dürrwächter, UStG, § 3 Rz. 3752.

138 EuGH Urt. v. 29.03.2007, Rs. C-111/05 (*Aktiebolaget NN*), ECLI:EU:C:2007:195, Slg. 2007, I-02697, Rz. 21; EuGH Urt. v. 02.12.2010, Rs. C-276/09 (*Everything Everywhere*), ECLI:EU:C:2010:730, Slg. 2010, I-12359, Rz. 22 f.; EuGH Urt. v. 19.07.2012, Rs. C-44/11 (*Deutsche Bank*), ECLI:EU:C:2012:484, Rz. 18; *Leonard*, in: Bunjes, UStG, § 3 Rz. 19; *Martin*, in: Sölch/Ringleb, UStG, § 3 Rz. 14.

von auszugehen ist, dass dieser Begriff weit ausgelegt werden kann, um somit dem Charakter der Umsatzsteuer als einer allgemeinen Verbrauchsteuer gerecht werden zu können.[139]

c) *Unternehmerbegriff*

Nach § 1 Abs. 1 Nr. 1 UStG muss es sich um Lieferungen und sonstige Leistungen handeln, die ein Unternehmer im Rahmen seines Unternehmens ausführt. Laut § 2 Abs. 1 S. 1 UStG ist Unternehmer, wer eine gewerbliche oder berufliche Tätigkeit selbständig ausübt. Hierbei handelt es sich um keine Legaldefinition des typischen Unternehmers, sondern um einzelne typologische Begriffsmerkmale, die lediglich den Unternehmer charakterisieren sollen.[140]

In der MwStSystRL wird nicht von einem Unternehmer, sondern von einem Steuerpflichtigen gesprochen. Nach Art. 9 MwStSystRL gilt als „Steuerpflichtiger", wer eine wirtschaftliche Tätigkeit unabhängig von ihrem Ort, Zweck und Ergebnis selbständig ausübt.[141]

d) *Leistung gegen Entgelt*

Grundsätzlich unterliegen nach § 1 Abs. 1 S. 1 Nr. 1 UStG nur solche Leistungen der Umsatzsteuer, die gegen Entgelt ausgeführt werden. Gemäß § 10 Abs. 1 S. 2 UStG ist Entgelt alles, was der Leistungsempfänger aufwendet, um die Leistung zu erhalten, jedoch abzüglich der Umsatzsteuer. Die Definition des Entgelts des § 10 Abs. 1 S. 2 UStG spiegelt jedoch nur den Umfang der Bemessungsgrundlage wider und beschreibt nicht, was unter einer Leistung „gegen Entgelt" zu verstehen ist.[142] Dies beruht auf einer missverständlichen Formulierung im nationalen Umsatzsteuergesetz und einer nicht konsequenten Umsetzung der Richtlinie.[143] Nach dieser umfasst die Steuerbemessungsgrundlage alles, was den Wert der Gegenleistung bildet (siehe Art. 73 Abs. 1 MwStSystRL), wohingegen der Mehrwertsteuer

---

139 *Nieskens*, in: Rau/Dürrwächter, UStG, § 3 Rz. 3737 f.; *Stadie*, in: Stadie, UStG, § 3 Rz. 151.

140 *Englisch*, in: Tipke/Lang, Steuerrecht, § 17 Rz. 33.

141 Art. 9 der Richtlinie 2006/112/EG des Rates v. 28.11.2006 über das gemeinsame Mehwertsteuersystem, ABl. EU Nr. L 347/2006 vom 11.12.2006, S. 11.

142 *Feil*, in: Weymüller, UStG, § 10 Rz. 1; *Schuhmann*, in: Rau/Dürrwächter, UStG, § 10 Rz. 16; *Treiber*, in: Sölch/Ringleb, UStG, § 10 Rz. 45.

143 Siehe Art. 73 der Richtlinie 2006/112/EG des Rates v. 28.11.2006 über das gemeinsame Mehwertsteuersystem, ABl. EU Nr. L 347/2006 vom 11.12.2006, S. 20 f.; *Feil*, in: Weymüller, UStG, § 10 Rz. 18 f.; *Treiber*, in: Sölch/Ringleb, UStG, § 10 Rz. 45.

als solcher alle Umsätze unterliegen, die eine Leistung gegen Entgelt darstellen (siehe Art. 2 Abs. 1 MwStSystRL). Demzufolge muss der Begriff des Entgelts in § 1 Abs. 1 S. 1 Nr. 1 UStG, der zum Vorliegen des Steuertatbestands führt, anders ausgelegt werden als der in § 10 Abs. 1 S. 2 UStG, der eine bloße Rechengröße für die Bemessungsgrundlage darstellt.[144] Auch wenn den beiden Begriffen eine andere Bedeutung zukommen soll, so stehen sie dennoch nicht zusammenhanglos nebeneinander.[145] Vielmehr bildet der Begriff des Entgelts in § 1 UStG die Grundlage für die spätere Berechnung der Bemessungsgrundlage in § 10 UStG, sodass eine innere Verknüpfung zwischen den beiden Begriffen besteht.[146] Der Entgeltbegriff in § 1 UStG wird dabei häufig in Verbindung gebracht mit dem umgangssprachlichen Begriff der Gegenleistung.[147] Diese Verwendung ist jedoch dann verfehlt, wenn im Rahmen des „Leistungsaustauschs" die „Gegenleistung" in einer reinen (Entgelt-) Zahlung besteht.[148] Die Entrichtung von Entgelt ist umsatzsteuerrechtlich jedoch nicht als Leistung zu qualifizieren, sodass ein Leistungsaustausch grundsätzlich nur dann vorliegen kann, wenn die „Gegenleistung" in Form einer Lieferung oder sonstigen Leistung erbracht wird. Der Begriff der „Gegenleistung" wird im Umsatzsteuerrecht als – vielleicht auch missverständliches – Synonym für den des Entgelts verwendet.[149]

Zwischen Leistung und Entgelt („Gegenleistung") i.S.d. § 1 Abs. 1 S. 1 Nr. 1 UStG muss ein unmittelbarer Zusammenhang in Form eines Leistungsaustausches bestehen.[150] Während der BFH in seiner früheren Rechtsprechung[151] hierfür eine

---

144 *Feil*, in: Weymüller, UStG, § 10 Rz. 1 und 18 ff.; *Hummel*, UR 2015, 213; *Nieskens*, in: Rau/Dürrwächter, UStG, § 1 Rz. 802.

145 Vertiefend: *Hummel*, UR 2015, 213.

146 *Hummel*, UR 2015, 213 (218); *Treiber*, in: Sölch/Ringleb, UStG, § 10 Rz. 60.

147 *Hummel*, UR 2015, 213 (218); *Möller*, Die Sicherungsübereignung im Umsatzsteuerrecht, S. 60; *Nieskens*, in: Rau/Dürrwächter, UStG, § 1 Rz. 802; *Peltner*, in: Weymüller, UStG, § 1 Rz. 68.

148 *Nieskens*, in: Rau/Dürrwächter, UStG, § 1 Rz. 804 f.; *Stadie*, in: Stadie, UStG, § 1 Rz. 74; ähnlich auch die Formulierung in Art. 2 Abs. 1 MwStSystRL, die das Entgelt gerade nicht als Bemessungsgrundlage ansieht (vgl. Art. 73 MwStSystRL).

149 *Nieskens*, in: Rau/Dürrwächter, UStG, § 1 Rz. 802.

150 *Gruß*, Der Umsatzbegriff nach den Änderungen durch das Umsatzsteuergesetz (Mehrwertsteuer), S. 67 f.; *Nieskens*, in: Rau/Dürrwächter, UStG, § 1 Rz. 801; *Oelmaier*, in: Sölch/Ringleb, UStG, § 1 Rz. 36; kritische Auseinandersetzung zum Begriff des Leistungsaustauschs: *Tehler*, DStR 1983, 215 ff.; *Weiss*, DStR 1983, 505.

151 Grundlegend: BFH Urt. v. 07.05.1981 – V R 47/76, BStBl. II 1981, 495 (496); BFH Beschl. v. 11.05.1995 – V R 105/92, BFHE 178, 241 (243); BFH Urt. v. 30.01.1997 – V R 133/93, BStBl. II 1997, 335.

finale Verknüpfung von Leistung und Entgelt forderte, ist er in Folge der Rechtsprechung des EuGH und der Verpflichtung zur richtlinienkonformen Auslegung von seinem Standpunkt abgerückt und verlangt stattdessen ein „Rechtsverhältnis" zwischen Unternehmer und Leistungsempfänger, das einen unmittelbaren Zusammenhang zwischen Leistung und Entgelt begründet, sodass das Entgelt als Gegenwert für die Leistung anzusehen ist.[152] Bei einem gegenseitigen Vertrag zwischen den Vertragspartnern liegt der erforderliche innere Zusammenhang vor. Allerdings ist die Wirksamkeit des Vertrages nicht ausschlaggebend für das Vorliegen eines Leistungsaustausches.[153]

Insgesamt lässt sich daher festhalten, dass eine Leistung gegen Entgelt stets dann gegeben ist, wenn (1) zwischen den Parteien ein Rechtsverhältnis, (2) ein innerer Zusammenhang von Leistung und Entgelt, (3) ein zumindest individualisierbarer Leistungsempfänger, dem ein wirtschaftlicher Vorteil zugewendet wird, und schließlich (4) ein endgültiger Verbrauch entweder auf Seiten des Leistungsempfängers oder am Ende der Unternehmerkette vorliegt.[154]

II. Grundlagen der Sicherungsübereignung

1. Die Sicherungsübereignung, §§ 929, 930 BGB

Die Sicherungsübereignung ist ein bis heute nicht besonders gesetzlich geregeltes Institut zur Kreditsicherung.[155] Das Bedürfnis einer zusätzlichen Kreditsicherung – neben der des Pfandrechts – ergab sich aus der vorherrschenden Wirtschaftslage.[156] Für Unternehmen ist es z. T. unerlässlich, Kredite aufzunehmen, um die laufenden Kosten decken zu können. Zur Sicherheit werden daher die Waren oder Maschinen dem Kreditgeber zur Verfügung gestellt. Um dennoch die Fortführung des Unternehmens zu gewährleisten, ist es erforderlich, dass diese Gegenstände weiterhin im

---

152 EuGH Urt. v. 03.03.1994, Rs. C-16/93 (*Tolsma/Inspecteur der Omzetbelasting*), ECLI:EU:C:1994:80, Slg. 1994, I-00743, Rz. 14; EuGH Urt. v. 21.03.2002, Rs. C-174/00 (*Kennemer Golf*), ECLI:EU:C:2002:200, Slg. 2002, I-03293, Rz. 39; BFH Urt. v. 05.12.2007 – V R 60/05, BStBl. II 2009, 486 (488); BFH Urt. v. 12.05.2009 – V R 24/08, BStBl. II 2010, 854 (856); BFH Urt. v. 22.04.2015 – XI R 10/14, BStBl. II 2015, 862 (863).

153 BFH Urt. v. 06.12.2007 – V R 24/05, BStBl. II 2009, 490 (492); *Oelmaier*, in: Sölch/Ringleb, UStG, § 1 Rz. 37.

154 *Peltner*, in: Weymüller, UStG, § 1 Rz. 69.1; *Robisch*, in: Bunjes, UStG, § 1 Rz. 13 ff.

155 *Möller*, Die Sicherungsübereignung im Umsatzsteuerrecht, S. 3; *Reinicke/Tiedtke*, Kreditsicherung, Rz. 623.

156 Statt aller: *Reinicke/Tiedtke*, Kreditsicherung, Rz. 622.

laufenden Betrieb genutzt werden können.[157] In der Praxis bedienen sich daher die Kreditgeber vermehrt der Sicherungsübereignung, um ihre Forderungen mit den beweglichen Sachen des Schuldners ausreichend abzusichern.[158]

a) Abgrenzung zum Pfandrecht

Gesetzlicher Ausgangsfall der dinglichen Sicherung von Forderungen ist das Pfandrecht, geregelt in den §§ 1204 ff. BGB. Gem. § 1205 Abs. 1 BGB setzt dieses jedoch voraus, dass der Eigentümer die Pfandsache dem Pfandgläubiger übergibt. Dadurch würde das Bedürfnis der Praxis, die Fortführung des Unternehmens mit den als Sicherheit verwendeten Gegenständen zu gewährleisten, negiert.[159] Aufgrund der strengeren Voraussetzung der Übergabe beim Faustpfand ist ein Übergabesurrogat im Sinne eines Besitzkonstituts (§ 868 BGB) bei der Pfandrechtsbestellung nicht möglich.[160] Dies führt vor allem dazu, dass in der Praxis das Pfandrecht an bestimmten Gegenständen weitestgehend an Bedeutung verloren hat und die übrigen Sicherungsmittel (u. a. die Sicherungsübereignung) in den Vordergrund gerückt sind.[161]

Ein weiterer Unterschied zum Pfandrecht ist darin zu sehen, dass die Sicherungsübereignung nicht streng akzessorisch hinsichtlich der zu sichernden Forderung ist.[162] Vielmehr stellt die Sicherungsübereignung ein (eigennütziges) Treuhandverhältnis dar.[163] Hierbei wird eine Rechtsposition (Treugut, hier: Sicherungsgut) von einer Partei (Treugeber, hier: Sicherungsgeber) auf eine andere Partei (Treuhänder, hier: Sicherungsnehmer) übertragen, wobei diese Rechtsposition im Innenverhältnis dem Treuhänder/Sicherungsnehmer weniger Befugnisse einräumt als im Außenverhältnis.[164] Folglich ist der Sicherungsnehmer im

157 *Baur/Stürner*, Sachenrecht, § 57 Rz. 7; *Möller*, Die Sicherungsübereignung im Umsatzsteuerrecht, S. 3; *Vieweg/Werner*, Sachenrecht, § 12 Rz. 2.

158 *Reinicke/Tiedtke*, Kreditsicherung, Rz. 622; *Vieweg/Werner*, Sachenrecht, § 12 Rz. 2; *Wellenhofer*, Sachenrecht, § 15 Rz. 1.

159 *Möller*, Die Sicherungsübereignung im Umsatzsteuerrecht, S. 3 f.; *Vieweg/Werner*, Sachenrecht, § 10 Rz. 3.

160 *Vieweg/Werner*, Sachenrecht, § 10 Rz. 3; *Wicke*, in: Palandt, BGB, § 1205 Rz. 8.

161 *Berger*, in: Jauernig, BGB, § 930 Rz. 20; *Oechsler*, in: MüKoBGB, Anh. §§ 929–936, Rz. 2; *Reinicke/Tiedtke*, Kreditsicherung, Rz. 622; *Schreiber*, Sachenrecht, Rz. 290; *Wellenhofer*, Sachenrecht, § 15 Rz. 1.

162 *Vieweg/Werner*, Sachenrecht, § 12 Rz. 3; *Wicke*, in: Palandt, BGB, § 1204 Rz. 1;

163 *Schreiber*, Sachenrecht, Rz. 289; *Vieweg/Werner*, Sachenrecht, § 12 Rz. 4.

164 *Berger*, in: Jauernig, BGB, § 930 Rz. 21; *Gottwald/Adolphsen*, in: Kölner Schrift zur Insolvenzordnung 2000, 1043 (1051) Rz. 26; *Reinicke/Tiedtke*, Kreditsicherung, Rz. 624; *Vieweg*/Werner, Sachenrecht, § 12 Rz. 4.

Außenverhältnis vollwertiger Eigentümer des Sicherungsguts geworden, während er im Innenverhältnis durch die Sicherungsabrede treuhänderisch gebunden ist.[165] Dem Sicherungsgeber wird zudem weiterhin die Sachnutzung gewährt und die Forderung des Sicherungsnehmers als Sicherungseigentümer abgesichert.[166]

b) Einigung

Die Einigung muss hinsichtlich der zur Sicherheit übertragenen Sachen hinreichend bestimmt sein. Eine bloße Bestimmbarkeit des Verfügungsgegenstandes reicht im Falle der Sicherungsübereignung nicht aus.[167] Als Verfügungsgegenstände kommen insbesondere bewegliche Sachen sowie an ihnen bestehende Anwartschaftsrechte in Betracht.[168]

Die dingliche Einigung kann zum einen unter einer auflösenden Bedingung i.S.d. § 158 Abs. 2 BGB erfolgen, sodass der Sicherungsgeber ein Anwartschaftsrecht an dem Sicherungsgut erlangt und das Eigentum am Sicherungsgut letztlich nach Erledigung des Sicherungszwecks an ihn zurückfällt.[169] Zum anderen besteht, sofern die Sicherungsübereignung unbedingt erfolgt, die Möglichkeit der Vereinbarung eines schuldrechtlichen Anspruchs auf Rückübereignung aus dem Sicherungsvertrag, sobald die Forderung getilgt wurde.[170]

Weder die eine noch die andere Möglichkeit schränkt die Parteien einer Sicherungsübereignung ein. Im Falle der bedingten Einigung ist der Sicherungsgeber vor Zwischenverfügungen des Sicherungsnehmers aufgrund von § 161 Abs. 2 BGB geschützt.[171] Andernfalls ist der Sicherungsgeber auch im Rahmen

---

165 *Gottwald/Adolphsen*, in: Kölner Schrift zur Insolvenzordnung 2000, 1043 (1051) Rz. 26; *Reinicke/Tiedtke*, Kreditsicherung, Rz. 624; *Vieweg/Werner*, Sachenrecht, § 12 Rz. 4; *Wellenhofer*, Sachenrecht, § 15 Rz. 5.

166 *Vieweg/Werner*, Sachenrecht, § 12 Rz. 3.

167 Sog. Bestimmtheitsgrundsatz: *Reinicke/Tiedtke*, Kreditsicherung, Rz. 636 ff.; *Vieweg/Werner*, Sachenrecht, § 12 Rz. 8.

168 *Möller*, Die Sicherungsübereignung im Umsatzsteuerrecht, S. 4; *Oechsler*, in: MüKoBGB, Anh. §§ 929–936 Rz. 11.

169 *Baur/Stürner*, Sachenrecht, § 57 Rz. 10; *Berger*, in: Jauernig, BGB, § 930 Rz. 43; *Oechsler*, in: MüKoBGB, Anh. §§ 929–936, Rz. 8; *Schreiber*, Sachenrecht, Rz. 292; *Serick*, Bd. III, § 37 I 1b, S. 389 f.; *Vieweg/Werner*, Sachenrecht, § 12 Rz. 10.

170 *Herrler*, in: Palandt, BGB, § 930 Rz. 28; *Möller*, Die Sicherungsübereignung im Umsatzsteuerrecht, S. 5; *Vieweg/Werner*, Sachenrecht, § 12 Rz. 10; *Wellenhofer*, Sachenrecht, § 15 Rz. 7 ff.

171 *Möller*, Die Sicherungsübereignung im Umsatzsteuerrecht, S. 5; *Oechsler*, in: MüKoBGB, Anh. §§ 929–936 Rz. 8; *Reinicke/Tiedtke*, Kreditsicherung, Rz. 658; *Schreiber*, Sachenrecht, Rz. 292.

einer unbedingten Einigung geschützt, da ihm sowohl ein Widerspruchsrecht nach § 771 ZPO als auch im Fall der Insolvenz des Sicherungsnehmers ein Aussonderungsrecht nach § 47 InsO zusteht.[172]

Meinungen in der Literatur gehen im Zweifel vom Vorliegen einer auflösenden Bedingung aus.[173] Allerdings tritt diesen der BGH entgegen, indem er in seinen Entscheidungen davon ausgeht, dass es den Grundsatz einer stets bedingten Einigung im Sicherungsvertrag nicht gibt.[174]

c) *Besitzkonstitut i.S.v. § 930 BGB*

Die Übergabe bei der Sicherungsübereignung findet nicht nach der Regelung des § 929 S. 1 BGB, sondern vielmehr aufgrund der Vorschrift des § 930 BGB statt. Hiernach ist ein Besitzmittlungsverhältnis i.S.d. § 868 BGB ausreichend, nach dem der Sicherungsgeber dem Sicherungsnehmer den mittelbaren Besitz an der Sache vermittelt, indem er die Sache als Nießbraucher, Pfandgläubiger, Pächter, Mieter, Verwahrer oder in einem ähnlichen Verhältnis besitzt, aufgrund dessen er dem Sicherungsnehmer gegenüber auf Zeit zum Besitz berechtigt oder verpflichtet ist.[175] Ob es dabei auf den tatsächlichen Willen des Sicherungsgebers zur Besitzmittlung (abstraktes Besitzmittlungsverhältnis) oder auf eine Parteivereinbarung über eines der in § 868 BGB genannten Rechtsgeschäfte bzw. über ein ähnliches Rechtsverhältnis (konkretes Besitzmittlungsverhältnis) ankommt, war lange Zeit umstritten.[176] Nach derzeit herrschender Meinung reicht die Annahme eines lediglich abstrakten Besitzmittlungsverhältnisses nicht aus, da unter Bezugnahme auf die in § 868 BGB genannten Rechtsverhältnisse ein rein innerlicher, jederzeit wechselnder Besitzmittlungswille nicht dieselben Anforderungen hinsichtlich etwaiger Rechte und Pflichten stellt wie ein konkret vereinbartes Rechtsverhältnis.[177] Allerdings bleibt sich die herrschende Meinung in der steten

---

172 *Herrler*, in: Palandt, BGB, § 930 Rz. 34; *Oechsler*, in: MüKoBGB, Anh. §§ 929–936 Rz. 9; *Smid*, Kreditsicherheiten in der Insolvenz, § 5 Rz. 16 f.

173 Für eine auflösende Bedingung: *Schreiber*, Sachenrecht, Rz. 292; *Serick*, Bd. III, § 37 I 3c, S. 399 f.

174 BGH Urt. v. 30.10.1990 – IX ZR 9/90, NJW 1991, 353 (354); BGH Urt. v. 20.09.2004 – II ZR 318/02, NJW-RR 2005, 280 (281) m.w.N.

175 *Berger*, in: Jauernig, BGB, § 930 Rz. 38; *Kindl*, in: BeckOK, BGB, § 930 Rz. 5; *Reinicke/Tiedtke*, Kreditsicherung, Rz. 651.

176 Siehe *Kindl*, in: BeckOK, BGB, § 930 Rz. 5; *Oechsler*, in: MüKoBGB, § 930 Rz. 14.

177 RG Urt. v. 15.11.1901 – Rep. II 234/01, RGZ 49, 170 (173); BGH Urt. v. 02.10.1952 – IV ZR 2/52, NJW 1953, 217 (218); *Berger*, in: Jauernig, BGB, § 868 Rz. 5; *Kindl*, in: BeckOK, BGB, § 930 Rz. 5; *Oechsler*, in: MüKoBGB, § 930 Rz. 15 f.

Annahme eines konkreten Besitzmittlungsverhältnis insoweit nicht treu, als sie nicht zu hohe Anforderungen an ein solches stellen möchte.[178] Dies ist vor allem im Fall der Sicherungsübereignung von besonderer Relevanz. Hierbei wurde diskutiert, ob die bloße Sicherungsabrede für die Annahme eines konkreten Besitzmittlungsverhältnisses ausreicht oder ob noch eine zusätzliche Vereinbarung über die Besitzmittlung erforderlich war.[179] Mittlerweile entspricht es jedoch der allgemeinen Auffassung, dass die Sicherungsabrede für die Annahme eines konkreten Besitzmittlungsverhältnis ausreichend ist.[180]

2. Die Sicherungsabrede

Die Sicherungsabrede enthält als schuldrechtlicher Vertrag sui generis die Regelungen der Parteien im Innenverhältnis, so u. a. das Verwertungsrecht, die Festlegung der zu sichernden Forderung oder die Verpflichtung zur Herausgabe, sofern der Sicherungszweck entfallen ist.[181] Weiterhin bildet der Sicherungsvertrag die Verknüpfung zwischen der zu sichernden Forderung und der Sicherungsübereignung, er ist allerdings nicht identisch mit dem Kreditvertrag, der der Forderung zugrunde liegt – kann aber mit diesem verbunden werden.[182] Gleichzeitig stellt die Sicherungsabrede den Rechtsgrund der Sicherungsübereignung im Fall des § 812 Abs. 1 S. 1 Alt.1 BGB dar.[183]

3. Insolvenzrechtliche Behandlung

An dieser Stelle soll die insolvenzrechtliche Einordnung der Sicherungsübereignung unter dem Gesichtspunkt der späteren Verwertungsmöglichkeiten im Insolvenzverfahren untersucht werden. Insbesondere sind die Unterschiede von Aussonderungs- und Absonderungsrechten (§§ 47–52 InsO) kurz darzulegen.

---

178 BGH Urt. v. 02.05.1979 – VIII ZR 207/78, NJW 1979, 2308 (2309); *Kindl*, in: BeckOK, BGB, § 930 Rz. 5; *Oechsler*, in: MüKoBGB, § 930 Rz. 14.

179 BGH Urt. v. 02.05.1979 – VIII ZR 207/78, NJW 1979, 2308 (2309) m.w.N.

180 *Bayer*, in: BGB, Anh. zu §§ 929–931 Rz. 7; *Gottwald/Adolphsen*, in: Kölner Schrift zur Insolvenzordnung 2000, 1043 (1051) Rz. 26; *Kindl*, in: BeckOK, BGB, § 930 Rz. 5; *Oechsler*, in: MüKoBGB, § 930 Rz. 14 ff.

181 *Berger*, in: Jauernig, BGB, § 930 Rz. 36; *Gottwald/Adolphsen*, in: Kölner Schrift zur Insolvenzordnung 2000, 1043 (1051) Rz. 26; *Oechsler*, in: MüKoBGB, Anh. §§ 929–936 Rz. 25; *Reinicke/Tiedtke*, Kreditsicherung, Rz. 684; *Wellenhofer*, Sachenrecht, § 15 Rz. 21.

182 *Baur/Stürner*, Sachenrecht, § 57 Rz. 15; *Oechsler*, in: MüKoBGB, Anh. §§ 929–936 Rz. 25; *Vieweg/Werner*, Sachenrecht, § 12 Rz. 15; *Wellenhofer*, Sachenrecht, § 15 Rz. 21.

183 *Berger*, in: Jauernig, BGB, § 930 Rz. 33; *Oechsler*, in: MüKoBGB, Anh. §§ 929–936 Rz. 25.

a) Aussonderungsrechte, § 47 InsO

Unter der Aussonderung i.S.d. § 47 InsO versteht man die „Verteidigung eines massefremden Rechts gegen den Zugriff des Insolvenzverwalters".[184] Dies bedeutet grundsätzlich eine Bereinigung der Insolvenzmasse („Ist-Masse") hinsichtlich der Gegenstände, die dem Aussonderungsberechtigten zustehen (zur „Soll-Masse").[185] Es soll dem aussonderungsberechtigten Gläubiger ermöglicht werden, seine bestehenden Forderungen aus dem Verwertungserlös bevorzugt zu bedienen.[186] Der Aussonderung können grundsätzlich alle Sachen und Rechte unterliegen.[187] Von zentraler Bedeutung für die Aussonderungsberechtigung ist es jedoch, dass es sich hierbei um massefremde Gegenstände handelt.[188] Dies ist nach der haftungsrechtlichen Betrachtung dann gegeben, wenn der Gegenstand nicht für die Verbindlichkeiten des Insolvenzschuldners haftet.[189]

In der Regel kann auch das Sicherungseigentum ein Aussonderungsrecht i.S.d. § 47 InsO begründen. Aus der Sicherungsabrede ergibt sich, dass das Sicherungsgut lediglich der Befriedigung des Sicherungsnehmers dienen und nicht endgültig in sein Vermögen überführt werden soll.[190] Gleichzeitig sollen die Gläubiger des Sicherungsnehmers nicht von dem Sicherungsgut als Haftungsobjekt profitieren.[191] Hier muss eine strikte Trennung zwischen der sachenrechtlichen und der haftungsrechtlichen Zuordnung erfolgen.[192] Im Rahmen der Insolvenz des Sicherungsnehmers begründet die Sicherungsübereignung daher ein Aussonderungsrecht i.S.d. § 47 InsO für den Sicherungsgeber, allerdings nur unter den Voraussetzungen, dass in diesem Fall der Sicherungsnehmer (ausnahmswei-

---

184 *Ganter*, in: MüKoInsO, § 47 Rz. 5.

185 *Bäuerle*, in: Braun, InsO, § 47 Rz. 1; *Brinkmann*, in: Uhlenbruck, InsO, § 47 Rz. 1; *Ganter*, in: MüKoInsO, § 47 Rz. 3; *Gaul*, ZInsO 2000, 256 (257); *Haffa/Leichtle*, in: Braun, InsO, § 148 Rz. 3.

186 *Smid*, Kreditsicherheiten in der Insolvenz, § 1 Rz. 5.

187 *Bäuerle*, in: Braun, InsO, § 47 Rz. 9 ff.; *Brinkmann*, in: Uhlenbruck, InsO, § 47 Rz. 4; *Hess*, in: KK-InsO, § 47 Rz. 5; *Lohmann*, in: Kreft, InsO, § 47 Rz. 5.

188 Siehe *Balz/Landfermann*, Die neuen Insolvenzgesetze, Begr. § 54 RegE, S. 259; *Brinkmann*, in: Uhlenbruck, InsO, § 47 Rz. 9.

189 *Brinkmann*, in: Uhlenbruck, InsO, § 47 Rz. 9; *Ganter*, in: MüKoInsO, § 47 Rz. 12.

190 *Bäuerle*, in: Braun, InsO, § 51 Rz. 3; *Brinkmann*, in Uhlenbruck, InsO, § 47 Rz. 16; *Gottwald/Adolphsen*, in: Kölner Schrift zur Insolvenzordnung 2000, 1043 (1052) Rz. 29; *Smid/Leonhardt*, in: Leonhardt/Smid/Zeuner, InsO, § 47 Rz. 17.

191 *Brinkmann*, in Uhlenbruck, InsO, § 47 Rz. 16; *Gottwald/Adolphsen*, in: Kölner Schrift zur Insolvenzordnung 2000, 1043 (1052) Rz. 29.

192 *Bäuerle*, in: Braun, InsO, § 47 Rz. 1; *Brinkmann*, in Uhlenbruck, InsO, § 47 Rz. 16.

se) unmittelbarer Besitzer des Sicherungsgutes ist und entweder der Sicherungszweck entfallen ist oder die gesicherte Forderung durch den Sicherungsgeber getilgt wurde.[193]

b) Absonderungsrechte, § 51 InsO

Absonderungsberechtigten i.S.d. § 51 InsO kommt eine „bevorzugte Befriedigung aus dem Massegegenstand" zu.[194] Haftungsrechtlich bedeutet dies letztlich eine „Zuerkennung eines Vorzugsrechts trotz haftungsrechtlicher Zuordnung zur Masse".[195] Aufgrund dieser haftungsrechtlichen Betrachtung ergibt sich auch, dass die Absonderung und die Aussonderung strikt voneinander zu trennen sind.[196] Vorteilhaft für den Gläubiger ist bei der Absonderung, dass dieser die Forderung nicht als Insolvenzforderung anmelden muss und bei einer Verwertung nicht nur die Insolvenzquote erhält.[197]

Obwohl das Sicherungseigentum grundsätzlich wie Volleigentum im vermögensrechtlichen Sinne behandelt wird – da eine mindere Form des Eigentums im BGB nicht anerkannt ist –, wird es im Rahmen der Insolvenz des Sicherungsgebers als Absonderungsrecht i.S.d. § 51 Nr. 1 InsO eingeordnet.[198] Die Einordnung des Sicherungseigentums als Volleigentum würde ansonsten dazu führen, dass im Insolvenzverfahren dem Sicherungseigentümer ein Aussonderungsrecht i.S.d. § 47 InsO zustünde.[199] Aufgrund der Besonderheit der Sicherungsübereignung – bei der ausschließlich die Gläubigerforderung abgesichert werden soll[200] – wird diese haftungsrechtlich daher „wie ein (nicht akzessorisches) Pfandrecht behandelt",[201]

---

193 *Brinkmann*, in: Uhlenbruck, InsO, § 47 Rz. 16; *Ganter*, in: MüKoInsO, § 47 Rz. 375; *Gottwald/Adolphsen*, in: Kölner Schrift zur Insolvenzordnung 2000, 1043 (1051) Rz. 27 f.; *Henckel*, FS Zeuner 1994, S. 193 (213); *Hess*, in: KK-InsO, § 47 Rz. 170; *Keller*, Insolvenzrecht, Rz. 416; *Serick*, Bd. III, § 35 II 2a, S. 294.

194 *Ganter*, in: MüKoInsO, Vor §§ 49–52 Rz. 1; ähnlich: *Farr*, Die Besteuerung in der Insolvenz, S. 16 Rz. 32; *Gaul*, ZInsO 2000, 256 (257); *Hess*, in: KK-InsO, § 51 Rz. 1.

195 *Ganter*, in: MüKoInsO, § 47 Rz. 12.

196 *Brinkmann*, in: Uhlenbruck, InsO, § 47 Rz. 9; *Ganter*, in: MüKoInsO, § 47 Rz. 12.

197 *Ganter*, in: MüKoInsO, Vor §§ 49–52 Rz. 1.

198 *Bäuerle*, in: Braun, InsO, § 51 Rz. 2; *Brinkmann*, in: Uhlenbruck, InsO, § 51 Rz. 2; *Ganter*, in: MüKoInsO, § 47 Rz. 53; *Henckel*, FS Zeuner 1994, S. 193 (195); *Schreiber*, Sachenrecht, Rz. 303; *Smid*, Kreditsicherheiten in der Insolvenz, § 5 Rz. 7.

199 *Brinkmann*, in: Uhlenbruck, InsO, § 51 Rz. 2; für den Fall der Treuhand: *Heinsius*, FS Henckel 1995, S. 387 (388 f.); *Henckel*, FS Zeuner 1994, S. 193 (200).

200 *Brinkmann*, in: Uhlenbruck, InsO, § 51 Rz. 2; *Henckel*, FS Zeuner 1994, S. 193 (198); *Vieweg/Werner*, Sachenrecht, § 12 Rz. 3.

201 *Häsemeyer*, InsR, Rz. 18.28.

sodass das Sicherungseigentum letztlich als masseangehörig angesehen wird und damit zur Absonderung berechtigt.[202] Insolvenzrechtlich erfolgt demnach eine „haftungsrechtliche Aufteilung“ in dem Sinne, dass das Sacheigentum weiterhin beim Sicherungsgeber verbleibt, der Sicherungsnehmer aber ein Verwertungsrecht an der gesicherten Sache erhält.[203]

4. Umsatzsteuerrechtliche Behandlung

Ferner ist auf die umsatzsteuerrechtliche Behandlung der Sicherungsübereignung näher einzugehen. Für das Vorliegen einer Lieferung i.S.d. § 3 Abs. 1 UStG wird – nach der Rechtsprechung des BFH – die Übertragung von Substanz, Wert und Ertrag gefordert. Diese Voraussetzungen wurden von der früheren Rechtsprechung des RFH jedoch im Falle der Sicherungsübereignung nicht anerkannt, sodass grundsätzlich kein umsatzsteuerrechtlich relevanter Tatbestand vorlag.[204] Erst in seinem Urteil vom 26.05.1939 hat der RFH die heutige herrschende Meinung zur Umsatzsteuerbarkeit der Sicherungsübereignung begründet. Mit der nach Eintritt des Sicherungsfalls vorgenommenen Verwertung durch den Sicherungsnehmer soll eine gleichzeitige Lieferung des Sicherungsgebers an den Sicherungsnehmer vorliegen, da in diesem Zeitpunkt der Sicherungsgeber dem Sicherungsnehmer endgültig die Verfügungsmacht an dem Gegenstand verschafft.[205] Ob die Abkehr von der damaligen Rechtsprechung der Gesetzeslage entsprach, kann dahinstehen, da jedenfalls mit Einführung des § 13b Abs. 1 Nr. 2 UStG a. F.[206] (§ 13b Abs. 2 Nr. 2 UStG n. F.) die Umsatzsteuerbarkeit der Sicherungsübereignung auch vom Gesetzgeber anerkannt wurde.[207]

Dies bedeutet zunächst, dass es für das Vorliegen eines steuerpflichtigen Umsatzes i.S.d. § 1 Abs. 1 Nr. 1 UStG i.V.m. § 3 Abs. 1 UStG auf den Zeitpunkt der endgültigen Verwertung des Sicherungsgutes ankommt. Demzufolge erlangt der Sicherungsnehmer bei der Sicherungsübereignung nur das zivilrechtliche Eigentum am Sicherungsgut, während wirtschaftlicher Eigentümer weiterhin der Sicherungsgeber bleibt, siehe § 39 Abs. 2 Nr. 1 S. 2 AO. Die Befugnis, über den Gegenstand wie ein Eigentümer zu verfügen, wird durch die Einschränkungen

---

202 *Brinkmann*, in: Uhlenbruck, InsO, § 51 Rz. 2; *Gaul*, ZInsO 2000, 256 (258); *Häsemeyer*, InsR, Rz. 18.28; *Henckel*, FS Zeuner 1994, S. 193 (196).

203 Vgl. BGH Urt. v. 28.06.1978 – VIII ZR 60/77, NJW 1978, 1859 f.; *Brinkmann*, in: Uhlenbruck, InsO, § 51 Rz. 2; *Häsemeyer*, InsR, Rz. 18.28.

204 RFH Urt. v. 21.06.1922 – VI a A 37/22, RStBl. 1922, 351; RFH Urt. v. 07.10.1925 – V A 222/25, RStBl. 1925, 211; RFH Urt. v. 08.06.1926 – V A 273/25, RStBl. 1926, 236.

205 RFH Urt. v. 26.05.1939 – V 129/38, RStBl. 1939, 885 (886).

206 § 13b UStG in der Fassung vom 20.12.2001, abrufbar unter www.juris.de.

207 *Onusseit*, ZInsO 2014, 1461.

in der Sicherungsabrede, wonach der Sicherungsnehmer von der dem Eigentum innewohnenden Verfügungsmacht solange keinen Gebrauch machen wird, bis der Sicherungsfall endgültig eingetreten ist, abbedungen.[208] Es werden somit weder Substanz, Wert und Ertrag endgültig an den Sicherungsnehmer übertragen noch wird ihm die faktische Verfügungsbefugnis durch den Sicherungsgeber eingeräumt. Aufgrund der fehlenden Verfügungsbefugnis des Sicherungsnehmers liegt zum Zeitpunkt der Sicherungsübereignung umsatzsteuerrechtlich noch keine Lieferung i.S.d. § 3 Abs. 1 UStG vor.[209] Entscheidend für das Vorliegen eines steuerpflichtigen Umsatzes i.S.e. Lieferung gem. § 3 Abs. 1 UStG ist erst die endgültige Verwertungshandlung nach Eintritt der Verwertungsreife.[210]

III. Die Verwertung von Sicherungsgut

1. Verwertung durch den Sicherungsnehmer

a) Allgemein

Sobald der Sicherungsgeber seinen Verpflichtungen aus dem Sicherungsvertrag nicht mehr nachkommen kann, besteht für den Sicherungsnehmer die Möglichkeit, das Sicherungsgut zu verwerten, um sich somit aus der Verwertung zu befriedigen.[211] Die näheren Voraussetzungen und die Art der Verwertung ergeben sich dabei aus dem zwischen Gläubiger und Schuldner vereinbarten Sicherungsvertrag.[212]

b) Umsatzsteuerrechtliche Betrachtung

Sofern der Sicherungsgeber Unternehmer (§ 2 Abs. 1 UStG) ist, werden mit der Verwertung des Sicherungsguts durch den Sicherungsnehmer – nach überwie-

208 BFH Urt. v. 20.07.1978 – V R 2/75, BStBl. II 1978, 684 (685); *Bonertz*, UR 2007, 241; *Leonard*, in: Bunjes, UStG, § 3 Rz. 82.

209 BFH Urt. v. 20.07.1978 – V R 2/75, BStBl. II 1978, 684; *Frotscher*, Besteuerung bei Insolvenz, S. 262; *Hahn*, in: Weymüller, UStG, § 3 Rz. 81.5; *Rondorf*, NWB 2014, 842 (843); *Wäger*, WM 2012, 769; *Weimann/Kraatz/Grobbel*, StB 2015, 82 (84).

210 Ständige Rspr.: BFH Urt. v. 20.07.1978 – V R 2/75, BStBl. II 1978, 684 (685); BFH Urt. v. 17.07.1980 – V R 124/75, BStBl. II 1980, 673; BFH Urt. v. 09.12.1993 – V R 108/91, BStBl. II 1994, 483 f.; BFH Urt. v. 16.04.1997 – XI R 87/96, BStBl. II 1997, 585 (587); *Friedrich*, UR 2009, 149 (150); *Hahn*, in: Weymüller, UStG, § 3 Rz. 81.5; *Leonard*, in: Bunjes, UStG, § 3 Rz. 83.

211 *Broemel/Endert*, NWB 2014, 548; *Rondorf*, NWB 2014, 842 (843 f.).

212 Vgl. BGH Urt. v. 24.10.1979 – VIII ZR 298/78, NJW 1980, 226; *Berger*, in: Jauernig, BGB, § 930 Rz. 37; *Broemel/Endert*, NWB 2014, 548; *Schreiber*, Sachenrecht, Rz. 305; *Herrler*, in: Palandt, BGB, § 930 Rz. 29.

gender Auffassung – zwei Umsätze realisiert, sog. Doppelumsatz.[213] Zum einen liegt eine umsatzsteuerliche Lieferung zwischen Sicherungsnehmer und Drittem vor, zum anderen erfolgt zeitgleich eine Lieferung zwischen Sicherungsgeber und Sicherungsnehmer.[214]

aa) Ansicht der Rechtsprechung

Nach der Rechtsprechung des BFH erlangt der Sicherungsnehmer mit Beginn der Verwertung die vollständige Verfügungsmacht über den Gegenstand, während der Sicherungsgeber das (wirtschaftliche) Eigentum am Sicherungsgut verliert, weshalb auch erst in diesem Zeitpunkt der mit der Sicherungsübereignung eingeleitete Liefervorgang i.S.d § 3 Abs. 1 UStG vollendet ist.[215] Hierfür ist jedoch weiterhin erforderlich, dass der Sicherungsnehmer das Sicherungsgut in seinem Namen und mit dem Ziel der eigenen Befriedigung veräußert.[216]

bb) Meinungen in der Literatur

Meinungen in der Literatur wollen eine Lieferung über die Regelungen zum Kommissionsgeschäft i.S.d § 3 Abs. 3 u. 11 UStG zwischen Sicherungsgeber und Sicherungsnehmer fingieren.[217] Der Sicherungsnehmer verwertet das Sicherungsgut zwar zur Tilgung seiner Forderungen, jedoch steht ihm der Ertrag nicht vollständig zu. Vielmehr hat er den seine Forderungen übersteigenden Ertrag an den Sicherungsgeber herauszugeben. Demnach gehen Substanz, Wert und Ertrag nicht vollkommen auf den Sicherungsnehmer über, sodass hierin keine Lieferung i.S.d. § 3 Abs. 1 UStG gesehen werden kann. Erst über die Annahme

---

213 BFH Urt. v. 09.12.1993 – V R 108/91, BStBl. II 1994, 483 (484); BFH Urt. v. 16.04.1997 – XI R 87/96, BStBl. II 1997, 585 (587); *Roth*, Insolvenzsteuerrecht, Rz. 4.457; *Stadie*, in: Stadie, UStG, § 3 Rz. 29.

214 *Hahn*, in: Weymüller, UStG, § 3 Rz. 81.5; *Rondorf*, NWB 2014, 842 (844); *Sinz*, in: Uhlenbruck, InsO, § 22 Rz. 214; *Wäger*, WM 2012, 769; *Waza*, in: Waza/Uhländer/Schmittmann, Insolvenzen und Steuern, Rz. 2222.

215 BFH Urt. v. 20.07.1978 – V R 2/75, BStBl. II 1978, 684 (685); BFH Urt. v. 16.04.1997 – XI R 87/96, BStBl. II 1997, 585 (587); BFH Beschl. v. 19.07.2007 – V B 222/06, BStBl. II 2008, 163 (164); zustimmend: *de Weerth*, UR 2003, 161; *Roth*, Insolvenzsteuerrecht, Rz. 4.458; *Sinz*, in: Uhlenbruck, InsO, § 22 Rz. 214.

216 So u.a.: BFH Urt. v. 09.03.1995 – V R 102/89, BStBl. II 1995, 564 (566); BFH Urt. v. 16.04.1997 – XI R 87/96, BStBl. II 1997, 585 (587); BFH Urt. v. 06.10.2005 – V R 20/04, BStBl. II 2006, 931 (932) m.w.N.

217 *Gruß*, Der Umsatzbegriff nach den Änderungen durch das Umsatzsteuergesetz (Mehrwertsteuer), S. 26 f.; *Nieskens*, in: Rau/Dürrwächter, UStG, § 3 Rz. 862; *Stadie*, in Stadie, UStG, § 3 Rz. 29.

eines Kommissionsgeschäftes i.S.d. § 3 Abs. 3 u. 11 UStG wird die Sicherungsübereignung – zwischen Sicherungsgeber und Sicherungsnehmer – zu einer fingierten Lieferung gem. § 3 Abs. 1 UStG.[218]

cc) Stellungnahme

Beide Ansichten bejahen demzufolge das Vorliegen eines Doppelumsatzes. Indes ist die Herleitung der beiden Umsätze kritisch zu hinterfragen.

In der Sicherungsabrede zwischen Sicherungsgeber und Sicherungsnehmer wird dem Sicherungsnehmer ein Verwertungsrecht für den Fall zugesprochen, dass der Sicherungsgeber die gesicherten Forderungen nicht bedient. Mit Eintritt des Sicherungsfalls wird das Eigentum an dem Sicherungsgut nicht nur zivilrechtlich, sondern auch wirtschaftlich auf den Sicherungsnehmer übertragen. Ausgangsfall der Sicherungsübereignung ist, dass das wirtschaftliche Eigentum grundsätzlich gem. § 39 Abs. 2 Nr. 1 S. 2 AO dem Sicherungsgeber zugerechnet wird. Ab Eintritt des Sicherungsfalls wird der Sicherungsnehmer (wirtschaftlicher/zivilrechtlicher) Eigentümer des Sicherungsguts. Sobald der Sicherungsnehmer von seinem Verwertungsrecht Gebrauch macht, werden ihm Substanz, Wert und Ertrag vom Sicherungsgeber endgültig übertragen. Der Sicherungsnehmer hat ab diesem Zeitpunkt die vollständige Befugnis, das Sicherungsgut zu verwerten, und kann auch die Höhe des späteren Entgelts festlegen. Er wurde – nicht nur faktisch – so gestellt wie ein Eigentümer, der über sein Wirtschaftsgut verfügt. Dies reicht nach der Rechtsprechung des EuGH bereits aus, um die Verschaffung der Verfügungsmacht zu bejahen und damit eine Lieferung i.S.d. § 3 Abs. 1 UStG anzunehmen. Somit liegt mit Eintritt der Verwertungshandlung bzw. mit dem Zeitpunkt der Lieferung an den Abnehmer eine zeitgleiche Lieferung i.S.d. § 3 Abs. 1 UStG zwischen Sicherungsnehmer und Sicherungsgeber vor.

Eine Herleitung über die Grundsätze der Verkaufskommission und damit eine Fiktion einer Lieferung i.S.d. § 3 Abs. 3 UStG ist hier nicht erforderlich und daher abzulehnen. Vielmehr handelt es sich um ein umsatzsteuerrechtliches Reihengeschäft i.S.d. § 3 Abs. 6 S. 5 UStG, bei welchem mehrere Unternehmer über denselben Gegenstand Umsatzgeschäfte abschließen und der Gegenstand unmittelbar vom ersten Unternehmer an den Abnehmer gelangt.[219]

---

218 *Leonard*, in: Bunjes, UStG, § 3 Rz. 85; *Nieskens*, in: Rau/Dürrwächter, UStG, § 3 Rz. 862; *Stadie*, in: Stadie, UStG, § 3 Rz. 29.

219 So auch: *De Weerth*, UR 2003, 161 f.; *Roth*, Insolvenzsteuerrecht, Rz. 4.458.

c) *Steuerschuldnerschaft und Vorsteuerabzug*

Die Steuerschuldnerschaft wird außerhalb des Insolvenzverfahrens gem. § 13b Abs. 2 Nr. 2 UStG auf den Leistungsempfänger – hier den Sicherungsnehmer – verlagert, sofern dieser ein Unternehmer ist (vgl. § 13b Abs. 5 S. 1 UStG – sog. Reverse-Charge-Verfahren).[220] Der Sicherungsnehmer schuldet daher grundsätzlich die Umsatzsteuer aus der ersten Lieferung vom Sicherungsgeber an den Sicherungsnehmer, § 13b Abs. 2 Nr. 2 UStG, und aus der zweiten Lieferung an den Dritten, § 13a Abs. 1 Nr. 1 UStG.

Gemäß § 15 Abs. 1 S. 1 Nr. 4 UStG kann der Sicherungsnehmer (Unternehmer) die entsprechende Umsatzsteuer aus der Lieferung an ihn im Rahmen der Vorsteuerabzugsmöglichkeit geltend machen, sodass er letztlich nur einmal mit der Entrichtung der Umsatzsteuer belastet ist.[221] Voraussetzung hierfür ist allerdings, dass der Sicherungsgeber eine entsprechende Rechnung i.S.d. § 14 Abs. 4 UStG ausstellt, § 14a Abs. 5 UStG.[222]

2. Verwertung durch den Sicherungsgeber

a) *Allgemein*

Aufgrund der Privatautonomie können Sicherungsgeber und Sicherungsnehmer im Sicherungsvertrag die Abrede treffen, dass der Sicherungsgeber im Falle des Eintritts der Verwertungsreife das Sicherungsgut unter vorheriger Absprache mit dem Sicherungsnehmer selbst veräußern darf.[223] Den Erlös hat er dann in Höhe des Wertes der gesicherten Forderung an den Sicherungsnehmer auszukehren.[224]

b) *Umsatzsteuerrechtliche Betrachtung*

Umsatzsteuerrechtlich ist bei der Verwertung durch den Sicherungsgeber selbst zu beachten, in wessen Namen und für welche Rechnung dieser die Verwertung vornimmt. Insofern der Sicherungsgeber im eigenen Namen und für eigene Rechnung tätig wird, handelt es sich umsatzsteuerrechtlich lediglich um einen

---

220 *De Weerth*, UR 2003, 161 (162); *Sinz*, in: Uhlenbruck, InsO, § 22 Rz. 214; *Stadie*, in: Rau/Dürrwächter, UStG, §13b Rz. 250 f.

221 *De Weerth*, UR 2003, 161 (162); *Heuermann*, in: Sölch/Ringleb, UStG, § 13b Rz. 21; *Roth*, Insolvenzsteuerrecht, Rz. 4.459.

222 *Korn*, in: Bunjes, UStG, § 14a Rz. 19; *Sinz*, in: Uhlenbruck, InsO, § 22 Rz. 214.

223 *Rondorf*, NWB 2014, 842 (846).

224 *Rondorf*, NWB 2014, 842 (846).

sog. Einfachumsatz.[225] Der Sicherungsnehmer ist aufgrund des Sicherungsvertrags vor Eintritt der Verwertungsreife wirtschaftlich nicht in der Lage, die dem Eigentum innewohnende Verfügungsmacht in umsatzsteuerrechtlich relevanter Weise auszuüben.[226] Mithin liegt im Zeitpunkt der Verwertung des Sicherungsgebers an den Abnehmer keine an ihn erbrachte Lieferung (§ 3 Abs. 1 UStG) vor.

Handelt der Sicherungsgeber allerdings im eigenen Namen, aber für fremde Rechnung – da mittlerweile Verwertungsreife eingetreten ist –, so wird über die Grundsätze des Kommissionsgeschäfts eine zusätzliche Lieferung zwischen dem Sicherungsnehmer und dem Sicherungsgeber fingiert, siehe § 3 Abs. 3 UStG.[227]

aa) Vorliegen eines sog. Dreifachumsatzes

Im Falle der Verwertung durch den Sicherungsgeber im eigenen Namen, aber für Rechnung des Sicherungsnehmers nach Eintritt der Verwertungsreife wird von der Rechtsprechung des BFH ein Dreifachumsatz nach den Grundsätzen des Kommissionsgeschäfts i.S.d. § 3 Abs. 3 UStG angenommen.[228] Die Veräußerung durch den Sicherungsgeber an den Abnehmer führt zu einer umsatzsteuerrechtlich relevanten Lieferung i.S.d. § 3 Abs. 1 UStG. Weil der Sicherungsgeber im eigenen Namen, aber für Rechnung des Sicherungsnehmers auftritt, ist gleichzeitig ein Fall des § 3 Abs. 3 UStG (Kommissionsgeschäft) gegeben, bei welchem zwischen Sicherungsnehmer (Kommittent) und Sicherungsgeber (Kommissionär) eine Lieferung vorliegt, bei der der Sicherungsgeber als Abnehmer gilt. Die vorherige Sicherungsübereignung zwischen Sicherungsgeber und Sicherungsnehmer erstarkt zudem mit Beginn der Verwertungshandlung zu einer Lieferung i.S.d § 1 Abs. 1 Nr. 1 UStG, sodass letztlich drei Umsätze verwirklicht werden.[229]

---

225 *Hahn*, in: Weymüller, UStG, § 3 Rz. 81.5; *Martin*, in: Sölch/Ringleb, UStG, § 3 Rz. 104; *Onusseit*, ZInsO 2014, 1461 (1466); *Sinz*, in: Uhlenbruck, InsO, § 22 Rz. 218.

226 BFH Urt. v. 23.07.2009 – V R 27/07, BStBl. II 2010, 859 (862); *Martin*, in: Sölch/Ringleb, UStG, § 3 Rz. 104.

227 BFH Urt. v. 06.10.2005 – V R 20/04, BStBl. II 2006, 931 (932); BFH Urt. v. 30.03.2006 – V R 9/03, BStBl. II 2006, 933 (935); *Martin*, in: Sölch/Ringleb, UStG, § 3 Rz. 104; *Onusseit*, ZInsO, 2014, 1461 (1466); *Sinz*, in: Uhlenbruck, InsO, § 22 Rz. 218.

228 BFH Urt. v. 06.10.2005 – V R 20/04, BStBl. II 2006, 931 (932); BFH Urt. v. 30.03.2006 – V R 9/03, BStBl. II 2006, 933 (935); BFH Urt. v. 23.07.2009 – V R 27/07, BStBl. II 2010, 859 (861 f.); *Rühland*, in: Kahlert/Rühland, Sanierungs- und Insolvenzsteuerrecht, Rz. 9.521.

229 BFH Urt. v. 06.10.2005 – V R 20/04, BStBl. II 2006, 931 (932); BFH Urt. v. 30.03.2006 – V R 9/03, BStBl. II 2006, 933 (935); BFH Urt. v. 23.07.2009 – V R 27/07, BStBl. II 2010, 859 (862); *Nieskens*, in: Rau/Dürrwächter, UStG, § 3 Rz. 866.

bb) Kritik in der Literatur

Auch wenn die Rechtsprechung des BFH zum Vorliegen eines Dreifachumsatzes zunächst dogmatisch überzeugen mag, wurde in der Literatur dennoch Kritik an dieser geübt.[230]

Insbesondere *Wäger* zweifelt das Vorliegen eines Kommissionsgeschäftes zwischen dem Sicherungsgeber und dem Sicherungsnehmer an, da er hierin eine Diskrepanz zur Rechtsprechung des BFH bezüglich der Grundstücksverwertung erblickt.[231] Die Schuldtilgung erfolgt hier nicht für Rechnung des Grundpfandrechtsgläubigers, sondern ausschließlich auf Rechnung des Insolvenzschuldners.[232] Nach seiner Meinung erscheint es nicht gerechtfertigt, die Verwertung von mit Grundpfandrechten belasteten Immobilien anders zu behandeln als die Verwertung von beweglichen Gegenständen, sodass beide Fälle hinsichtlich der Frage auf wessen Rechnung gehandelt wurde, gleich zu behandeln sind.[233] Eine Beurteilung lediglich anhand der zivilrechtlichen Unterschiede hinsichtlich der Eigentümerstellung bei mit Grundpfandrechten belasteten Immobilien einerseits und Sicherungseigentum andererseits darf – so die Auffassung von *Wäger* – nach der Rechtsprechung des EuGH nicht erfolgen.[234]

De Weerth hingegen stellt auf die Rechtsprechung des EuGH ab, welcher einer „künstlichen" Leistungskette kritisch gegenübersteht.[235] In seiner bekannten Entscheidung *Auto Lease Holland* hielt der EuGH nochmals fest, dass es für die Lieferung von Gegenständen nicht auf die nationalen Vorschriften zur Eigentumsübertragung ankommen könne, sondern ausschließlich darauf, ob eine Partei „die andere Partei ermächtigt, über diesen Gegenstand faktisch so zu verfügen, als wäre sie sein Eigentümer."[236] In der Entscheidung *Auto Lease Holland* verleaste die Klägerin (Leasinggeberin) an ihre Kunden (Leasingnehmer) Kraftfahrzeuge mit einer entsprechenden Übereinkunft darüber, dass diesen das Recht zustehen sollte, „im Namen und für Rechnung der Klägerin Kraftstoff zu tanken

---

230 U.a.: Anm. *de Weerth*, DStR 2006, 985 (987); *de Weerth*, NZI 2015, 884 (887); *Herget/Kreuzberg*, NZI 2013, 118 (122); *Martin*, in: Sölch/Ringleb, UStG, § 3 Rz. 104; *Wäger*, WM 2012, 769 (771 ff.).

231 *Wäger*, WM 2012, 769 (771 f.).

232 So: BFH Urt. v. 28.07.2011 – V R 28/09, BStBl. II 2014, 406 (409).

233 *Wäger*, WM 2012, 769 (772); ähnlich: *De Weerth*, NZI 2015, 884 (887).

234 *Wäger*, WM 2012, 769 (772).

235 *De Weerth*, NZI 2015, 884 (887); so auch schon: Anm. *de Weerth*, DStR 2006, 985 (987).

236 EuGH Urt. v. 06.02.2003, Rs. C-185/01 (*Auto Lease Holland*), ECLI:EU:C:2003:73, Slg. 2003, I-01317, Rz. 32.

und vereinzelt Ölprodukte zu kaufen."[237] Im Rahmen der Übereinkunft über die Kraftstoffverwaltung wurde den Leasingnehmern ein sog. „ALH-Pass" und eine Tankkreditkarte zur Verfügung gestellt.[238] Hinsichtlich der hier vorgelegten Frage, ob es zu einer unmittelbaren Lieferung des Kraftstoffes an den Leasingnehmer kam oder ob eine Lieferung an den Leasinggeber dazwischengeschaltet war, entschied der EuGH ganz klar, dass allein der Leasingnehmer befugt sei, „über den Kraftstoff so zu verfügen, als wäre er der Eigentümer, weil er ihn unmittelbar von den Tankstellen erhält und die Klägerin [Leasinggeberin] zu keiner Zeit darüber entscheiden kann, wie und wozu der Kraftstoff verwendet werden soll."[239] Bezüglich der hier aufgestellten Problematik würde die Rechtsprechung damit zu folgendem Ergebnis führen: Der Sicherungsnehmer wird zu keinem Zeitpunkt von der anderen Partei dazu ermächtigt, faktisch so über den Gegenstand zu verfügen, als wäre er der Eigentümer. Weiterhin besitzt er in der Regel keine genauere Kenntnis darüber, an wen bzw. zu welchen Konditionen das Sicherungsgut verkauft werden soll.[240] Darüber hinaus erhält der Sicherungsnehmer das Sicherungsgut grundsätzlich nicht unmittelbar, sodass er regelmäßig auch nicht darüber entscheiden kann, wie und wozu der Gegenstand verwendet werden soll.

Dementsprechend ist der bisherigen Rechtsprechung zur Verwertung von Sicherungsgut durch den Sicherungsgeber und der damit verbundenen Annahme eines sog. Dreifachumsatzes im Lichte der Rechtsprechung des EuGH nicht zuzustimmen. Vielmehr sollte der Fall der Verwertung durch den Sicherungsgeber nach Eintritt der Verwertungsreife nicht anders behandelt werden als vor Eintritt der Verwertungsreife. Mithin sollte von einem Vorliegen eines Einfachumsatzes ausgegangen werden.

Es bleibt abzuwarten, ob der BFH zukünftig seine Rechtsprechung diesbezüglich ändert oder ob er beim EuGH zur endgültigen Klärung eine entsprechende Vorlagefrage gem. Art. 267 Abs. 2 AEUV einreicht.

---

237 EuGH Urt. v. 06.02.2003, Rs. C-185/01 (*Auto Lease Holland*), ECLI:EU:C:2003:73, Slg. 2003, I-01317, Rz. 11.

238 EuGH Urt. v. 06.02.2003, Rs. C-185/01 (*Auto Lease Holland*), ECLI:EU:C:2003:73, Slg. 2003, I-01317, Rz. 11.

239 EuGH Urt. v. 06.02.2003, Rs. C-185/01 (*Auto Lease Holland*), ECLI:EU:C:2003:73, Slg. 2003, I-01317, Rz. 34.

240 So auch: Anm. *de Weerth*, DStR 2006, 985 (987).

Kapitel 3: Verwertung von Sicherungsgut im Insolvenzverfahren durch den Insolvenzverwalter

I. Insolvenzrechtliche Gestaltung

1. Historische Betrachtung

Bevor die derzeitige Rechtslage der Verwertung von Sicherungsgut im Insolvenzverfahren gem. § 166 Abs. 1 InsO behandelt wird, soll zunächst ein historischer Abriss der Entwicklung der Vorschriften zur Verwertung von beweglichen Gegenständen noch zu Zeiten der Konkursordnung erfolgen.

Die Verwertung von beweglichen Gegenständen zu Zeiten der Konkursordnung richtete sich grundsätzlich nach § 127 KO.[241] Der Konkursverwalter war hiernach berechtigt, die Verwertung eines zur Masse gehörigen Gegenstandes, an welchem der Gläubiger ein durch Rechtsgeschäft bestelltes Pfandrecht oder ein diesem gleichstehendes Recht beansprucht, nach Maßgabe der Vorschriften über die Zwangsvollstreckung oder über den Pfandverkauf zu betreiben (siehe § 127 Abs. 1 KO). Sofern allerdings der Gläubiger zur Verwertung befugt war, konnte auf Antrag des Konkursverwalters das Konkursgericht dem Gläubiger nach dessen Anhörung eine Frist bestimmen, innerhalb welcher er den Gegenstand zu verwerten hatte.

Demzufolge oblag das Recht zur Verwertung grundsätzlich dem Gläubiger, sofern er denn zu einer solchen befugt war. Dies führte dazu, dass die ursprünglich vom Gesetzgeber als Ausnahmevorschrift vorgesehene Regelung des § 127 Abs. 2 KO im Rahmen der Verwertung von Sicherungsgut zum Regelfall wurde.[242] Als Begründung wurde hierfür angeführt, dass der Sicherungsnehmer Eigentü-

241 RG Urt. v. 01.02.1938 – VII 174/37, RGZ 157, 40 (45); *Brinkmann*, in: Uhlenbruck, InsO, § 166 Rz. 4; *Funk*, Die Sicherungsübereignung in Einzelzwangsvollstreckung und Insolvenz, S. 39; *Gerhardt*, Gedächtnisschrift für Arens 1993, S. 128; *Hilgers*, Besitzlose Mobiliarsicherheiten im Absonderungsverfahren unter besonderer Berücksichtigung der Verwertungsprobleme, S. 81 ff.; *Tetzlaff*, in: MüKoInsO, Vor §§ 166–173 Rz. 1.

242 Vgl. *Funk*, Die Sicherungsübereignung in Einzelzwangsvollstreckung und Insolvenz, S. 39 m.w.N.; *Hilgers*, Besitzlose Mobiliarsicherheiten im Absonderungsverfahren unter besonderer Berücksichtigung der Verwertungsprobleme, S. 87; *Mentzel/Kuhn/Uhlenbruck*, Konkursordnung, § 127 Rz. 1.

mer des Sicherungsguts geworden sei und lediglich aus schuldrechtlicher Sicht in seiner Verfügung beschränkt wurde.[243] Aufgrund dieses formal dinglichen Rechts sei es dem Sicherungsnehmer/Gläubiger gestattet, vom Konkursverwalter gem. § 127 Abs. 2 KO die Herausgabe des mit einem Absonderungsrecht belasteten Gegenstandes zu verlangen.[244]

Das Selbstverwertungsrecht des Gläubigers wurde jedoch nicht vollkommen kritiklos hingenommen; insbesondere wurde hiergegen angeführt, dass das Risiko einer unsachgemäßen Verwertung durch den Gläubiger bestehe, welcher einen eventuellen Übererlös, der der Masse zu Gute käme, vereiteln könne.[245] Gleichermaßen war es nicht gern gesehen, dass der Konkursverwalter „große Teile der Masse aus der Hand gibt", um diese den Gläubigern allein zur Verwertung zu überlassen; somit würden weitere Kontroll- und Einflussmöglichkeiten des Konkursverwalters vereitelt.[246] Andererseits wurde zugleich in der Literatur angeführt, dass der Sicherungsgläubiger die Herausgabe des Sicherungsgegenstandes erzwingen konnte, was wiederum zur Folge habe, dass § 127 Abs. 2 KO unmittelbar zur Anwendung komme.[247]

Aufgrund der fortwährenden Kritik an der geltenden Konkursordnung wurden somit die Wünsche nach einer umfassenden Reform des Konkursrechts immer deutlicher.[248] So war die Konkursordnung mit der derzeitigen Wirtschaftslage nicht mehr zu vereinbaren und musste an die Gegebenheiten des modernen Wirtschafts- und Arbeitsverkehrs angepasst werden. Die ursprüngliche Beschränkung auf die Rechtsbeziehungen zwischen Gläubiger und Schuldner war nicht mehr

---

243 *Brinkmann*, in: Uhlenbruck, InsO, § 166 Rz. 4; *Kilger/Karsten Schmidt*, KO, § 127 Rz. 5 b).

244 RG Urt. v. 01.02.1938 – VII 174/37, RGZ 157, 40 (45); BGH Urt. v. 23.11.1977 – VIII ZR 7/76, NJW 1978, 632 (633); *Gerhardt*, Gedächtnisschrift für Arens 1993, S. 129; *Kilger/Karsten Schmidt*, KO, § 127 Rz. 5 b); *Mentzel/Kuhn/Uhlenbruck*, Konkursordnung, § 127 Rz. 16.

245 U.a.: *Funk*, Die Sicherungsübereignung in Einzelzwangsvollstreckung und Insolvenz, S. 120 f.; *Gerhardt*, Gedächtnisschrift für Arens 1993, S. 130 und 142; *Winterberg*, Der Referendar 1932, 187 (190).

246 *Winterberg*, Der Referendar 1932, 187 (190).

247 *Mentzel/Kuhn/Uhlenbruck*, Konkursordnung, § 127 Rz. 16; *Weber*, in: Jaeger, KO, § 127 Rz. 8; *Weigert*, JW 1928, 63 (64).

248 Zum Reformvorschlag von 1937 vgl. hierzu die Akten des Reichsjustizministeriums im Bundesarchiv Koblenz, R 22729 u. 730, zitiert nach: *Schubert*, KTS 1993, 323 (344); zum Reformvorschlag von 1959 vgl. *Weber*, KTS 1959, 80 ff.; so auch schon: *Berges*, KTS 1955, 49 ff.; zusammenfassend: *Hess*, in: KK-InsO, Vor § 1 Rz. 55 ff.; *Nerlich*, in: Nerlich/Römermann, InsO, Einleitung, Rz. 1 ff.; *Uhlenbruck*, in: Einhundert Jahre Konkursordnung, S. 19 ff.

ausreichend, da auch die Marktwirtschaft mit ihren volkswirtschaftlichen und sozialen Aspekten immer mehr Einfluss auf den Konkurs nahm.[249]

Auch im Bereich der Mobiliarsicherheiten wurde der Wunsch nach Veränderung immer größer, da die entsprechenden Normen nicht an die tatsächliche Wirtschaftslage angepasst worden sind, obwohl die in der Wirtschaftspraxis verbreiteten Sicherungsrechte immer mehr an Bedeutung gewannen.[250] So führten die Mobiliarsicherheiten zu immer mehr Konflikten zwischen den Interessen der ungesicherten und gesicherten Gläubiger besonders im Konkursverfahren: Den ungesicherten Gläubigern wurde häufig die Möglichkeit einer Einzelzwangsvollstreckung verwehrt angesichts der Absicherung von beweglichen Vermögensteilen und Forderungen zugunsten der gesicherten Gläubiger. Weiterhin führten diese Sicherungsrechte zu einer „Aushöhlung der Konkursmasse“[251], was die Einstellung des Verfahrens mangels Masse zur Folge hatte.[252] Dies beruhte nicht zuletzt auf der vorrangigen Verwertungsbefugnis der abgesicherten Gläubiger nach § 127 Abs. 2 KO.

Das Verwertungsrecht des Insolvenzverwalters wurde somit zum „unbestrittene[n] Kernstück der Reform des Rechts der Mobiliarsicherheiten“ im Rahmen der Abkehr von der Konkursordnung hin zur Insolvenzordnung.[253] Das neugefasste Verwertungsrecht des Insolvenzverwalters sollte einige positive Veränderungen mit sich bringen: Zum einen sollten die Sanierungschancen des Schuldnerunternehmens verbessert werden, indem das Unternehmen durch den Insolvenzverwalter als wirtschaftliche Einheit zusammengehalten wird.[254] Zum anderen sollte

---

249 *Hess*, in: KK-InsO, Vor § 1 Rz. 64.; zum Recht der Mobiliarsicherheiten: *Serick*, in: Einhundert Jahre Konkursordnung, S. 271 f.

250 *Gottwald*, in: Leipold, Insolvenzrecht im Umbruch, S. 197 f.; *Serick*, in: Einhundert Jahre Konkursordnung, S. 272.

251 *Erkel*, in: Einhundert Jahre Konkursordnung, S. 295 (297); auch: *Drukarczyk/Duttle/Rieger*, Mobiliarsicherheiten, S. 24; *Gottwald*, in: Leipold, Insolvenzrecht im Umbruch, S. 197.

252 *Drukarczyk/Duttle/Rieger*, Mobiliarsicherheiten, S. 24 f.; *Erkel*, in: Einhundert Jahre Konkursordnung, S. 295 (296 f.).

253 Entwurf einer Insolvenzordnung (InsO) vom 15.04.1992, BT-Drucks. 12/2443, S. 1 ff., welcher unter weiteren Änderungen schließlich als Insolvenzordnung am 21.04.1994 im Deutschen Bundestag verabschiedet wurde, vgl. Insolvenzordnung v. 05.10.1994, BGBl. I 1994, S. 2866; *Gottwald*, in: Leipold, Insolvenzrecht im Umbruch, S. 199; so auch: *Brinkmann*, in: Uhlenbruck, InsO, § 166 Rz. 5; *Mentzel/Kuhn/Uhlenbruck*, Konkursordnung, Vorbemerkungen, Rz. 12 b).

254 *Gottwald*, in: Leipold, Insolvenzrecht im Umbruch, S. 199; *Hilgers*, Besitzlose Mobiliarsicherheiten im Absonderungsverfahren unter besonderer Berücksichtigung der Verwertungsprobleme, S. 107; *Smid*, Kreditsicherheiten in der Insolvenz, § 2 Rz. 20.

die Verwertung von Sicherungsgut erleichtert werden, wenn der Insolvenzverwalter selbst bereits im Besitz der Sache ist und die Verwertung vornehmen kann.[255]

2. Freihändige Verwertung durch den Insolvenzverwalter, § 166 InsO

Mit Inkrafttreten der neuen Insolvenzordnung zum 01.01.1999 wurde das Verwertungsrecht des Insolvenzverwalters neu strukturiert und in § 166 InsO aufgenommen.[256] Nach Abs. 1 der Vorschrift darf der Insolvenzverwalter eine freihändige Verwertung von Gegenständen, an denen ein Absonderungsrecht besteht, vornehmen, sofern er sie in seinem Besitz hat. Die Vorschrift des § 166 Abs. 1 InsO führt somit zum Verlust der vormaligen Rechte der absonderungsberechtigten Gläubiger und räumt dem Insolvenzverwalter ein eigenständiges Verwertungsrecht ein.[257] Die derzeitige Rechtslage knüpft für das Vorliegen eines Verwertungsrechts somit nicht mehr an die Befugnis zur Verwertung, sondern an eine besitzrechtliche Position an.[258]

Im Folgenden soll kurz auf die einzelnen Voraussetzungen des Verwertungsrechts des Insolvenzverwalters eingegangen werden.

Grundsätzlich werden von § 166 Abs. 1 InsO alle beweglichen Sachen i.S.d. § 90 BGB, die auch der Mobiliarpfändung unterliegen können, erfasst.[259] Dementsprechend fallen hierunter nicht diejenigen Gegenstände, die Erzeugnisse, Bestandteile oder Zubehör eines Grundstückes sind, §§ 1120, 1192 BGB. Jene unterliegen i. d. R. dem Verwertungsrecht nach § 165 InsO, zusammen mit den jeweiligen Grundstücken.[260] Sofern es sich um die Verwertung sicherungsübereigneten Zubehörs handelt, greifen jedoch die Vorschriften der §§ 166 ff. InsO ein.

Weiterhin muss dem Gläubiger ein Absonderungsrecht i.S.d. §§ 50, 51 InsO an der Sache zustehen. Zur Absonderung berechtigen u. a. Pfandrechte i.S.d. § 50 InsO und das Sicherungseigentum (§ 51 Nr. 1 InsO). Jedoch ist bei den Absonderungsrechten zu differenzieren, da nicht alle Absonderungsrechte zu einer

---

255 So auch in der Begründung zu § 191 RegE, BT-Drucks. 12/2443, S. 178; *Brinkmann*, in: Uhlenbruck, InsO, § 166 Rz. 5; *Smid*, in: Leonhardt/Smid/Zeuner, InsO, § 166 Rz. 1 u. 12.

256 Siehe Insolvenzordnung v. 05.10.1994, BGBl. I 1994, 2866 (2888).

257 *Dithmar*, in: Braun, InsO, § 166 Rz. 3; *Tetzlaff*, in: MüKoInsO, § 166 Rz. 1 f.

258 *Funk*, Die Sicherungsübereignung in Einzelzwangsvollstreckung und Insolvenz, S. 61.

259 *Brinkmann*, in: Uhlenbruck, InsO, § 166 Rz. 6; *Sinz*, in: K. Schmidt, InsO, § 166 Rz. 3; *Tetzlaff*, in MüKoInsO, § 166 Rz. 7.

260 *Brinkmann*, in: Uhlenbruck, InsO, § 166 Rz. 6; *Sessig/Fischer*, ZInsO 2011, 618 (620); *Tetzlaff*, in: MüKoInsO, § 166 Rz. 9.

Verwertung durch den Insolvenzverwalter gem. § 166 Abs. 1 InsO berechtigen. So sind zum Beispiel verpfändete Gegenstände (§§ 1205, 1253 BGB) nicht in den Regelungsbereich des § 166 Abs. 1 InsO einbezogen, weil diese sich im Besitz des Gläubigers befinden.[261]

Entscheidende Voraussetzung des Verwertungsrechts ist allerdings der Besitz des Insolvenzverwalters. Auf welche besitzrechtliche Position – unmittelbarer oder nur mittelbarer Besitz – es genau ankommen soll, wird in § 166 InsO nicht näher erwähnt. Dem Wortlaut des § 166 InsO zufolge müsste jegliche besitzrechtliche Position, sei es der unmittelbare oder auch bloß der mittelbare Besitz, ausreichen. Bei einem unmittelbaren Besitz des Verwalters ist ein Verwertungsrecht desselben zu bejahen, da ihm die bessere besitzrechtliche Position zukommt und er allein über den Gegenstand verfügen kann.[262] Hinsichtlich des mittelbaren Besitzes ist jedoch weiter zu differenzieren, wer der unmittelbare Besitzer des Gegenstandes ist und auf welchen Zeitpunkt im Insolvenzverfahren für die Ermittlung des Besitzes abzustellen ist.[263] Hinsichtlich des Zeitpunktes der Besitzlage findet sich in § 166 InsO keine präzise Angabe. Grundsätzlich gehen die Gegenstände, die der Schuldner zum Zeitpunkt der Verfahrenseröffnung in seinem Besitz hatte, gem. § 148 Abs. 1 InsO in den Besitz des Insolvenzverwalters über.[264] Dementsprechend ist die Vorschrift des § 166 Abs. 1 InsO dahingehend zu verstehen, dass es auf die besitzrechtliche Position des Insolvenzschuldners zum Zeitpunkt der Eröffnung des Verfahrens ankommt.[265] Sofern also der Schuldner zum Zeitpunkt der Verfahrenseröffnung den Gegenstand in seinem unmittelbaren Besitz hat, geht dieser gem. § 148 Abs. 1 InsO auf den Insolvenzverwalter über.[266] Im Falle eines nur mittelbaren Besitzes des Schuldners aufgrund eines Besitzmitt-

261 *Landfermann*, in: Kreft, InsO, § 166 Rz. 13; *Sessig/Fischer*, ZInsO 2011, 618 (620); *Tetzlaff*, in: MüKoInsO, § 166 Rz. 12.

262 *Brinkmann*, in: Uhlenbruck, InsO, § 166 Rz. 14; *Dithmar*, in: Braun, InsO, § 166 Rz. 9; *Haunschild*, DZWiR 1999, 60 (61); *Landfermann*, in: Kreft, InsO, § 166 Rz. 16; *Oerther*, Verwertung des mit Absonderungsrechten belasteten Schuldnervermögens in der Insolvenz nach §§ 165 ff. InsO, S. 199; *Tetzlaff*, in: MüKoInsO, § 166 Rz. 15.

263 So auch: *Oerther*, Verwertung des mit Absonderungsrechten belasteten Schuldnervermögens in der Insolvenz nach §§ 165 ff. InsO, S. 200 ff.; *Tetzlaff*, in: MüKoInsO, § 166 Rz. 15.

264 *Brinkmann*, in: Uhlenbruck, InsO, § 166 Rz. 8; *Haffa/Leichtle*, in: Braun, InsO, § 148 Rz. 3; *Haunschild*, DZWiR 1999, 60 (61).

265 BGH Urt. v. 16.11.2006 – IX ZR 135/05, NJW-RR 2007, 490 (491); *Brinkmann*, in: Uhlenbruck, InsO, § 166 Rz. 8; *Landfermann*, in: Kreft, InsO, § 166 Rz. 11.

266 *Füchsl/Weishäupl/Jaffé*, in: MüKoInsO, § 148 Rz. 24; *Sinz*, in: Uhlenbruck, InsO, § 148 Rz. 2.

lungsverhältnisses i.S.d. § 868 BGB mit einem Dritten ist stets zu differenzieren, ob dieser mittelbare Besitz des Schuldners ausreichen kann, um ein Verwertungsrecht des Insolvenzverwalters anzunehmen.[267] Als unzureichend wird dabei der mittelbare Besitz des Schuldners angesehen, wenn der absonderungsberechtigte Gläubiger der unmittelbare Besitzer der Sache ist.[268] Dies lässt sich zudem aus dem Wortlaut des § 166 Abs. 1 InsO schließen, der nur dem Insolvenzverwalter ein Verwertungsrecht – unter den oben genannten Voraussetzungen – zuspricht.[269]

Es ist daher entscheidend, wer näher an dem „Lager" des unmittelbaren Besitzers steht.[270] Sofern der Schuldner den unmittelbaren Besitz an der Sache aufgegeben hat, kommt es darauf an, dass die Sache noch dem „schuldnerischen Unternehmen als schutzwürdiger wirtschaftlicher Einheit im Sinne eines ‚technisch-organisatorischen Verbunds'" zugehörig ist.[271] Nur in diesem Fall kann noch ein Verwertungsrecht des Insolvenzverwalters angenommen werden.

Hinsichtlich der Sicherungsübereignung steht dem Insolvenzverwalter daher ein Recht zur freihändigen Verwertung gem. § 166 Abs. 1 InsO zu, wenn sich der Sicherungsgegenstand im unmittelbaren Besitz des Schuldners befindet bzw. wenn sich der unmittelbare Besitz eines Dritten infolge eines Besitzmittlungsverhältnisses (§ 868 BGB) vom Schuldner ableiten lässt.[272] Eine Reduktion der Vorschrift dahingehend, stets einen unmittelbaren Besitz des Schuldners zu verlangen, würde dem Sinn und Zweck des § 166 InsO zuwiderlaufen. In der RegE zu § 191 heißt es, dass die Vorgängerregelung wenig befriedigend war und daher eine deutliche Abkehr von der alten Rechtslage vollzogen werden sollte.[273] Allerdings

---

267 *Brinkmann*, in: Uhlenbruck, InsO, § 166 Rz. 14; *Tetzlaff*, in: MüKoInsO, § 166 Rz. 15.

268 BGH Urt. v. 05.05.2011 – IX ZR 144/10, NJW 2011, 2960 (2963) m.w.N.; *Brinkmann*, in: Uhlenbruck, InsO, § 166 Rz. 15; *Dithmar*, in: Braun, InsO, § 166 Rz. 10; *Landfermann*, in: Kreft, InsO, § 166 Rz. 16; *Oerther*, Verwertung des mit Absonderungsrechten belasteten Schuldnervermögens in der Insolvenz nach §§ 165 ff. InsO, S. 200; *Tetzlaff*, in: MüKoInsO, § 166 Rz. 24.

269 Ein Verwertungsrecht des Gläubigers ergibt sich lediglich unter den in § 173 Abs. 1 InsO genannten Voraussetzungen. Dieser knüpft an die Vorgängerregelung des § 127 Abs. 2 KO an, s. *Sinz*, in: K. Schmidt, InsO, § 173 Rz. 1.

270 *Dithmar*, in: Braun, InsO, § 166 Rz. 9; *Marotzke*, ZZP 109 [1996], 429 (443); *Smid*, in: Leonhardt/Smid/Zeuner, InsO, § 166 Rz. 19; *Smid*, Kreditsicherheiten in der Insolvenz, § 2 Rz. 13.

271 *Brinkmann*, in: Uhlenbruck, InsO, § 166 Rz. 14; ähnlich: BGH Urt. v. 16.11.2006 – IX ZR 135/05, NJW-RR 2007, 490 (491); *Sinz*, in: K. Schmidt, InsO, § 166 Rz. 9.

272 *Berger*, KTS 2007, 433 (435); *Haunschild*, DZWiR 1999, 60 (61); *Sinz*, in: K. Schmidt, InsO, § 166 Rz. 9.

273 RegE zu § 191, BT-Drucks. 12 /2443, S. 178.

sollte der mittelbare Besitz des Schuldners sehr restriktiv in den Anwendungsbereich des § 166 Abs. 1 InsO aufgenommen werden und nur dann in Betracht kommen, wenn es der Fortführung bzw. Sanierung des Schuldnerunternehmens dient.[274] Aufgrund dessen wird – auch aus Gründen der Sicherung der Insolvenzmasse und der Systematik des § 166 InsO – entgegen dem Gesetzeswortlaut auf die Besitzlage des Schuldners bei Eröffnung des Insolvenzverfahrens abgestellt.[275]

3. Übergang der Verfügungsbefugnis

Nach der ursprünglichen Lage unter Geltung der Konkursordnung bestand ein Verwertungsrecht des Konkursverwalters nur dann, wenn der Sicherungsnehmer/Gläubiger nicht selber befugt war, ohne gerichtliches Verfahren den Gegenstand zu veräußern (siehe § 127 Abs. 2 KO). Mit Einführung des § 166 InsO steht dem Insolvenzverwalter ein eigenes Verwertungsrecht zu, sodass er nunmehr nicht von einer etwaigen Verwertungsbefugnis des Gläubigers abhängig ist und zudem lastenfreies Eigentum übertragen kann.[276] Gleichzeitig wird dem Insolvenzverwalter die Verfügungsbefugnis an dem Gegenstand eingeräumt.[277] Dies führt folglich zu einer Verlagerung der Verwertungsbefugnis kraft Gesetzes vom absonderungsberechtigten Gläubiger auf den Insolvenzverwalter.[278] Dementsprechend ist Hauptaugenmerk des § 166 InsO die aus dieser Vorschrift erwachsende Befugnis zur Verwertung einzelner Gegenstände aus dem Schuldnervermögen, die zur Insolvenzmasse gehören. Dem Wortlaut des § 166 InsO lässt sich jedoch nicht entnehmen, in welchem Verhältnis diese Vorschrift zu § 80 Abs. 1 InsO steht, wonach die Verwaltungs- und Verfügungsbefugnis ohnehin kraft Gesetzes bei Eröffnung des Insolvenzverfahrens auf den Insolvenzverwalter übergeht. Die Frage nach dem Verhältnis beider Vorschriften ist dahingehend zu beantworten,

---

274 *Haunschild*, DZWiR 1999, 60 (61); *Hess*, in: KK-InsO, § 166 Rz. 37; *Oerther*, Verwertung des mit Absonderungsrechten belasteten Schuldnervermögens in der Insolvenz nach §§ 165 ff. InsO, S. 202 f.; *Sessig/Fischer*, ZInsO 2011, 618 (622).

275 *Brinkmann*, in: Uhlenbruck, InsO, § 166 Rz. 8; *Gottwald*, in: Insolvenzrechts-Handbuch, § 42 Rz. 139; *Häsemeyer*, InsR, Rz. 13.47; *Klasmeyer/Elsner/Ringstmeier*, in: Kölner Schrift zur Insolvenzordnung 2000, 1083 (1086) Rz. 15; *Tetzlaff*, in: MüKoInsO, § 166 Rz. 14.

276 *Marotzke*, ZZP 109 [1996], 429 (443).

277 *Berger*, KTS 2007, 433 (437); *Brinkmann*, in: Uhlenbruck, InsO, § 166 Rz. 21; *Niesert*, InVo 1998, 141 (144).

278 *Berger*, KTS 2007, 433 (437); *Pape*, NZI 2000, 301; zu unterscheiden von der rechtsgeschäftlichen Ermächtigung: *Ganter/Bitter*, ZIP 2005, 93 (94 f.); *Niesert*, InVo 1998, 141 (144).

dass § 166 Abs. 1 InsO für den Fall eines Absonderungsrechts des Gläubigers ein gegenüber § 80 Abs. 1 InsO spezielleres Verwertungsrecht gewährt.[279]

Soll der mit einem Absonderungsrecht belastete Gegenstand von dem Insolvenzverwalter schließlich verwertet werden, muss es diesem möglich sein, dem Erwerber das Eigentum an dem Gegenstand zu verschaffen. Grundsätzlich ist der absonderungsberechtigte Gläubiger aufgrund des vorangegangenen Sicherungsvertrags mit dem Schuldner zivilrechtlicher Eigentümer, sodass auch nach Eröffnung des Insolvenzverfahrens der Insolvenzverwalter nur in die rechtliche Position des Insolvenzschuldners tritt.[280] Allerdings soll hierüber die Vorschrift des § 166 Abs. 1 InsO hinweghelfen. Wenn auch nicht explizit in § 166 InsO erwähnt, so muss es doch ein weiterführendes Recht des Insolvenzverwalters geben, um auch einen mit einem Absonderungsrecht belasteten Gegenstand verwerten zu können. Aufgrund des gesetzlich vorgesehenen Verwertungsrechts des Insolvenzverwalters scheint es nicht angemessen zu sein, ihm eine Verfügungsbefähigung über den entsprechenden Gegenstand abzusprechen. Mithin ist in § 166 InsO ein gesetzliches „Verfügungsrecht“ bzw. eine gesetzliche Ermächtigung zu sehen und keine rechtsgeschäftlich erteilte Verfügungsermächtigung i.S.d. § 185 BGB durch den Eigentümer bzw. Sicherungsnehmer.[281]

4. Umsatzsteuerliche Behandlung (BFH Urt. v. 18.08.2005 - V R 31/04)

Ferner ist auf die umsatzsteuerliche Auswirkung der Verwertung durch den Insolvenzverwalter näher einzugehen. Wie bereits im Rahmen der Verwertung durch den Sicherungsgeber außerhalb des Insolvenzverfahrens kurz angedeutet wurde, ist die umsatzsteuerrechtliche Behandlung nicht endgültig geklärt.

Fraglich ist daher, ob die Verwertung durch den Insolvenzverwalter zu einer umsatzsteuerlichen Leistung i.S.d § 1 Abs. 1 Nr. 1 UStG führt und wie die Feststellungs- und Verwertungskostenpauschale i.S.d. § 171 InsO umsatzsteuerrechtlich einzuordnen ist.

---

279 *Berger*, KTS 2007, 433 (439); *Brinkmann*, in: Uhlenbruck, InsO, § 166 Rz. 21.

280 U.a.: *Klasmeyer/Elsner/Ringstmeier*, in: Kölner Schrift zur Insolvenzordnung 2000, 1083 (1088) Rz. 21.

281 *Berger*, KTS 2007, 433 (437); *Ganter/Bitter*, ZIP 2005, 93 (94); *Gundlach/Frenzel/Schmidt*, NZI 2001, 119 (120); missverständlich formuliert: *Smid*, in: Leonhardt/Smid/Zeuner, InsO, § 166 Rz. 28; *Brinkmann*, in: Uhlenbruck, InsO, § 166 Rz. 21; *Klasmeyer/Elsner/Ringstmeier*, in: Kölner Schrift zur Insolvenzordnung 2000, 1083 (1088) Rz. 21.

a) *Steuerpflichtige Leistung i.S.d. § 1 Abs. 1 Nr. 1 UStG*

Grundsätzlich unterliegen der Umsatzsteuer die in § 1 UStG aufgeführten Umsätze, wozu auch die Lieferungen und sonstigen Leistungen zählen (§ 1 Abs. 1 Nr. 1 UStG). Die einzelnen Voraussetzungen der Lieferung i.S.d. § 3 Abs. 1 UStG wurden bereits ausführlich erörtert[282], sodass im Folgenden nur auf die wichtigsten Merkmale eingegangen wird.

Es ist zu ergründen, ob bei der Verwertung von Sicherungsgut durch den Insolvenzverwalter eine Lieferung i.S.d. § 3 Abs. 1 UStG vorliegt. Entscheidendes Merkmal ist hierfür zunächst die Verschaffung der Verfügungsmacht.[283] Nach der Rechtsprechung des EuGH[284] bedeutet dies, dass der Erwerber faktisch so über den Gegenstand verfügen kann, als wäre er der Eigentümer. Verwertet der Insolvenzverwalter einen Gegenstand aus dem Schuldnervermögen, so wird dem Erwerber die Verfügungsbefähigung über den entsprechenden Gegenstand eingeräumt und er kann – nicht nur faktisch – wie ein Eigentümer darüber verfügen. Der BFH hat die Rechtsprechung des EuGH dahingehend umgesetzt, dass er für die Verschaffung der Verfügungsmacht die endgültige Übertragung von Substanz, Wert und Ertrag fordert.[285] Mit dem Verkauf des Gegenstandes durch den Insolvenzverwalter an einen Dritten werden diesem Substanz, Wert und Ertrag endgültig übertragen, sodass es zu einer Lieferung i.S.d. § 3 Abs. 1 UStG kommt. Von einem sog. Einfachumsatz – wie er hier beschrieben wurde – ging auch der BFH in seinem Urteil vom 18.08.2005 noch aus.[286] Eine darüber hinaus vorliegende sonstige Leistung i.S.d. § 3 Abs. 9 UStG an den Sicherungsgläubiger lehnte der BFH mit überzeugenden Argumenten ab.[287] Zum einen sei der Insolvenzverwalter gem. § 166 Abs. 1 InsO kraft Gesetzes zur Verwertung befugt und nicht erst aufgrund einer Geschäftsbesorgung für den Gläubiger tätig geworden, die für das Vorliegen einer sonstigen Leistung i.S.d. § 3 Abs. 9 UStG sprechen würde.[288] Zum anderen sind die Kosten der Verwertung im Rahmen der gesetzlichen Kosten-

---

282 Dazu näher S. 19 ff.

283 Nähere Ausführungen siehe S. 20 ff.

284 Statt aller: EuGH Urt. v. 15.12.2005, Rs. C-63/04 (*Centralan Property*), ECLI:EU:C:2005:773, Slg. 2005, I-11087, Rz. 62.

285 BFH Urt. v. 29.09.1987 – X R 13/81, BStBl. II 1988, 153 (154); BFH Urt. v. 28.01.1999 – V R 4/98, BStBl. II 1999, 628 (629); BFH Urt. v. 15.06.1999 – VII R 3/97, BStBl. II 2000, 46 (52 f.).

286 BFH Urt. v. 18.08.2005 – V R 31/04, BStBl. II 2007, 183 (184 f.).

287 BFH Urt. v. 18.08.2005 – V R 31/04, BStBl. II 2007, 183 (184 f.).

288 BFH Urt. v. 18.08.2005 – V R 31/04, BStBl. II 2007, 183 (184); zu den ausführlichen Argumenten S. 59 ff.

tragungsregeln (§§ 170, 171 InsO) vorab vom Verwertungserlös zu entnehmen und stellen dementsprechend kein Entgelt einer steuerpflichtigen Leistung des Insolvenzverwalters gegenüber dem Insolvenzgläubiger dar.[289] Ein sich aus der Verwertung durch den Insolvenzverwalter ergebender Vorteil für den Insolvenzgläubiger entsteht somit ausschließlich aufgrund gesetzlicher Regelungen und rechtfertigt nicht das Vorliegen einer zusätzlichen sonstigen Leistung zwischen Insolvenzverwalter und Insolvenzgläubiger i.S.d. § 3 Abs. 9 UStG.[290]

Allerdings war in der Vorinstanz vom FG Brandenburg die Frage aufgeworfen worden, wie mit der Feststellungs- und Verwertungskostenpauschale zu verfahren sei und ob diese nicht als Entgelt einer sonstigen Leistung i.S.d. § 3 Abs. 9 UStG zwischen Insolvenzverwalter und Sicherungsnehmer anzusehen sei.[291]

b) *Behandlung der Feststellungs- und Verwertungskostenpauschale, § 171 InsO*

Nach der Verwertung einer beweglichen Sache oder einer Forderung durch den Insolvenzverwalter sind aus dem Verwertungserlös die Kosten der Feststellung und der Verwertung des Gegenstands vorweg für die Insolvenzmasse zu entnehmen (§ 170 Abs. 1 S. 1 InsO). Die Kosten der Feststellung umfassen dabei die Kosten der tatsächlichen Feststellung des Gegenstands und der Feststellung der Rechte an diesem (§ 171 Abs. 1 S. 1 InsO). Pauschal sind diese Kosten mit 4 % anzusetzen (§ 171 Abs. 1 S. 2 InsO). Die Verwertungskosten sind hingegen mit einer Pauschale von 5 % anzusetzen (§ 171 Abs. 2 S. 1 InsO). Fraglich ist jedoch, wie diese Kosten steuerrechtlich zu behandeln sind.

Erstmals entschied das FG Brandenburg, dass die Verwertungskostenpauschale als Entgelt einer steuerrechtlich relevanten Leistung (§ 3 Abs. 9 UStG) anzusehen und somit der Umsatzsteuer zu unterwerfen sei.[292] Der BFH führte hierzu in der Revisionsinstanz aus, dass es sich bei den Verwertungskosten nicht um ein Entgelt einer steuerpflichtigen Leistung i.S.d. § 1 Abs. 1 Nr. 1 UStG handelt.[293] Dem Gläubiger stehe kein Recht auf vollständige Befriedigung zu, da vorweg die Kosten der Feststellung und Verwertung vom Erlös einzubehalten sind, § 170 Abs. 1 S. 2 InsO.[294] Insbesondere sei festzuhalten, dass auch der Feststellungskostenpauschale

---

289 BFH Urt. v. 18.08.2005 – V R 31/04, BStBl. II 2007, 183 (184); vertiefend S. 72 ff.
290 BFH Urt. v. 18.08.2005 – V R 31/04, BStBl. II 2007, 183 (185); siehe S. 59 ff.
291 FG Brandenburg Urt. v. 16.03.2004–1 K 2949/02, EFG 2004, 1003 (1004).
292 FG Brandenburg Urt. v. 16.03.2004–1 K 2949/02, EFG 2004, 1003 (1004).
293 BFH Urt. v. 18.08.2005 – V R 31/04, BStBl. II 2007, 183 (185).
294 BFH Urt. v. 18.08.2005 – V R 31/04, BStBl. II 2007, 183 (185).

(§ 171 Abs. 1 InsO) keine steuerpflichtige Leistung i.S.d. § 1 Abs. 1 Nr. 1 UStG zugrunde liegt und sie somit nicht der Umsatzsteuer unterliegt.[295] Dies änderte sich auch mit der aktuellen Rechtsprechung des BFH zur Verwertung von Sicherungsgut nicht.[296] Vielmehr sei die Regelung über die Feststellungskostenpauschale eine gesetzliche Kostentragungsregel.[297] Der Insolvenzverwalter stellt u. a. fest, ob ein Recht des Sicherungsgläubigers an dem Sicherungsgut besteht. Dies ist allerdings kein (verbrauchbarer) Vorteil für den Sicherungsgläubiger bzw. ihm wird durch den Insolvenzverwalter keine Leistung zugewandt, die der Umsatzsteuer unterliegen könnte. Auch wenn der Insolvenzverwalter das Sicherungsrecht nicht anerkennt, muss die Feststellungskostenpauschale entrichtet werden. Somit handelt es sich nicht um ein „Erfolgshonorar".[298] Es erscheint daher folgerichtig, dass die Feststellungskostenpauschale nicht zu einem steuerpflichtigen Umsatz führt.[299]

Hingegen schlug der BFH mit seinem Urteil vom 28.07.2011 eine andere Richtung hinsichtlich der Behandlung der Verwertungskostenpauschale ein.[300] Während diese in der früheren Rechtsprechung nicht als Entgelt einer sonstigen Leistung i.S.d. Umsatzsteuerrechts angesehen wurde, soll nun gerade dies zutreffen. Begründet wird dies mit dem Vorliegen eines Geschäftsbesorgungsvertrags zwischen Insolvenzverwalter und Sicherungsgläubiger, wobei die Verwertungskostenpauschale als Entgelt dieser Geschäftsbesorgung angesehen wird.[301]

Die Abkehr von der früheren Rechtsprechung und insbesondere die Annahme eines Geschäftsbesorgungsverhältnisses zwischen Insolvenzverwalter und Sicherungsgläubiger ist in der Literatur auf Kritik gestoßen.[302] Das auf Grundlage des Urteils vom 28.07.2011 erlassene BMF-Schreiben nimmt – obwohl vom BFH eindeutig offengelassen – darüber hinaus das Vorliegen eines sog. Dreifachumsatzes

---

295 *Sinz*, in: Uhlenbruck, § 171 Rz. 43; so auch: UStR 2005, BStBl. I 2004, Sondernr. 3/2004, S. 13.

296 BFH Urt. v. 28.07.2011 – V R 28/09, BStBl. II 2014, 406 ff.

297 BFH Urt. v. 28.07.2011 – V R 28/09, BStBl. II 2014, 406 (410); *Sinz*, in: Uhlenbruck, InsO, § 171 Rz. 43.

298 *Onusseit*, ZIP 2000, 777 (778).

299 *D'Avoine*, ZIP 2012, 58 (60); *de Weerth*, BB 1999, 821 (827); *Onusseit*, ZIP 2000, 777 (778).

300 Siehe: BFH Urt. v. 28.07.2011 – V R 28/09, BStBl. II 2014, 406 (410).

301 BFH Urt. v. 28.07.2011 – V R 28/09, BStBl. II 2014, 406 (410); zu den Auswirkungen im Insolvenzverfahren siehe S. 133 f.

302 *De Weerth*, NZI 2015, 884 (887); *Fölsing*, ZInsO 2011, 2261 ff.; *Onusseit*, ZIP 2000, 777 ff.; *Reichle*, NZI 2016, 473 ff.; Anm. *Schmittmann*, ZInsO 2011, 1908 ff.; *Wäger*, WM 2012, 769 ff.

nach den Grundsätzen des Kommissionsgeschäfts an.[303] Diese Problemstellung soll in den folgenden Abschnitten näher untersucht und ausführlich erläutert werden.

II. Geschäftsbesorgung zwischen Insolvenzverwalter und Sicherungsnehmer

Mit Urteil vom 28.07.2011 änderte der BFH seine bisherige Rechtsprechung zur Verwertung von beweglichem Sicherungsgut im Insolvenzverfahren.[304] Der BFH nimmt hierfür entsprechend seiner Rechtsprechung zur freihändigen Verwertung von mit Grundpfandrechten belasteten Grundstücken ebenfalls ein Geschäftsbesorgungsverhältnis zwischen Sicherungsgläubiger und Insolvenzverwalter an.[305] Die Kosten der Verwertung (§ 171 Abs. 2 InsO i.V.m. § 170 Abs. 1 InsO) sollen als Entgelt einer sonstigen Leistung i.S.d. § 3 Abs. 9 UStG angesehen werden und somit umsatzsteuerpflichtig sein.

Im Folgenden soll daher auf die Grundvoraussetzungen einer Geschäftsbesorgung i.S.d. § 675 BGB und deren umsatzsteuerrechtliche Auswirkungen auf den konkreten Fall der Verwertung durch den Insolvenzverwalter eingegangen werden.

1. Entgeltliche Geschäftsbesorgung, § 675 BGB

Das Recht der Geschäftsbesorgung wurde in den Anfangszeiten des BGB weitestgehend stiefmütterlich behandelt und fand im Gesetz lediglich Anklang als „Annex zum Auftragsrecht".[306] Dies änderte sich schließlich mit dem Überweisungsgesetz vom 21.07.1999[307], wodurch der Geschäftsbesorgungsvertrag nicht nur in der Titelüberschrift (Titel 12: Auftrag, Geschäftsbesorgungsvertrag) erstmals Erwähnung fand, sondern ihm ein eigener Untertitel (Untertitel 2: Geschäftsbesorgungsvertrag) innerhalb des Auftragsrechts zugestanden wurde.[308]

---

303 BMF-Schreiben v. 30.04.2014 – IV D 2 – S 7100/07/10037, BStBl. I 2014, 816 (817).

304 BFH Urt. v. 28.07.2011 – V R 28/09, BStBl. II 2014, 406 (409).

305 BFH Urt. v. 28.07.2011 – V R 28/09, BStBl. II 2014, 406 (419 f.).

306 So: *Martinek/Omlor*, in: Staudinger, BGB, § 675 Rz. A1.

307 Überweisungsgesetz v. 21.07.1999, BGBl. I 1999, 1642; *Heermann*, in: MüKoBGB, § 675 Rz. 1.

308 *Heermann*, in: MüKoBGB, § 675 Rz. 1; *Martinek/Omlor*, in: Staudinger, BGB, § 675 Rz. A1.

a) Begriff der Geschäftsbesorgung

Grundsätzlich werden vom Anwendungsbereich des § 675 Abs. 1 BGB sämtliche Dienst- und Werkverträge umfasst, die eine Geschäftsbesorgung zum Gegenstand haben.[309] Was allerdings genau unter dem Begriff der Geschäftsbesorgung zu verstehen ist und inwiefern er dem Begriff aus dem Auftragsrecht ähnelt, wurde lange Zeit diskutiert. Selbst aus den Protokollen der Kommission zum Entwurf des Bürgerlichen Gesetzbuches ergibt sich diesbezüglich kein klarer Standpunkt; es wird stattdessen auf die Wissenschaft verwiesen, welche zu einer Klärung des Begriffs beitragen soll.[310] Es bildeten sich hauptsächlich zwei Theorien zum Begriff der Geschäftsbesorgung heraus, die Trennungs- und die Einheitstheorie.

Die Vertreter der Trennungstheorie entwickelten den sog. engen Geschäftsbesorgungsbegriff.[311] Da es sich bei der Geschäftsbesorgung nicht um einen entgeltlichen Auftrag handelt, erfolgt eine weitere Abgrenzung über den Begriff der Geschäftsbesorgung, welcher – im Vergleich zum Auftragsrecht – deutlich enger zu verstehen ist.[312] Des Weiteren sollen die Besonderheiten der Dienst- und Werkverträge hervorgehoben werden, die auch eine Geschäftsbesorgung beinhalten und damit einzelne Normen des Auftragsrechts für anwendbar erklären.[313] Nach der Trennungstheorie ist unter einer Geschäftsbesorgung jede selbständige Tätigkeit wirtschaftlicher Art zu verstehen, die in Wahrnehmung fremder Vermögensinteressen ausgeübt wird.[314] Hingegen sei im Auftragsrecht weiterhin von einem weiten Begriff der Geschäftsbesorgung auszugehen.[315]

---

309 *Benicke*, in: Soergel, BGB, § 675 Rz. 1; *Heermann*, in: MüKoBGB, § 675 Rz. 2.

310 Protokolle der Kommission für die zweite Lesung des Entwurfs des Bürgerlichen Gesetzbuchs, Bd. II, 1898 S. 377.

311 RG Urt. v. 29.10.1919 – I 125/19, RGZ 97, 61 (65 f.); BGH Urt. v. 25.04.1966 – VII ZR 120/65, NJW 1966, 1452 (1454); *Benicke*, in: Soergel, BGB, § 675 Rz. 2 ff.; *Larenz*, Lehrbuch des Schuldrechts, Bd. II, § 52 V, S. 263 f.; *Martinek/Omlor*, in: Staudinger, BGB, Vorbem. zu §§ 662 ff Rz. 15 ff.

312 *Heermann*, in: MüKoBGB, § 675 Rz. 3; *Martinek/Omlor*, in: Staudinger, BGB, Vorbem. zu §§ 662 ff Rz. 17.

313 *Martinek/Omlor*, in: Staudinger, BGB, Vorbem. zu §§ 662 ff Rz. 15.

314 RG Urt. v. 29.10.1919 – I 125/19, RGZ 97, 61 (65 f.); BGH Urt. v. 25.04.1966 – VII ZR 120/65, NJW 1966, 1452 (1454); BGH Urt. v. 25.10.1988 – XI ZR 3/88, NJW 1989, 1216 (1217); *Benicke*, in: Soergel, BGB, § 675 Rz. 2; *Herrmann*, in: MüKoBGB, § 675 Rz. 3; *Martinek/Omlor*, in: Staudinger, BGB, § 675 Rz. A9; *Schulte-Nölke*, in: HK-BGB, § 675 Rz. 4; *Sprau*, in: Palandt, BGB, § 675 Rz. 2.

315 *Martinek/Omlor*, in: Staudinger, BGB, Vorbem. zu §§ 662 ff Rz. 17.

Die Vertreter der sog. Einheitstheorie[316] fordern, dass der Geschäftsbesorgung und dem Auftrag – als unentgeltlichem Gegenstück zu den Dienst- und Werkverträgen – ein einheitliches Verständnis in Form des weiten Geschäftsbesorgungsbegriffs zugrunde zu legen ist. Dementsprechend falle hierunter grundsätzlich jede fremdnützige Tätigkeit.[317]

Insbesondere die Rechtsprechung des BAG[318] und vereinzelte Stimmen in der Literatur[319] sind dem weiten Geschäftsbesorgungsbegriff zugeneigt. Die Vereinheitlichung des Begriffs der Geschäftsbesorgung soll dazu führen, dass auch auf Arbeitsverträge die Vorschriften des Auftragsrechts i.S.d. § 675 Abs. 1 BGB entsprechende Anwendung finden, sofern dies zu angemessenen Ergebnissen führt.[320] Die Vertreter des engen Geschäftsbesorgungsbegriffs wollen hingegen diese weite Ansicht auf das Auftragsrecht, mithin die §§ 662 ff. BGB, beschränken und nicht auf den § 675 BGB ausweiten.[321] Dies steht nicht nur im Einklang mit dem Willen des Gesetzgebers, sondern ergibt sich zudem aus der Systematik des § 675 Abs. 1 BGB und seinem eindeutigen Wortlaut.[322] Insbesondere wird hierbei auf die Protokolle der Kommission eingegangen, welche schon damals erkannte, dass nicht „in jeder Tätigkeit des Dienstverpflichteten oder des Unternehmers eine Geschäftsbesorgung zu finden sei".[323] So ist auch heute der in § 675 Abs. 1 BGB geschriebene Relativsatz („der eine Geschäftsbesorgung zum Gegenstand hat") nicht aus den Augen zu verlieren. Vielmehr folgt aus diesem, dass für den Begriff der Geschäftsbesorgung keine Vereinheitlichung mit dem des Auftragsrechts möglich erscheint,[324] zumal die Vereinheitlichung gerade nicht zwingend der Intention des früheren Gesetzgebers entspricht.[325] Letztendlich führt die Anerkennung der einen oder anderen

---

316 Begründet von: *Nipperdey*, in: Staudinger, BGB (11. Aufl.), § 675 Rz. 5, 15 ff.; so auch: *Ehmann*, in: Erman, BGB (10. Aufl.), Vor § 662 Rz. 15.

317 So: *Schäfer*, in: MüKoBGB, § 662 Rz. 11.

318 Insbesondere: BAG (Gr. Sen.) Beschl. v. 10.11.1961 – GS 1/60, NJW 1962, 411 (414); BAG Urt. v. 21.09.1966–1 AZR 504/65, NJW 1967, 414.

319 *Reichold*, NZA 1994, 488 (489 f.); *Seiler*, in: MüKoBGB, Aufl. 2012, § 662 Rz. 13.

320 *Benicke*, in: Soergel, BGB, § 675 Rz. 7; *Sprau*, in: Palandt, BGB, § 675 Rz. 5.

321 *Benicke*, in: Soergel, BGB, § 675 Rz. 1; *Heermann*, in: MüKoBGB, § 675 Rz. 3; *Martinek/Omlor*, in: Staudinger, BGB, Vorbem. Zu §§ 662 ff Rz. 15 u. 17.

322 *Looschelders*, Schuldrecht BT, § 38 Rz. 821; *Martinek/Omlor*, in: Staudinger, BGB, Vorbem. zu §§ 662 ff Rz. 17.

323 Protokolle der Kommission für die zweite Lesung des Entwurfs des Bürgerlichen Gesetzbuchs, Bd. II, 1898 S. 377.

324 *Heermann*, in: MüKoBGB, § 675 Rz. 12.

325 M.w.N. zu diesem Streitstand: *Benicke*, in: Soergel, BGB, § 675 Rz. 1; *Martinek/Omlor*, in: Staudinger, BGB, Vorbem. zu §§ 662 ff Rz. 11 ff; *Seiler*, in: MüKoBGB, Aufl. 2012 § 662 Rz. 14.

Theorie nur dazu, dass in bestimmten Fällen entweder eine Einzelfallanalogie zum Auftragsrecht herangezogen werden muss oder aufgrund einer ergänzenden Vertragsauslegung eventuelle Nebenpflichten aus dem Auftragsrecht geltend gemacht werden können.[326] Sofern schon die Voraussetzungen des engen Begriffs erfüllt sind, wird auch nach dem weiten Begriff eine Geschäftsbesorgung angenommen.

b) Verpflichtung des Insolvenzverwalters zum Abschluss eines Geschäftsbesorgungsvertrages

Fraglich erscheint es jedoch, ob ein Geschäftsbesorgungsverhältnis zwischen dem Insolvenzverwalter und dem Sicherungsgläubiger im Rahmen der Verwertung von Sicherungsgut besteht. Diese Thematik wurde in der Rechtsprechung kontrovers diskutiert, sodass zunächst die jeweiligen Grundsatzurteile kurz dargestellt werden.

aa) Übersicht über die Rechtsprechung

Das FG Brandenburg entschied in seinem Urteil vom 16.03.2004[327] zu dieser Thematik, dass zwischen Sicherungsgläubiger und Insolvenzverwalter ein Geschäftsbesorgungsvertrag anzunehmen sei. Nach Ansicht des FG Brandenburg liegt in der Möglichkeit der besseren Verwertung durch den Insolvenzverwalter ein verkehrsfähiges Wirtschaftsgut, sodass hier eine sonstige Leistung i.S.d. § 3 Abs. 9 UStG vorliege, die auf dem Vorliegen eines Geschäftsbesorgungsvertrags gründe.[328] Der Insolvenzverwalter soll nach Auffassung des FG Brandenburg im Auftrag und auch im Interesse des Sicherungsgläubigers handeln, wobei die Verwertungskostenpauschale i.H.v. 5 % als Entgelt der Geschäftsbesorgung anzusehen ist.[329] Allein die festgesetzte Höhe der Verwertungskostenpauschale i.S.d. § 171 Abs. 2 S. 1 InsO soll demnach ein Indiz dafür sein, dass der Insolvenzverwalter nicht zwangsläufig im eigenen Interesse handelt, sondern vielmehr auch eine Leistung der Masse an den absonderungsberechtigten Gläubiger vorliegt.[330] Insofern jedoch keine Geschäftsbesorgung angenommen werden sollte, behilft sich das FG Brandenburg mit dem Konstrukt eines Insolvenzverhältnisses für den erforderlichen inneren Zusammenhang von Leistung und Gegenleistung

326 *Heermann*, in: MüKoBGB, § 675 Rz. 11.
327 FG Brandenburg Urt. v. 16.03.2004–1 K 2949/02, EFG 2004, 1003 ff.
328 FG Brandenburg Urt. v. 16.03.2004–1 K 2949/02, EFG 2004, 1003 (1004).
329 FG Brandenburg Urt. v. 16.03.2004–1 K 2949/02, EFG 2004, 1003 (1004).
330 FG Brandenburg Urt. v. 16.03.2004–1 K 2949/02, EFG 2004, 1003 (1004).

i.S.d. § 1 Abs. 1 Nr. 1 UStG.[331] Es wird nicht genau erkennbar, worauf das FG das Vorliegen eines Geschäftsbesorgungsvertrages stützen möchte, vielmehr erscheint die Ansicht bezüglich des Vorliegens eines Geschäftsbesorgungsvertrages sehr konstruiert und ergebnisorientiert.

Der BFH ist in der anschließenden Revision mit seinem Urteil vom 18.08.2005[332] von der Auffassung des FG Brandenburg abgerückt, indem er entschied, dass es sich bei der Verwertung durch den Insolvenzverwalter um keine Geschäftsbesorgung für den Sicherungsgläubiger handelt. Vielmehr sah der BFH es als eine gesetzlich normierte Verpflichtung des Insolvenzverwalters an, das Sicherungsgut freihändig zu verwerten, siehe § 166 Abs. 1 InsO. Hierbei handelt der Insolvenzverwalter weder im Auftrag des Sicherungsgläubigers noch bekommt er die Verwertungskosten von diesem ersetzt.[333] Der Vorteil der möglichst günstigen Verwertung ergibt sich für den Gläubiger aus dem Gesetz und ist nicht Bestandteil eines möglichen Geschäftsbesorgungsvertrags zwischen diesem und dem Insolvenzverwalter.[334] Auch eine Anlehnung an § 168 InsO hielt der BFH für nicht sachgerecht. Im Falle des § 168 Abs. 3 InsO liegt ein sog. Doppelumsatz durch eine Lieferung an den Sicherungsnehmer und von diesem an den Käufer vor, wohingegen bei § 166 InsO lediglich eine umsatzsteuerpflichtige Leistung an den Käufer erfolgt, sodass ein Gleichlauf der beiden Regelungen schon aus dogmatischer Sicht unschlüssig wäre.[335]

Von dieser Ansicht ist der BFH schließlich in seinem aktuellen Urteil vom 28.07.2011 abgewichen – vielmehr soll nun ein Geschäftsbesorgungsvertrag zwischen Insolvenzverwalter und Sicherungsgläubiger angenommen werden.[336] Mit der Veräußerung des Sicherungsgutes erbringt der Insolvenzverwalter eine entgeltliche Leistung im Interesse des Sicherungsgläubigers.[337] Auch hier sollen – ähnlich dem Urteil des FG Brandenburg vom 16.03.2004 – die besseren Möglichkeiten der Verwertung ein verkehrsfähiges Wirtschaftsgut darstellen.[338] Als Entgelt der Geschäftsbesorgung wird ebenfalls die Verwertungskostenpauschale i.S.d. §§ 171 Abs. 2 i.V.m. 170 Abs. 1 InsO angesehen.

331 FG Brandenburg Urt. v. 16.03.2004–1 K 2949/02, EFG 2004, 1003 (1004).
332 BFH Urt. v. 18.08.2005 – V R 31/04, BStBl. II 2007, 183 ff.
333 BFH Urt. v. 18.08.2005 – V R 31/04, BStBl. II 2007, 183 (184).
334 BFH Urt. v. 18.08.2005 – V R 31/04, BStBl. II 2007, 183 (185).
335 BFH Urt. v. 18.08.2005 – V R 31/04, BStBl. II 2007, 183 (184).
336 BFH Urt. v. 28.07.2011 – V R 28/09, BStBl. II 2014, 406 (410).
337 BFH Urt. v. 28.07.2011 – V R 28/09, BStBl. II 2014, 406 (410).
338 BFH Urt. v. 28.07.2011 – V R 28/09, BStBl. II 2014, 406 (410).

bb) Merkmale eines Geschäftsbesorgungsvertrags

Um zu einem weiterführenden Ergebnis zu kommen, ist im Folgenden auf die einzelnen Merkmale eines Geschäftsbesorgungsvertrags, insbesondere auf das Kriterium der Fremdnützigkeit, näher einzugehen.

Für das Vorliegen eines Geschäftsbesorgungsvertrags muss – nach der Trennungstheorie – eine selbständige Tätigkeit wirtschaftlicher Art zur Wahrung fremder Vermögensinteressen ausgeführt werden.[339]

Die Verwertung durch den Insolvenzverwalter – auf Grundlage des § 166 Abs. 1 InsO – stellt ohne jeden Zweifel eine geschäftsbesorgende Tätigkeit rechtsgeschäftlicher Art[340] dar. Diese müsste der Insolvenzverwalter auch selbständig, d. h. mit einem gewissen Maße an Eigenverantwortlichkeit ausgeführt haben.[341] Grundsätzlich steht dem Insolvenzverwalter das Verwertungsrecht zu, sofern er die Sache im Besitz hat und an dieser ein Absonderungsrecht des Gläubigers besteht. Aus diesem Verwertungsrecht folgt auch zugleich eine Verwertungspflicht, wobei diese nicht gleichbedeutend mit einem Verwertungszwang ist.[342] Es muss eine unverzügliche und zugleich auch günstige Verwertung seitens des Insolvenzverwalters erfolgen, sofern er sich nicht einer eventuellen persönlichen Haftung (§§ 60, 61 InsO) aussetzen möchte.[343] Eine Einflussnahme durch die Gläubiger ist nur im Rahmen des ihnen gewährten Auskunfts- und Mitteilungsanspruchs gegenüber dem Insolvenzverwalter möglich (siehe § 167 Abs. 1 S. 1 InsO und § 168 Abs. 1 S. 1 InsO). Hintergrund dieser Regelungen war es, die Rechte der Gläubiger auf Selbsteintritt gem. § 168 Abs. 3 InsO und zum Schutze vor einer verzögerten Verwertung gem. § 169 InsO zu wahren.[344] Dennoch besteht für die Gläubiger keine weitergehende Möglichkeit, in die Verwertungshand-

---

339 RG Urt. v. 29.10.1919 – I 125/19, RGZ 97, 61 (65 f.); BGH Urt. v. 25.04.1966 – VII ZR 120/65, NJW 1966, 1452 (1454); BGH Urt. v. 25.10.1988 – XI ZR 3/88, NJW 1989, 1216 (1217); *Benicke*, in: Soergel, BGB, § 675 Rz. 2; *Herrmann*, in: MüKoBGB, § 675 Rz. 3; *Martinek/Omlor*, in: Staudinger, BGB, § 675 Rz. A 9; *Schulte-Nölke*, in: HK-BGB, § 675 Rz. 4; *Sprau*, in: Palandt, BGB, § 675 Rz. 2.

340 *Heermann*, in: MüKoBGB, § 675 Rz. 5; *Martinek/Omlor*, in: Staudinger, BGB, § 675 Rz. A 10; *Sprau*, in: Palandt, BGB, § 675 Rz. 3.

341 *Heermann*, in: MüKoBGB, § 675 Rz. 6; *Martinek/Omlor*, in: Staudinger, BGB, § 675 Rz. A 11; *Sprau*, in: Palandt, BGB, § 675 Rz. 3.

342 *Funk*, Die Sicherungsübereignung in Einzelzwangsvollstreckung und Insolvenz, S. 78; *Tetzlaff*, in: MüKoInsO, Vor §§ 166–173 Rz. 64.

343 *Tetzlaff*, in: MüKoInsO, Vor §§ 166–173 Rz. 64.

344 So schon zu § 192 des Gesetzesentwurfs der Bundesregierung: BT-Drucks. 12/2443, S. 179; *Funk*, Die Sicherungsübereignung in Einzelzwangsvollstreckung und Insolvenz, S. 83 f.; *Marotzke*, ZZP 109 [1996], 429 (445).

lung des Insolvenzverwalters einzugreifen. Vielmehr steht diesem ein eigener Ermessens- und Beurteilungsspielraum zu, innerhalb dessen er das Sicherungsgut für die Masse verwertet. Mithin handelt es sich um eine selbständige Tätigkeit des Insolvenzverwalters.

Weiterhin muss es sich um eine Tätigkeit wirtschaftlicher Art handeln. Hierbei ist stets zu beachten, dass sich das Kriterium der Wirtschaftlichkeit nicht auf den entgeltlichen Charakter der Geschäftsbesorgung bezieht – ansonsten läge das Kriterium bei jedem Geschäftsbesorgungsvertrag unzweifelhaft vor und würde für eine Typisierung kaum hilfreich sein.[345] Vielmehr ist dieses Merkmal so auszulegen, dass es sich um eine Tätigkeit des Wirtschaftslebens im weiteren Sinne handelt und nicht in die Bereiche der Kunst, Musik, Wissenschaft oder Religion fällt.[346] Bei der Tätigkeit des Insolvenzverwalters, insbesondere bei der Verwertung von Sicherungsgut, ist ein unmittelbarer Bezug zum Wirtschaftsleben im weiteren Sinne gegeben, sodass es sich um eine selbständige, wirtschaftliche Tätigkeit handelt.

Allerdings müsste diese Tätigkeit zur Wahrung fremder Vermögensinteressen ausgeführt werden, d. h. es muss ein Bezug zum Vermögen des Geschäftsherrn bestehen.[347] Dieser Vermögensbezug erfordert nicht, dass ein Entgelt für die Tätigkeit gezahlt wird, sondern dass in irgendeiner Weise Einfluss auf das Vermögen des Geschäftsherrn genommen wird.[348] Dies kann entweder in einem Vermögenszuwachs, in der Verwaltung des Vermögens oder aber auch in einem reinen „Halten" des Vermögensbestandes gesehen werden.[349] Auch wenn die Verwertungshandlung des Insolvenzverwalters mittelbar Einfluss auf das Vermögen des Geschäftsherrn (Gläubigers) nimmt, so erscheint es doch fraglich, ob dieser Einfluss auch von einer Fremdnützigkeit der Tätigkeit des Geschäftsführers (Insolvenzverwalters) herrührt.

Für das Merkmal der Fremdnützigkeit ist es erforderlich, dass der Geschäftsführer im objektiv fremden Interesse tätig wird. Zulässig ist, dass auch sein eigenes Interesse durch die Tätigkeit berührt wird, sofern der Tätigkeitsschwer-

---

345 *Heermann*, in: MüKoBGB, § 675 Rz. 8; *Martinek/Omlor*, in: Staudinger, BGB, § 675 Rz. A 15.

346 *Benicke*, in: Soergel, BGB, § 675 Rz. 5; *Heermann*, in: MüKoBGB, § 675 Rz. 7; *Martinek/Omlor*, in: Staudinger, BGB, § 675 Rz. A 16.

347 *Heermann*, in: MüKoBGB, § 675 Rz. 8; *Martinek/Omlor*, in: Staudinger, BGB, § 675 Rz. A 17; *Sprau*, in: Palandt, BGB, § 675 Rz. 4.

348 So auch: *Martinek/Omlor*, in: Staudinger, BGB, § 675 Rz. A 17.

349 *Heermann*, in: MüKoBGB, § 675 Rz. 8; so auch: *Benicke*, in: Soergel, BGB, § 675 Rz. 5; *Martinek/Omlor*, in: Staudinger, BGB, § 675 Rz. A 17.

punkt im Fremdinteresse liegt.[350] Nach der Rechtsprechung des BGH[351] ist zudem entscheidend, dass es sich um eine dem Geschäftsherrn obliegende Tätigkeit handelt, die er ursprünglich selber zu besorgen hatte. Nicht ausreichend für das Vorliegen einer Geschäftsbesorgung für einen anderen sei demnach, wenn der Tätigkeitsbereich des Geschäftsherrn erst durch den Geschäftsführer geschaffen wird.[352] Hinsichtlich der Verwertung durch den Insolvenzverwalter ist bereits fraglich, ob es sich um eine Tätigkeit des Geschäftsherrn handelt, die dieser ursprünglich selber zu besorgen hatte. Aus zivilrechtlicher Sicht steht mit Eintritt der Verwertungsreife dem Sicherungsnehmer ein eigenes Recht auf Verwertung aus dem Sicherungsvertrag zu. In diesem wird grundsätzlich geregelt, dass der Sicherungsnehmer sich aus der Verwertung des Sicherungsguts befriedigen darf, insofern der Sicherungsgeber seinen Forderungen nicht nachkommt und somit Verwertungsreife eingetreten ist.[353] In dieser Konstellation würde der Insolvenzverwalter eine dem Sicherungsnehmer zustehende Aufgabe übernehmen, indem er das Sicherungsgut für diesen verwertet. Allerdings werden bei dieser Betrachtungsweise die insolvenzrechtlichen Besonderheiten nicht bedacht, sodass es nicht allein auf die zivilrechtliche Betrachtungsweise ankommen kann.

Aus insolvenzrechtlicher Sicht spricht für das Kriterium der Fremdnützigkeit, dass der Insolvenzverwalter durch die Verwertung des Sicherungsgutes dem Gläubiger eigene Bemühungen erspart, die er selber im Rahmen der Verwertung hätte anstellen müssen.[354] Weiterhin spricht es nicht zwangsläufig gegen ein fremdnütziges Verhalten des Insolvenzverwalters, dass mit § 166 InsO eine Verwertungsberechtigung für diesen vorliegt. Grundsätzlich hat der Insolvenzverwalter alle Interessen der Beteiligten am Insolvenzverfahren zu vertreten, auch wenn er nicht an deren Weisungen gebunden ist.[355] Der Insolvenzverwalter nimmt hierbei nach der vorherrschenden sog. Amtstheorie als Privatperson öffentliche Interessen

---

350 BGH Urt. v. 22.10.1958 – IV ZR 78/58, DB 1959, 168; *Heermann*, in: MüKoBGB, § 675 Rz. 8; *Martinek/Omlor*, in: Staudinger, BGB, § 675 Rz. A 19.

351 BGH Urt. v. 25.04.1966 – VII ZR 120/65, NJW 1966, 1452 (1454); BGH Urt. v. 06.07.2006 - IX ZR 121/05, NJW-RR 2007, 50 (51).

352 BGH Urt. v. 25.04.1966 – VII ZR 120/65, NJW 1966, 1452 (1454); BGH Urt. v. 06.07.2006 – IX ZR 121/05, NJW-RR 2007, 50 (51); *Benicke*, in: Soergel, BGB, § 675 Rz. 5; *Heermann*, in: MüKoBGB, § 675 Rz. 8.

353 *Möller*, Die Sicherungsübereignung im Umsatzsteuerrecht, S. 7; siehe zudem S. 32.

354 Anm. *Meyer*, EFG 2004, 1003 (1005); *Roth*, Insolvenzsteuerrecht, Rz. 4.468.

355 *Farr*, Die Besteuerung in der Insolvenz, S. 14 Rz. 26.

wahr und handelt folglich als „Partei kraft Amtes".[356] Er ist dabei nicht Vertreter des Insolvenzschuldners, sondern nimmt die Verwaltungs- und Verfügungsbefugnis aus eigenem Recht und in eigenem Namen wahr.[357] Dies wird auch so in §§ 1 S. 1, 56 Abs. 1 InsO und zahlreichen weiteren Normen der Insolvenzordnung deutlich. Grundlegendes Ziel der Insolvenzordnung stellt die Befriedigung der Gläubiger dar, welche durch eine angemessene und gerechte Verteilung des Erlöses erreicht werden soll.[358] So wird dem Gläubiger in § 168 Abs. 1 S. 1 InsO ein Mitteilungsrecht sowie in § 167 Abs. 1 S. 1 InsO ein Auskunftsrecht hinsichtlich des betreffenden Gegenstandes eingeräumt. Der Insolvenzverwalter ist somit zwar frei in der Wahl der Art der Verwertung, hat jedoch auf bestimmte Belange des Gläubigers Rücksicht zu nehmen bzw. sie zumindest wahrzunehmen, sodass sichergestellt wird, dass es zu keiner Benachteiligung der Gläubiger oder ungünstigen Verwertung hinsichtlich des Sicherungsguts kommt.[359] Folglich könnte davon auszugehen sein, dass der Insolvenzverwalter nicht ausschließlich im eigenen Interesse tätig wird, sondern auch im Interesse der Gläubiger.

Hinsichtlich einzelner zur Insolvenzmasse gehörender Gegenstände, an denen ein Absonderungsrecht des Gläubigers besteht, ist der Verwalter nach § 166 Abs. 1 InsO zur Verwertung berechtigt. Ein ähnliches, dem Gläubiger selbst zustehendes Recht – im Insolvenzverfahren – könnte sich aus § 168 Abs. 3 InsO ergeben. Die Regelung des § 168 Abs. 3 InsO soll dem Gläubiger lediglich ein Eintrittsrecht gewähren. Es handelt sich hierbei aber keinesfalls um eine dem § 127 Abs. 2 KO vergleichbare Regelung eines Selbstverwertungsrechts des Gläubigers. Vielmehr stellt § 168 Abs. 3 InsO eine weitere Möglichkeit der Verwertung durch den Insolvenzverwalter dar.[360] Die letzte Entscheidungskompetenz verbleibt beim Verwalter,

---

356 BGH Beschl. v. 27.10.1983 – I ARZ 334/83, NJW 1984, 739; BGH Urt. v. 05.12.1991 – IX ZR 275/90, NJW 1992, 692 (693); BGH Urt. v. 04.12.2003 – IX ZR 222/02, NJW-RR 2004, 772 (773); *Schumann*, in: FS Geimer 2002, S. 1047. Eine weitergehende Erörterung des Theorienstreits ist hier nicht erforderlich, da auch die Vertreter der anderen Theorien zweifellos eine Unabhängigkeit des Verwalters annehmen (vgl. ohne Ausführung des Theorienstreits OLG Dresden Beschl. v. 20.03.1928, 6. Senat, ZZP 54 [1929], 135 [136 f.]).

357 RG Urt. v. 30.03.1892 – V 255/91, RGZ 29, 29 (30); BGH Urt. v. 10.03.1960 – II ZR 56/59, NJW 1960, 1006 (1007); BGH Beschl. v. 27.10.1983 – I ARZ 334/83, NJW 1984, 739; *Sponagel*, DZWIR 2011, 270 (271).

358 *Hess*, in: KK-InsO, § 1 Rz. 1; *Pape*, in: Uhlenbruck, InsO, § 1 Rz. 2.

359 Zu § 192 des Gesetzesentwurfs der Bundesregierung: BT-Drucks. 12/2443, S. 179; *Brinkmann*, in: Uhlenbruck, InsO, § 168 Rz. 1; *Funk*, Die Sicherungsübereignung in Einzelzwangsvollstreckung und Insolvenz, S. 85 f.

360 *Brinkmann*, in: Uhlenbruck, InsO, § 168 Rz. 18; *Tetzlaff*, in: MüKoInsO, § 168 Rz. 38.

ohne dass dem Gläubiger ein Anspruch auf eigene Verwertung zusteht.[361] Auch wenn zu Zeiten der Konkursordnung noch ein Verwertungsrecht des Gläubigers als Regelfall angesehen wurde (§ 127 Abs. 2 KO), so wurde dies spätestens mit Einführung der Insolvenzordnung und insbesondere des § 166 Abs. 1 InsO aberkannt.[362] Bereits in den 1930er Jahren wurde das Problem der unsachgemäßen Verwertung durch den Gläubiger und darin ein damit verbundener Nachteil für die Konkursmasse gesehen,[363] sodass auch aus diesem Grunde ein Verwertungsrecht des Sicherungsgläubigers selbst stets als nachranging angesehen werden sollte. Letztlich muss es darum gehen, eine zielführende und schnelle Verwertung des Sicherungsgutes zu erreichen. Dies gelingt aber nur dann, wenn die entsprechenden Sicherungsgegenstände der Masse erhalten bleiben und vom Insolvenzverwalter im Interesse einer etwaigen Sanierung/Fortführung des Unternehmens des Schuldners und im Interesse der gesamten Gläubigergemeinschaft verwertet werden. Ein Umweg über die Verwertung durch einen einzelnen Gläubiger sollte – auch zum Schutz vor einer möglichen Unternehmenszersplitterung – stets das letzte Mittel bleiben.[364]

Ein weiteres Recht des Gläubigers könnte die Freigabe des Sicherungsgutes gem. § 170 Abs. 2 InsO darstellen. Allerdings besteht auch die Möglichkeit des Insolvenzverwalters, das Sicherungsgut im Rahmen einer sog. echten Freigabe an den Schuldner zu überführen, weshalb auch hierin kein mit dem aus § 166 Abs. 1 InsO folgenden Recht vergleichbares Recht des Gläubigers gesehen werden kann.[365] Vielmehr liegt es im Ermessen des Insolvenzverwalters, über das Sicherungsgut zu verfügen. Ein Anspruch des Gläubigers auf Freigabe nach § 170 Abs. 2 InsO besteht nicht.[366] Es besteht mehr noch eine Pflicht des Gläubigers

361 *Brinkmann*, in: Uhlenbruck, InsO, § 168 Rz. 16; *Smid*, Kreditsicherheiten in der Insolvenz, § 2 Rz. 10; *Tetzlaff*, in MüKoInsO, § 168 Rz. 33.

362 Siehe S. 43.

363 U.a.: *Funk*, Die Sicherungsübereignung in Einzelzwangsvollstreckung und Insolvenz, S. 62 f.; *Gerhardt*, Gedächtnisschrift für Arens 1993, S. 142; *Winterberg*, Der Referendar 1932, 187 (190).

364 Ähnlich: Zu § 191 des Gesetzesentwurfs der Bundesregierung, BT-Drucks. 12/2443, S. 178; *Funk*, Die Sicherungsübereignung in Einzelzwangsvollstreckung und Insolvenz, S. 82.

365 Vgl. BFH Urt. v. 16.08.2001 – V R 59/99, BStBl. II 2003, 208 (209); *Ganter/Brünink*, NZI 2006, 257 (261); *Klenk/Kronthaler*, NZI 2006, 369 (372); *Tetzlaff*, in: MüKoInsO, § 170 Rz. 22.

366 *Sinz*, in: K. Schmidt, InsO, § 170 Rz. 12; *Tetzlaff*, in: MüKoInsO, § 170 Rz. 23; *Welzel*, ZIP 1998, 1823.

zur Duldung der Verwertung, um diese nicht weiter zu erschweren oder gar zu verhindern.[367]

Gegen das vorherige Argument einer Einwirkungsmöglichkeit des Gläubigers lässt sich anbringen, dass diese die Verwertung durch den Insolvenzverwalter nicht in einem ausreichenden Maße beeinflussen kann. Vielmehr verbleibt die Entscheidung über die Art der Verwertung beim Insolvenzverwalter.[368]

Weiterhin handelt es sich bei der Verwertung dem Gesetzeswortlaut des § 166 Abs. 1 InsO zufolge um eine Tätigkeit, die ausschließlich dem Insolvenzverwalter zusteht. Sofern der Insolvenzverwalter von diesem Recht Gebrauch macht, wird ein dem Gläubiger zu diesem Zeitpunkt zustehendes Recht (etwa aus § 173 Abs. 1 InsO oder § 170 Abs. 2 InsO) ausgeschlossen.[369] Es handelt sich bei § 166 Abs. 1 InsO um ein originäres Recht des Insolvenzverwalters, auf welches der Gläubiger keinen Einfluss hat.[370] Anders als noch in der Vorgängerregelung (§ 127 KO) vorgesehen, ist der Insolvenzverwalter nun vollumfänglich zur Verwertung befugt. Diese Verwertungsmöglichkeit mag dem Gläubiger einen Vorteil einbringen; dieser beruht aber auf einer gesetzlichen Grundlage und nicht auf einer Geschäftsbesorgung zwischen Insolvenzverwalter und Gläubiger.[371] Diese vorteilhafte Auswirkung für den Sicherungsgläubiger kann allenfalls als Reflex angesehen werden, der auf der eigentlichen Geschäftsbesorgung des Insolvenzverwalters für die Masse resultiert, siehe § 63 Abs. 1 S. 1 InsO.[372] Des Weiteren lässt sich anführen, dass es sich um kein abgeleitetes Recht, etwa vom Sicherungsnehmer, handelt, sondern vielmehr um ein gesetzlich besonders normiertes (originäres) Verfügungsrecht des Insolvenzverwalters.[373]

Darüber hinaus treffen den Insolvenzverwalter Sorgfaltspflichten, bei deren Nichteinhaltung eine Schadensersatzpflicht des Insolvenzverwalters eintritt, § 60 Abs. 1 InsO. Hierbei ist insbesondere die Unter-Wert-Veräußerung oder auch die Nichtauskehr des Verwertungserlöses von Bedeutung.[374] Auch diese zusätzliche

---

367 *Sinz*, in: K. Schmidt, InsO, § 166 Rz. 2; *Tetzlaff*, in: MüKoInsO, § 166 Rz. 61a.

368 So auch: *Farr*, Die Besteuerung in der Insolvenz, S. 185 Rz. 405.

369 LG Halle/Saale Urt. v. 05.01.2001-5 O 87/00, ZInsO 2001, 270 (271); *Welzel*, ZIP 1998, 1823.

370 *Farr*, Die Besteuerung in der Insolvenz, S. 185 Rz. 405; *Heublein*, BFH EWiR § 165 InsO, 513 (514); *Smid*, Kreditsicherheiten in der Insolvenz, § 2 Rz. 10 f.

371 So auch: BFH Urt. v. 18.08.2005 – V R 31/04, BStBl. II 2007, 183 (185); *Johann*, DStZ 2012, 127 (130).

372 *De Weerth*, NZI 2001, 74 (77); *Wagner*, FS Reiß 2008, 185 (192).

373 *Gundlach/Frenzel/Schmidt*, NZI 2001, 119 (120).

374 *Tetzlaff*, in: MüKoInsO, Vor §§ 166–173 Rz. 72; *Brandes/Schoppmeyer*, in: MüKoInsO, § 60 Rz. 60 ff.

Haftungsbegründung spricht mehr für ein Eigeninteresse des Insolvenzverwalters als für ein fremdnütziges Tätigwerden. Dieses ist eher eine mittelbare Nebenfolge der Erfüllung der eigenen Verpflichtungen. Vielmehr wird der Insolvenzverwalter allein für die Masse tätig und nicht „gleichzeitig" auch für die Sicherungsgläubiger, weshalb hierin keine Geschäftsbesorgung zu sehen ist.[375]

Näher ist der Fall zu betrachten, in dem der Insolvenzverwalter das Sicherungsgut durch Übertragung an den Sicherungsgläubiger unter Anrechnung auf die diesem zustehenden Forderungen verwertet.[376] Auch in diesem Fall müsste nach der Ansicht der Rechtsprechung ein fremdnütziges Verhalten zu sehen sein, um eine Geschäftsbesorgung i.S.d. § 675 Abs. 1 BGB und eine damit verbundene steuerpflichtige sonstige Leistung i.S.d. § 3 Abs. 9 UStG anzunehmen. Ein solches fremdnütziges Verhalten ist in diesem konkreten Fall abzulehnen. Vielmehr zeigt dieses Beispiel auf, dass die Interessen von Gläubiger und Insolvenzverwalter gleichlaufend sein können. Dies ergibt jedoch noch kein fremdnütziges Verhalten des Insolvenzverwalters, sondern kann allenfalls einen Reflex aus seiner gesetzlich angeordneten Verpflichtung darstellen.[377]

Auch aus den der Insolvenzordnung zugrundeliegenden Zielen lässt sich keine Fremdnützigkeit des Verwalterhandelns ableiten. Oberstes Prinzip der Insolvenzordnung ist – wie bereits gesagt – die Befriedigung der Gläubiger unter dem Grundsatz der Gläubigergleichbehandlung, § 1 InsO.[378] Die Unabhängigkeit des Insolvenzverwalters muss daher oberstes Gebot sein, um ein ordnungsgemäßes Verfahren durchführen zu können und das Vertrauen in die Rechtsstaatlichkeit und Integrität der einzelnen ausführenden Organe der Rechtspflege zu erhalten.[379] Das Insolvenzverfahren soll dabei nicht nur die Befriedigung der einzelnen Gläubiger ermöglichen, sondern auch die Interessen des Schuldners an einer bestmöglichen Tilgung seiner Schulden wahren.[380] Um diese divergierenden Ziele zu erreichen und auch das Vertrauen in die Rechtsordnung zu erhalten, ist es notwendig, dass ein unabhängiges Organ bestellt wird. Der Insolvenzverwalter folgt als zentrale Person im Insolvenzverfahren allein den rechtlichen Vorgaben

---

375 *Bäuerle/Schneider*, in: Braun, InsO, § 55 Rz. 40; *de Weerth*, NZI 2015, 884 (887); *Farr*, Die Besteuerung in der Insolvenz, S. 185 Rz. 405; *Johann*, DStZ 2012, 127 (131).

376 So auch: *Johann*, DStZ 2012, 127 (132).

377 *Johann*, DStZ 2012, 127 (132).

378 Siehe: *Kießner*, in: Braun, InsO, § 1 Rz. 2.

379 *Kumpan*, Der Interessenkonflikt im deutschen Privatrecht, S. 186; *Schumann*, in: FS Geimer 2002, S. 1047 f.

380 Ähnlich: *Kießner*, in: Braun, InsO, § 1 Rz. 10.

und ist unabhängig von den eigennützigen Interessen der beteiligten Parteien.[381] Er ist weder als Interessenvertreter des Schuldners noch als Interessenvertreter der Gläubiger anzusehen.[382] Diese unabhängige Stellung des Insolvenzverwalters ergibt sich bereits aus § 56 Abs. 1 InsO. Auch wenn in der Vorschrift für das Merkmal der Unabhängigkeit keine genaueren Erfordernisse festgelegt worden sind, so muss dieses Gebot doch anhand der gesamten insolvenzrechtlichen Vorschriften ausgelegt werden. Folglich muss der Insolvenzverwalter die unterschiedlichen Interessen gegeneinander abwägen und versuchen, einen schonenden Ausgleich herbeizuführen.[383]

Demzufolge lässt sich festhalten, dass eine Fremdnützigkeit des Verwalterhandelns in diesem Fall abzulehnen ist. Es erscheint vielmehr sehr ergebnisorientiert gedacht, wenn über künstlich erscheinende Konstruktionen eine Geschäftsbesorgung im Verhältnis Insolvenzverwalter – Gläubiger angenommen werden soll. Das Insolvenzrecht muss anhand seiner Bestimmungen und Ziele ausgelegt und sollte nicht künstlich durch zivilrechtliche Vorgaben aufgebläht werden.

Zu hinterfragen ist vielmehr, welches der beiden Rechtsgebiete (Zivilrecht oder Insolvenzrecht) diesbezüglich den Vorrang genießt oder ob es ein Ineinandergreifen von zivilrechtlichen und insolvenzrechtlichen Grundsätzen gibt.

Generell ist das Insolvenzrecht dem Privatrecht zuzuordnen; es knüpft sogar an die allgemeine Zivilrechtssystematik an.[384] Allerdings nimmt die Insolvenzordnung durch ihre Besonderheiten in Bezug auf das Insolvenzverfahren andere Interessen in den Fokus. So dient das Insolvenzrecht der gerechten Haftungsverwirklichung unter den beteiligten Parteien, auch im Sinne des Prinzips der Gläubigergleichbehandlung.[385] Gleichzeitig orientiert sich die Insolvenzordnung aber auch an marktwirtschaftlichen Geschehnissen; so soll auch die Sanierung eines verschuldeten Unternehmens im Rahmen eines Insolvenzplans möglich sein.[386] Würde lediglich auf die zivilrechtlichen Vorgaben abgestellt, so würden das Insolvenzrecht ins Leere laufen und die Besonderheiten der einzelnen Regelungen keine Berücksichtigung mehr finden. Auch wenn einige Prinzipien schon im Bürgerlichen Recht verankert sind, so gibt es dennoch Einzelfälle, die

381 *Kumpan*, Der Interessenkonflikt im deutschen Privatrecht, S. 186 f.

382 BGH Urt. v. 10.02.1982 – VIII ZR 158/80, NJW 1982, 1765 (1766); *Schumann*, in: FS Geimer 2002 S. 1046.

383 *Kumpan*, Der Interessenkonflikt im deutschen Privatrecht, S. 188.

384 Vgl. *Häsemeyer*, Insolvenzrecht, Rz. 1.06.

385 *Kirchhof*, in: Kreft, InsO, § 1 Rz. 3; *Pape*, in: Uhlenbruck, InsO, § 1 Rz. 2; *A. Schmidt*, in: HambKomm, InsO, § 1 Rz. 17.

386 *Hess*, in: KK-InsO, Vor § 1 Rz. 2; *Pape*, in: Uhlenbruck, InsO, § 1 Rz. 4.

speziell über das Insolvenzrecht zu lösen sind.[387] Aus diesen Gründen ist auf die insolvenzrechtliche Sichtweise abzustellen.

Auf die noch erforderliche Entgeltlichkeit der Geschäftsbesorgung wird im Rahmen der Verwertungskostenpauschale näher eingegangen.[388]

2. Umsatzsteuerrechtliche Bedeutung

a) Geschäftsbesorgung im umsatzsteuerrechtlichen Sinne

Nachdem sowohl aus zivilrechtlicher als auch aus insolvenzrechtlicher Perspektive der Geschäftsbesorgungsvertrag im Rahmen der Verwertung erörtert wurde, wird im Folgenden auf die umsatzsteuerrechtliche Behandlung der Geschäftsbesorgung und auf deren Vorliegen im konkreten Fall eingegangen.

Grundsätzlich unterliegen der Umsatzsteuer gem. § 1 Abs. 1 Nr. 1 UStG die Lieferungen und sonstigen Leistungen, die ein Unternehmer im Inland gegen Entgelt im Rahmen seines Unternehmens ausführt. Das entscheidende Kriterium ist demnach die Erbringung einer Leistung gegen Entgelt. Das Vorliegen einer Leistung setzt einen identifizierbaren Leistungsempfänger voraus, welchem ein Vorteil verschafft wurde, der zu einem endgültigen Verbrauch geführt hat.[389] Diese Leistung müsste gegen Entgelt erfolgt sein und somit einen Leistungsaustausch begründen, um zu einem steuerpflichtigen Umsatz führen zu können.[390] Ob ein solcher Leistungsaustausch vorliegt, ist ausschließlich nach unionsrechtlichen bzw. umsatzsteuerrechtlichen Maßstäben zu bestimmen.[391] Unionsrechtliche Grundlage des § 1 Abs. 1 Nr. 1 UStG ist Art. 2 Abs. 1 Buchst. a MwStSystRL,[392] wonach der Mehrwertsteuer die Umsätze aus Lieferungen von Gegenständen unterliegen, die ein Steuerpflichtiger als solcher im Gebiet eines Mitgliedstaats gegen Entgelt tätigt. Nach ständiger Rechtsprechung des EuGH ist eine Lieferung gegen Entgelt erbracht, „wenn zwischen

---

387 *Pape*, in: Uhlenbruck, InsO, § 1 Rz. 2; *A. Schmidt*, in: HambKomm, InsO, § 1 Rz. 4.

388 Siehe S. 72.

389 Zusammenfassend: *Dobratz*, Leistung und Entgelt im Europäischen Umsatzsteuerrecht, S. 68 f; *Hummel*, UR 2015, 213 (217).

390 Unter Bezugnahme auf den Begriff der Gegenleistung: *Möller*, Die Sicherungsübereignung im Umsatzsteuerrecht, S. 86; *Peltner*, in: Weymüller, UStG, § 1 Rz. 67.

391 BFH Urt. v. 20.03.2013 – XI R 6/11, BStBl. II 2014, 206 (208 f.); BFH Urt. v. 16.01.2014 – V R 22/13, BFH/NV 2014, 736 (737 f.); *Peltner*, in: Weymüller, UStG, § 1 Rz. 67.

392 Richtlinie 2006/112/EG des Rates v. 28.11.2006 über das gemeinsame Mehwertsteuersystem, ABl. EU Nr. L 347/2006 vom 11.12.2006, S. 9.

dem Leistenden und dem Leistungsempfänger ein Rechtsverhältnis[393] besteht, in dessen Rahmen gegenseitige Leistungen ausgetauscht werden, wobei die vom Leistenden empfangene Vergütung den tatsächlichen Gegenwert für die dem Leistungsempfänger erbrachte [Dienst-]Leistung bildet."[394] Daraus folgt, dass eine Leistung nur dann steuerpflichtig ist, wenn sie in einem unmittelbaren Zusammenhang mit dem erhaltenen Gegenwert steht.[395] Der Leistungsaustausch ist grundsätzlich dann zu bejahen, wenn sich die Parteien im Rahmen eines gegenseitigen Vertrags zu Leistungen verpflichtet haben.[396] Allerdings erkennt der EuGH selbst, dass seine Rechtsprechung bezüglich des Leistungsaustauschs zu einer Ungleichbehandlung innerhalb der einzelnen Mitgliedstaaten führen könnte, da sich das Bestehen des Rechtsverhältnisses nach unterschiedlichen Rechtssystemen richtet.[397] Es darf aufgrund dessen nicht dazu kommen, dass sich die Vertragsparteien durch einzelne Vertragsklauseln ihrer Mehrwertsteuerpflicht entziehen.[398] Vielmehr ist näher zu untersuchen, welchen Bezug die Leistungen zu dem Rechtsverhältnis aufweisen müssen, um als in dessen Rahmen erbracht angesehen werden zu können. Insbesondere in seinem Urteil *Kuwait Petroleum* spricht der EuGH von einer „legal relationship between the supplier and the purchaser *entailing* reciprocal performance, …"[399], mithin einem Rechtsverhältnis, welches gegenseitige Leistungen *mit*

393 Hierzu ausführlicher: *Dobratz*, Leistung und Entgelt im Europäischen Umsatzsteuerrecht, S. 35 ff.

394 EuGH Urt. v. 03.03.1994, Rs. C-16/93 (*Tolsma/Inspecteur der Omzetbelasting*), ECLI:EU:C:1994:80, Slg. 1994, I-00743, Rz. 14; EuGH Urt. v. 17.09.2002, Rs. C-498/99 (*Town and County Factors*), ECLI:EU:C:2002:494, Slg. 2002, I-07173, Rz. 18; EuGH Urt. v. 16.12.2010, Rs. C-270/09 (*MacDonald Resorts*), ECLI:EU:C:2010:780, Slg. 2010, I-13179, Rz. 16; EuGH Urt. v. 27.03.2014, Rs. C-151/13 (*Le Rayon d'Or*), ECLI:EU:C:2014:185, Rz. 29; so auch: BFH Urt. v. 19.10.2001 – V R 48/00, BStBl II 2003, 210 (211); BFH Urt. v. 18.12.2008 – V R 38/06, BStBl. II 2009, 749 (751); BFH Urt. v. 24.04.2013 – XI R 7/11, BStBl. II 2013, 648 (651).

395 EuGH Urt. v. 05.02.1981, Rs. C-154/80 (*Staatsecretaris van Financiën/Coöperatieve Aardappelenbewaarplaats*), ECLI:EU:C:1981:38, Slg. 1981, 00445, Rz. 12 f.; EuGH Urt. v. 03.03.1994, Rs. C-16/93 (*Tolsma/Inspecteur der Omzetbelasting*), ECLI:EU:C:1994:80, Slg. 1994, I-00743, Rz. 13.

396 BFH Urt. v. 21.04.2005 – V R 11/03, BStBl. II 2007, 63 (65); BFH Urt. v. 22.04.2015 – XI R 10/14, BStBl. II 2015, 862 (863) m.w.N.

397 EuGH Urt. v. 17.09.2002, C-498/99 (*Town and County Factors*), ECLI:EU:C:2002:494, Slg. 2002, I-07173, Rz. 21 ff.

398 EuGH Urt. v. 17.09.2002, C-498/99 (*Town and County Factors*), ECLI:EU:C:2002:494, Slg. 2002, I-07173, Rz. 22.

399 EuGH Urt. v. 27.04.1999 [englische Fassung], Rs. C-48/97 (*Kuwait Petroleum*), ECLI:EU:C:1999:203, Slg. 1999, I-02323, Rz. 26; Hervorhebung nur hier.

sich bringt. Im Urteil zur Rechtssache *Town and County Factors* spricht der EuGH wiederum von einer „legal relationship between the provider of the service and the recipient *pursuant to which* there is reciprocal performance, ...“[400], demzufolge von einem Rechtsverhältnis, *entsprechend dem* gegenseitige Leistungen erfolgen. Die englischen Sprachfassungen stützen den Grundgedanken aus der Entscheidung *Tolsma*, dass eine „Vereinbarung“ zwischen den Parteien vorliegen muss, kraft derer sie sich verpflichten, gegenseitig Leistungen auszutauschen.[401] Leistung und Gegenleistung müssen in einer entsprechenden Weise im Rechtsverhältnis fixiert sein, um in dessen Rahmen erbracht werden zu können.[402] Dennoch ist ein wirksamer Vertrag keine Voraussetzung für einen umsatzsteuerrechtlich relevanten Leistungsaustausch.[403] Demzufolge muss festgestellt werden, ob eine „Leistung gegen Entgelt“ und ein unmittelbarer Zusammenhang zwischen Leistung und Entgelt bestehen.[404]

Für das Vorliegen einer Lieferung ist – neben dem Vorliegen einer Leistung –entscheidendes Kriterium, dass die Verfügungsmacht an dem entsprechenden Gegenstand verschafft wird.[405] Bei der Verwertung durch den Insolvenzverwalter an den Abnehmer liegt eine Lieferung i.S.d. § 3 Abs. 1 UStG vor, da ihm sowohl Ertrag, Wert und Substanz an dem Gegenstand übertragen werden als auch die faktische Befähigung, wie ein Eigentümer über den Gegenstand zu verfügen. Fraglich ist nunmehr, ob zwischen Insolvenzverwalter und Sicherungsgläubiger eine Leistung vorliegt. Mit Eröffnung des Insolvenzverfahrens wird das zwischen Sicherungsnehmer und Sicherungsgeber bestehende Besitzmittlungsverhältnis aufgelöst; zu diesem Zeitpunkt liegt jedoch noch keine umsatzsteuerrechtliche Lieferung vor.[406] Mit der Verwertungshandlung des Insolvenzverwalters liegt auch keine gleichzeitige Lieferung i.S.d. § 3 Abs. 1 UStG an den Sicherungsgläubiger vor.[407] Dieser erlangt weder Substanz, Wert und Ertrag an dem Gegenstand noch die faktische Befähigung, wie ein Eigentümer über den Gegenstand zu verfügen.[408]

---

400 EuGH Urt. v. 17.09.2002 [englische Fassung], Rs. C-498/99 (*Town and County Factors*), ECLI:EU:C:2002:494, Slg. 2002, I-07173, Rz. 18; Hervorhebung nur hier.

401 EuGH Urt. v. 03.03.1994, Rs. C-16/93 (*Tolsma/Inspecteur der Omzetbelasting*), ECLI:EU:C:1994:80, Slg. 1994, I-00743, Rz. 17; so auch: *Dobratz*, Leistung und Entgelt im Europäischen Umsatzsteuerrecht, S. 36.

402 So auch: *Dobratz*, Leistung und Entgelt im Europäischen Umsatzsteuerrecht, S. 36.

403 So auch: BFH Urt. v. 06.12.2007 – V R 24/05, BStBl. II 2009, 490 (492); *Oelmaier*, in: Sölch/Ringleb, UStG, § 1 Rz. 37.

404 *Peltner*, in: Weymüller, UStG, § 1 Rz. 69 f.; *Stadie*, in: Stadie, UStG, § 1 Rz. 74.

405 Siehe S. 20 ff.

406 *Hahn*, in: Weymüller, UStG, § 3 Rz. 81.6; *Leonard*, in: Bunjes, UStG, § 3 Rz. 84.

407 Zu den umsatzsteuerrechtlichen Auswirkungen siehe S. 130 f.

408 *Rondorf*, NWB 2014, 842 (850).

Vielmehr gilt es festzustellen, ob eine sonstige Leistung i.S.d. § 3 Abs. 9 UStG zwischen Insolvenzverwalter und Sicherungsgläubiger vorliegt.[409] Die Definition erfolgt anhand einer negativen Abgrenzung zur Lieferung.[410] Danach sind sonstige Leistungen alle Leistungen, die keine Lieferung darstellen. Ähnlich lautet Art. 24 Abs. 1 MwStSystRL, wonach eine Dienstleistung alle Umsätze umfasst, die keine Lieferung von Gegenständen sind. Diese Definition ist unter dem wirtschaftlichen Aspekt des Umsatzsteuerrechts auszulegen. Somit ist stets eine „vom Leistungswillen getragene Zuwendung eines wirtschaftlichen Vorteils an eine andere Person" maßgebend.[411] Zur weiteren Umschreibung einer sonstigen Leistung können sowohl die zivil- als auch die handelsrechtlichen Vertragstypen (Bsp.: Dienst-, Werk-, Handelsvertretervertrag usw.) herangezogen werden, deren Vollzug grundsätzlich eine sonstige Leistung beinhaltet.[412] Auch wenn eine Auslegung nicht anhand nationaler Vorschriften/Vorgaben erfolgen soll, geben diese doch sowohl ein Leitbild als auch die möglichen wirtschaftlichen Folgen vor.[413] Unter Umständen kann demgemäß auch eine zivilrechtliche Geschäftsbesorgung Grundlage eines Leistungsaustausches i.S.d. § 1 Abs. 1 Nr. 1 UStG und damit eine sonstige Leistung i.S.d. § 3 Abs. 9 UStG sein.

Nicht nur das FG Brandenburg, sondern auch die neuere Rechtsprechung des BFH sehen in der Verwertung durch den Insolvenzverwalter gleichzeitig eine sonstige Leistung i.S.d. § 3 Abs. 9 UStG an den Sicherungsgläubiger.[414] Insbesondere die Auffassung des FG Brandenburg stützt sich auf die Meinung von *Onusseit*, welcher in der Möglichkeit der besseren Verwertung ein verkehrsfähiges Wirtschaftsgut sieht.[415] Hiergegen lässt sich jedoch anführen, dass es sich bei dem Vorteil der günstigeren Verwertung durch den Insolvenzverwalter um einen Vorteil handelt, der sich ausschließlich aus dem Gesetz ergibt. Das Verwertungsrecht gem. § 166 Abs. 1 InsO stellt ein originäres Recht des Insolvenzverwalters dar,

---

409 Zu den umsatzsteuerrechtlichen Auswirkungen siehe S. 133 f.

410 *Hahn*, in: Weymüller, UStG, § 3 Rz. 457; *Stadie*, in: Stadie, UStG, § 3 Rz. 154.

411 *Nieskens*, in: Rau/Dürrwächter, UStG, § 3 Rz. 3721; ähnlich: *Bertels*, in: Winheller/Geibel/Jachmann-Michel, Gesamtes Gemeinnützigkeitsrecht, UStG, § 1 Rz. 55; *Stadie*, in: Stadie, UStG, § 1 Rz. 10.

412 *Hahn*, in: Weymüller, UStG, § 3 Rz. 467; *Nieskens*, in: Rau/Dürrwächter, UStG, § 3 Rz. 3723.

413 *Nieskens*, in: Rau/Dürrwächter, UStG, § 3 Rz. 3723.

414 FG Brandenburg Urt. v. 16.03.2004–1 K 2949/02, EFG 2004, 1003 (1004); BFH Urt. v. 28.07.2011 – V R 28/09, BStBl. II 2014, 406 (410).

415 *Onusseit*, ZIP 2000, 777 (779).

aufgrund dessen er überhaupt tätig wird. Es liegt weder eine Geschäftsbesorgung noch eine diesbezügliche Vereinbarung zwischen dem Insolvenzverwalter und dem Gläubiger vor.[416] Somit ist der hier angesprochene Vorteil lediglich als rechtlicher Reflex des gesetzlich normierten Verwertungsrechts des Insolvenzverwalters anzusehen.[417] In der Verwertung liegt lediglich eine Lieferung i.S.d. § 3 Abs. 1 UStG an den Erwerber[418] und nicht auch noch eine sonstige Leistung i.S.d. § 3 Abs. 9 UStG an den Gläubiger.[419]

Ein weiteres Argument für die Annahme eines Einfachumsatzes wäre zudem der Grundsatz der Einheitlichkeit der Leistung im Umsatzsteuerrecht. Hiernach sind einheitliche wirtschaftliche Vorgänge nicht künstlich aufzuspalten, sondern als Ganzes zu betrachten.[420] Ähnliches gilt auch im Verhältnis von Haupt- und Nebenleistungen.[421] „Insbesondere ist eine Leistung als Neben- und nicht als Hauptleistung anzusehen, wenn sie für die Kundschaft keinen eigenen Zweck, sondern das Mittel darstellt, um die Hauptleistung des Leistungserbringers unter optimalen Bedingungen in Anspruch zu nehmen."[422] Das Schicksal der Nebenleistung folgt dabei dem der Hauptleistung.[423] Für eine Abgrenzung zwischen Haupt- und Nebenleistung ist stets auf einen objektiven Durchschnittskunden/-verbraucher abzustellen.[424] Aus der Sicht eines objektiven Durchschnittskunden ist die Verwertung als eine einheitliche Leistung und nicht als zwei voneinander zu differenzierende Leistungen zu beurteilen. In den Verwertungsbemühungen des Insolvenzverwalters könnte eine reine Nebenleistung gesehen werden, die erst den letztlichen Verkauf (Hauptleistung) ermöglicht. Es wäre daher nicht

416 So auch *Beck*, ZInsO 2003, 509.

417 Siehe S. 57 f.

418 Zu den umsatzsteuerrechtlichen Auswirkungen siehe S. 134 ff.

419 So auch: BFH Urt. v. 18.08.2005 – V R 31/04, BStBl. II 2007, 183 (185).

420 *Beck*, ZInsO 2003, 890 (892); *Leonard*, in: Bunjes, UStG, § 3 Rz. 19; *Martin*, in: Sölch/Ringleb, UStG, § 3 Rz. 14; *Peltner*, in: Weymüller, UStG, § 1 Rz. 53.

421 *Leonard*, in: Bunjes, UStG, § 3 Rz. 22; *Peltner*, in: Weymüller, UStG, § 1 Rz. 53.2 ff.

422 So in: EuGH Urt. v. 11.06.2009, Rs. C-572/07 (*RLRE Tellmer Property*), ECLI:EU:C:2009:365, Slg. 2009, I-04983, Rz. 18; u. a. auch: EuGH Urt. v. 22.10.1998, Rs. C-308/96 (*Madgett und Baldwin*), ECLI:EU:C:1998:496, Slg. 1998, I-06229, Rz. 24; EuGH Urt. v. 10.03.2011, Rs. C-497/09 (*Bog u. a.*), ECLI:EU:C:2011:135, Slg. 2011, I-01457, Rz. 54; *Leonard*, in: Bunjes, UStG, § 3 Rz. 22; *Martin*, in: Sölch/Ringleb, UStG, § 3 Rz. 15; so auch: *Peltner*, in: Weymüller, UStG, § 1 Rz. 54.1.

423 *Leonard*, in: Bunjes, UStG, § 3 Rz. 22; *Peltner*, in: Weymüller, UStG, § 1 Rz. 56.

424 EuGH Urt. v. 19.07.2012, Rs. C-44/11 (*Deutsche Bank*), ECLI:EU:C:2012:484, Rz. 21; BFH Urt. v. 10.01.2013 – V R 31/10, BStBl. II 2013, 352 (354); *Peltner*, in: Weymüller, UStG, § 1 Rz. 53.2.

billig, den einheitlichen Vorgang der Verwertung doppelt mit der Umsatzsteuer zu belasten.[425]

Fraglich bleibt, ob die Verwertungskostenpauschale als Gegenleistung angesehen werden kann und ob ein unmittelbarer Zusammenhang zwischen der Leistung des Insolvenzverwalters (Verwertungshandlung) und der möglichen Gegenleistung des Sicherungsgebers (Zahlung der Verwertungskosten) besteht, wie es die Rechtsprechung des EuGH fordert.

b) Verwertungskostenpauschale als Entgelt im umsatzsteuerrechtlichen Sinne

Die Frage, wie die Kosten der Feststellung und Verwertung steuerrechtlich zu behandeln sind, wurde bereits ausführlich in der Literatur[426] diskutiert und ist auch heute immer wieder Gegenstand in steuerrechtlichen Verfahren vor den Finanzgerichten. Es gilt daher festzustellen, ob die Feststellungs- und die Verwertungskostenpauschale das Entgelt einer sonstigen Leistung i.S.d. § 3 Abs. 9 UStG darstellen und somit umsatzsteuerpflichtig sind.[427]

Hinsichtlich der Feststellungskostenpauschale i.S.d. § 171 Abs. 1 InsO lässt sich sowohl in der Literatur[428] als auch in der Rechtsprechung[429] ein einheitliches Bild erkennen, demzufolge eine Umsatzsteuerbarkeit nicht vorliegen soll. Bei der Vorschrift über die Feststellungskostenpauschale handelt es sich lediglich um eine gesetzlich normierte Kostentragungsregel; der Feststellungskostenpauschale

---

425 So wohl auch die EuGH-Rechtsprechung, welche einer künstlichen Aufspaltung grundsätzlich kritisch gegenübersteht: EuGH Urt. v. 06.02.2003, Rs. C-185/01 (*Auto Lease Holland*), ECLI:EU:C:2003:73, Slg. 2003, I-01317, Rz. 34 f.; EuGH Urt. v. 29.03.2007, Rs. C-111/05 (*Aktiebolaget NN*), ECLI:EU:C:2007:195, Slg. 2007, I-02697, Rz. 22; EuGH Urt. v. 02.12.2010, Rs. C-276/09 (*Everything Everywhere*), ECLI:EU:C:2010:730, Slg. 2010, I-12359, Rz. 22 f.; EuGH Urt. v. 19.07.2012, Rs. C-44/11 (*Deutsche Bank*), ECLI:EU:C:2012:484, Rz. 21.

426 *D'Avoine*, ZIP 2012, 58 (60); *de Weerth*, BB 1999, 821 (826 ff.); *Fölsing*, ZInsO 2011, 2261 (2263); *Onusseit*, ZIP 2000, 777 ff.; *Sinz*, in: K. Schmidt, InsO, § 171 Rz. 34; *Tetzlaff*, in: MüKoInsO, § 171 Rz. 39 ff.

427 *Onusseit*, ZIP 2000, 777 (778 f.); siehe hierzu S. 129 ff.

428 *Büchler/Scholz*, in: HambKomm, InsO, § 171 Rz. 16; *D'Avoine*, ZIP 2012, 58 (60); *de Weerth*, BB 1999, 821 (827); *Fölsing*, ZInsO 2011, 2261 (2262); *Herget/Kreuzberg*, NZI 2013, 118 (122); *Lütcke*, in: BeckOK, InsO, § 171 Rz. 25; *Onusseit*, ZIP 2000, 777 (779); *Sinz*, in: K. Schmidt, InsO, § 171 Rz. 34.

429 BFH Urt. v. 18.08.2005 – V R 31/04, BStBl. II 2007, 183 (185); BFH Urt. v. 28.07.2011 – V R 28/09, BStBl. II 2014, 406 (410).

liegt keine Leistung i.S.d. § 1 Abs. 1 Nr. 1 UStG zugrunde.[430] Auch nach der Gesetzesbegründung[431] sollen die Kosten der Feststellung nur einen Beitrag der einzelnen Gläubiger zu den allgemeinen Verfahrenskosten darstellen. Für eine bessere Praktikabilität wurde somit eine Pauschale ins Gesetz aufgenommen, die der gängigen Gerichtspraxis entsprach.

Eine Änderung in der Rechtsprechung gab es hingegen bezüglich der Verwertungskostenpauschale i.S.d. § 171 Abs. 2 InsO.[432] Noch in seiner Entscheidung vom 18.08.2005 sah der BFH in der Verwertungskostenpauschale kein Entgelt einer sonstigen Leistung i.S.d. § 1 Abs. 1 Nr. 1 UStG.[433] Von dieser Rechtsprechung nahm der BFH in seiner neueren Entscheidung vom 28.07.2011 jedoch Abstand.[434] Bei den vorweg vom Erlös zu entnehmenden Verwertungskosten handele es sich um ein Entgelt für eine steuerpflichtige Geschäftsbesorgung zwischen Insolvenzverwalter und Sicherungsnehmer.[435]

Der BFH führt hierfür an, dass die Verwertungskostenpauschale bei erheblichen Abweichungen von der gesetzlich festgelegten Höhe – anders als die Feststellungskostenpauschale – an die tatsächlich angefallenen Kosten angepasst werden kann.[436] Weiterhin bestehe die Möglichkeit der Freigabe des Sicherungsguts an den Gläubiger gem. § 170 Abs. 2 InsO, weshalb gerade keine Verpflichtung des Insolvenzverwalters zur freihändigen Verwertung bestehen soll.[437]

Im Fall des § 170 Abs. 2 InsO besteht lediglich die Möglichkeit, dass der Insolvenzverwalter dem Gläubiger das Sicherungsgut zur Verwertung überlässt (sog. „unechte Freigabe").[438] Allerdings liegt diese Art der Verwertung im ausschließlichen Ermessen des Insolvenzverwalters, sodass die Vorschrift keinen Anspruch des Gläubigers auf Freigabe gewährt.[439] Somit handelt es sich bei der Vorschrift des § 170 Abs. 2 InsO allenfalls um eine weitere Möglichkeit des Insolvenzver-

---

430 *De Weerth*, in: Lwowski/Fischer/Langenbucher, Das Recht der Kreditsicherung, S. 1014 Rz. 33; *Sinz*, in: K. Schmidt, InsO, § 171 Rz. 34.

431 Zu § 196 des Gesetzesentwurfs der Bundesregierung, BT-Drucks. 12/2443, S. 181.

432 Zu den Auswirkungen siehe S. 133 ff.

433 BFH Urt. v. 18.08.2005 – V R 31/04, BStBl. II 2007, 183 (185).

434 BFH Urt. v. 28.07.2011 – V R 28/09, BStBl. II 2014, 406 (409 f.).

435 BFH Urt. v. 28.07.2011 – V R 28/09, BStBl. II 2014, 406 (410).

436 BFH Urt. v. 28.07.2011 – V R 28/09, BStBl. II 2014, 406 (410).

437 BFH Urt. v. 28.07.2011 – V R 28/09, BStBl. II 2014, 406 (409 f.).

438 *Brinkmann*, in: Uhlenbruck, InsO, § 170 Rz. 20; *Dithmar/Schneider*, in: Braun, InsO, § 171 Rz. 8; ausführlich: *Funk*, Die Sicherungsübereignung in Einzelzwangsvollstreckung und Insolvenz, S. 78 ff.

439 *Brinkmann*, in: Uhlenbruck, InsO, § 170 Rz. 19; *Landfermann*, in: Kreft, InsO, § 170 Rz. 15 f.; *Tetzlaff*, in: MüKoInsO, § 170 Rz. 24.

walters, das Sicherungsgut massefreundlich zu verwerten. Grundsätzlich steht dem Insolvenzverwalter nach § 166 Abs. 1 InsO das Recht zur Verwertung zu. Die Aufzählung weiterer Möglichkeiten spricht nicht gegen ein originäres Recht des Insolvenzverwalters, selbst die Verwertung vorzunehmen. Vielmehr gilt es zu bedenken, dass mit Einführung des § 166 Abs. 1 InsO eine Abkehr von der damaligen Gesetzeslage zu Zeiten der Konkursordnung (§ 127 Abs. 2 KO) erreicht werden sollte.[440]

Dass die Verwertungskosten ebenfalls als Pauschale ins Gesetz aufgenommen worden sind, von der unter besonderen Umständen abgewichen werden darf, spricht noch nicht für das Vorliegen einer Gegenleistung im umsatzsteuerrechtlichen Sinne. Ähnlich wie bei den Feststellungskosten wurde eine Pauschale gewählt, die in der gängigen Praxis dem Durchschnittswert entsprach. Das von der gesetzlichen Pauschale abgesehen werden kann, hängt damit zusammen, dass die Kosten der Verwertung „im Einzelfall ein Mehrfaches oder auch nur einen Bruchteil von fünf vom Hundert betragen [können]".[441] Um die Möglichkeit zu behalten, lediglich die tatsächlich entstandenen Kosten anzusetzen, wurde eine Ausnahmeregelung in § 171 Abs. 2 S. 2 InsO eingefügt. Für den Gläubiger bedeutet diese Kostentragungsregelung jedoch keinen Nachteil, da auch er im Rahmen der Freigabe gem. § 170 Abs. 2 InsO diese Kosten hätte aufwenden müssen.[442] Wenn man demzufolge die Norm des § 171 Abs. 2 InsO im Lichte des ursprünglichen Entwurfs auslegt, so gelangt man zu dem Ergebnis, dass die Verwertungskosten nicht auf einer schuldrechtlich getroffenen Vereinbarung zwischen Insolvenzverwalter und Gläubiger beruhen, sondern tatsächliche Kosten sind, die in jedem Fall angefallen wären.

Ob es sich nun um eine umsatzsteuerpflichtige Gegenleistung in Form eines Entgeltes handelt, ist hingegen fraglich. Die Verwertungskostenpauschale soll – nach Rechtsprechung des BFH[443] – als Gegenleistung für die eigentliche Verwertung durch den Insolvenzverwalter im Rahmen eines Leistungsaustausches angesehen werden. Unter dem Begriff der Gegenleistung (hier: Entgelt) ist grundsätzlich all das zu verstehen, was der Leistungsempfänger aufwendet, um die

---

440 Siehe S. 43 ff.

441 Siehe Begründung zu § 196 des Gesetzesentwurfs der Bundesregierung, BT-Drucks. 12/2443, S. 181.

442 Siehe Begründung zu § 196 des Gesetzesentwurfs der Bundesregierung, BT-Drucks. 12/2443, S. 181; *Dithmar/Schneider*, in: Braun, InsO, § 171 Rz. 8; *Landfermann*, in: Kreft, InsO, § 170 Rz. 18 f..

443 Siehe BFH Urt. v. 28.07.2011 – V R 28/09, BStBl. II 2014, 406 (410).

Leistung zu erhalten (vgl. § 10 Abs. 1 S. 2 UStG).[444] Es bedarf daher einer konkreten Verknüpfung zwischen Leistung und Entgelt.[445] Ähnlich wird es in Art. 73 MwStSystRL[446] formuliert: Hiernach umfasst die Steuerbemessungsgrundlage alles, was den Wert der Gegenleistung bildet, die der Lieferer oder Dienstleistungserbringer für diese Umsätze vom Erwerber oder Dienstleistungsempfänger oder einem Dritten erhält oder erhalten soll. Der Insolvenzverwalter müsste die Zahlung der Verwertungskosten als „bewusste Zuwendung"[447] des Gläubigers ansehen, um die Leistung (günstigere Art der Verwertung) zu erhalten. Allerdings wendet der Gläubiger grundsätzlich nichts i.S.d. § 10 Abs. 1 S. 2 UStG auf, um die Leistung zu erhalten.[448] Es besteht vielmehr eine gesetzlich geregelte Verpflichtung des Gläubigers zur „Zahlung" der Verwertungskosten.[449] Dabei ist der Begriff der Zahlung sinnbildlich zu verstehen. Es werden die Kosten der Verwertung vom Verwertungserlös entnommen und der verbleibende Betrag wird verwendet, um den absonderungsberechtigten Gläubiger zu befriedigen (vgl. § 170 Abs. 1 S. 2 InsO).[450]

Auch auf unionsrechtlicher Ebene fehlt ein speziell zum Thema der gesetzlich geregelten Verwertungskostenpauschale ergangenes Urteil des EuGH. In der Rechtssache *Le Rayon d'Or* entschied der EuGH, dass grundsätzlich auch Pauschalen als Gegenleistung einer steuerpflichtigen Leistung angesehen werden können.[451] Allerdings ging es hier ausschließlich um „Pflegepauschalen", die im Zusammenhang mit entgeltlich erbrachten Pflegedienstleistungen gezahlt werden sollten. Eine Vergleichbarkeit mit dem speziellen Fall der Verwertung im Insolvenzverfahren und den dabei einbehaltenen gesetzlichen Kostenbeiträgen lässt sich nicht generell bejahen. In einer weiteren Entscheidung zur Rechtssache *Bausystem* ging der EuGH davon aus, dass Zinsen, die aufgrund einer gesetzlichen

---

444 Sofern die Gegenleistung in Form einer Geldleistung erfolgt, sind die Begriffe gleichlaufend: *Dobratz*, Leistung und Entgelt im Europäischen Umsatzsteuerrecht, S. 129.

445 BFH Urt. v. 05.12.2007 – V R 60/05, BStBl. II 2009, 486 (488); BFH Urt. v. 12.05.2009 – V R 24/08, BStBl. II 2010, 854 (856); *Feil*, in: Weymüller, UStG, § 10 Rz. 25.1.

446 Richtlinie 2006/112/EG des Rates v. 28.11.2006 über das gemeinsame Mehrwertsteuersystem, ABl. EU Nr. L 347/2006 vom 11.12.2006, S. 20 f.

447 *Feil*, in: Weymüller, UStG, § 10 Rz. 25.1.

448 BFH Urt. v. 18.08.2005 – V R 31/04, BStBl. II 2007, 183 (184); Anm. *Kroth*, FD-InsR 2011, 323729.

449 *Farr*, Die Besteuerung in der Insolvenz, S. 186 Rz. 405; *Tetzlaff*, in: MüKoInsO, § 171 Rz. 45.

450 *Farr*, Die Besteuerung in der Insolvenz, S. 186 Rz. 405.

451 EuGH Urt. v. 27.03.2014, Rs. C-151/13 (*Le Rayon d'Or*), ECLI:EU:C:2014:185, Rz. 37 f.

Regelung entstehen und gerichtlich festgesetzt werden, grundsätzlich nicht als zusätzliche Leistung zu qualifizieren sind.[452] Diese Entscheidung ist zumindest nach der Auffassung von *Dobratz* auch so zu verstehen, dass die entsprechenden Zinsvorschriften sowohl des BGB als auch des HGB lediglich als Beleg für die Unfreiwilligkeit der Leistungserbringung anzusehen sind.[453] Im Ergebnis lässt der EuGH in der Entscheidung *Bausystem* jedoch offen, ob ein Wille zur Leistungserbringung erforderlich ist.[454] Hingegen entschied der EuGH in der Rechtssache *SAWP*, dass Abgaben, die aufgrund des nationalen Rechts erbracht werden müssen, kein Entgelt einer Dienstleistung darstellen.[455] Eine ähnliche Entscheidung dürfte daher auch im Falle der gesetzlichen Kostenpauschalen vom EuGH zu erwarten sein.

Auch der Mehrwertsteuergesetzgeber hat erkannt, dass in bestimmten Fällen Leistungen der Mehrwertsteuer zu unterwerfen sind, die „kraft Gesetzes" erbracht worden sind.[456] Allerdings wird in dem hier in Rede stehenden Fall der Insolvenzverwalter nicht nur für einen spezifischen Gläubiger tätig, sondern zur Befriedigung aller Gläubiger. Daher dient die Verwertungskostenpauschale vorrangig dem Zweck, die Kosten des Insolvenzverfahrens – im Interesse der Gläubigergesamtheit und des Schuldners – zu finanzieren.[457] Dies entspricht zudem der EuGH-Rechtsprechung in der Rechtssache *Apple and Pear Development Council*, wonach die Tätigkeit des Councils[458] dem allgemeinen Interesse diente und somit

---

452 EuGH Urt. v. 01.07.1982, Rs. C-222/81 (*Bausystem/Finanzamt München*), ECLI:EU:C:1982:256, Slg. 1982, 02527, Rz. 10 f.; kritisch dazu: *Dobratz*, Leistung und Entgelt im Europäischen Umsatzsteuerrecht, S. 38.

453 Fraglich ist daher, ob ein entsprechender Wille zur Leistung erforderlich ist: *Dobratz*, Leistung und Entgelt im Europäischen Umsatzsteuerrecht, S. 51 f.

454 EuGH Urt. v. 01.07.1982, Rs. C-222/81 (*Bausystem/Finanzamt München*), ECLI:EU:C:1982:256, Slg. 1982, 02527, Rz. 8 u. 10.

455 EuGH Urt. v. 18.01.2017, Rs. C-37/16 (*SAWP*), ECLI:EU:C:2017:22, Rz. 26 f.

456 Siehe Art. 14 Abs. 2 Buchst. a der Richtlinie 2006/112/EG des Rates v. 28.11.2006 über das gemeinsame Mehwertsteuersystem, ABl. EU Nr. L 347/2006 vom 11.12.2006, S. 12.

457 *De Weerth*, BB 1999, 821 (827); *Farr*, Die Besteuerung in der Insolvenz, S. 185 Rz. 405; *Ganter/Brünink*, NZI 2006, 257 (259).

458 Die Tätigkeit des Councils umfasst im Wesentlichen die Werbung, Förderung und Verbesserung der Qualität der in Wales und England erzeugten Äpfel und Birnen; der Council ist berechtigt, hierfür einen Pflichtbeitrag von den Erzeugern zu erheben, siehe EuGH Urt. v. 08.03.1988, Rs. C-102/86 (*Apple and Pear Development Council/Commissioners of Customs and Excise*), ECLI:EU:C:1988:120, Slg. 1988, 01443, Rz. 4 f.

auch die Vorteile seiner Arbeit dem gesamten Wirtschaftszweig zugutekamen.[459] Aus der gesetzlich angeordneten Verwertung wird somit nicht gleichzeitig eine sonstige Leistung i.S.d. § 3 Abs. 9 UStG des Insolvenzverwalters an den Sicherungsgläubiger. Vielmehr weist der Sachverhalt keine Ähnlichkeit zu den in der MwStSystRL aufgezählten Fällen auf, sodass eine abweichende Betrachtung hier geboten erscheint.

Aus den bereits genannten Gründen ist demnach auch die Verwertungskostenpauschale i.S.d. § 171 Abs. 2 InsO lediglich als eine gesetzlich geregelte Kostenpauschale zu erachten, da es sich nicht um eine „bewusste Zuwendung" des Gläubigers an den Insolvenzverwalter handelt.

3. Exkurs: Vorliegen eines Geschäftsbesorgungsvertrages bei der Verwertung von unbeweglichem Vermögen

In den Entscheidungen sowohl des FG Brandenburg[460] als auch des BFH[461] wird eine Verknüpfung zu der Verwertung von unbeweglichem Vermögen hergestellt. Daher soll diese Art der Verwertung durch den Insolvenzverwalter zumindest im Kernbereich dargestellt werden. Im Mittelpunkt soll dabei die „freihändige Verwertung" durch den Insolvenzverwalter stehen, auf welche sich auch die Rechtsprechung in ihren Urteilen beruft.[462] Der BFH geht in seinem Urteil vom 28.07.2011 von einer entgeltlichen Geschäftsbesorgung des Insolvenzverwalters für den Grundpfandgläubiger aus. Dabei wird der Insolvenzverwalter im Interesse und im Auftrag für diesen tätig, wodurch dem Gläubiger der Vorteil einer weitergehenden Tilgung zu Gute kommt.[463] Dabei ist es ohne Belang, dass der Insolvenzverwalter zwar im Interesse des Gläubigers tätig wird, allerdings nicht für dessen Rechnung, sondern für die des Insolvenzschuldners.[464] Grundsätzlich soll sowohl im Rahmen der Zwangsversteigerung als auch im Rahmen der freihändigen Veräußerung des Grundstücks umsatzsteuerrechtlich nur ein Umsatz i.S.d. § 3 Abs. 1 UStG – nämlich die Lieferung des Insolvenzverwalters an den

---

459 EuGH Urt. v. 08.03.1988, Rs. C-102/86 (*Apple and Pear Development Council/Commissioners of Customs and Excise*), ECLI:EU:C:1988:120, Slg. 1988, 01443, Rz. 14.

460 FG Brandenburg Urt. v. 16.03.2004-1 K 2949/02, EFG 2004, 1003 (1004).

461 Änderung der Rechtsprechung: BFH Urt. v. 28.07.2011 – V R 28/09, BStBl. II 2014, 406 (409).

462 FG Brandenburg Urt. v. 16.03.2004-1 K 2949/02, EFG 2004, 1003 (1004); BFH Urt. v. 18.08.2005 – V R 31/04, BStBl. II 2007, 183 ff.; BFH Urt. v. 28.07.2011 – V R 28/09, BStBl. II 2014, 406 (410).

463 BFH Urt. v. 28.07.2011 – V R 28/09, BStBl. II 2014 406 (408).

464 BFH Urt. v. 28.07.2011 – V R 28/09, BStBl. II 2014 406 (409).

Abnehmer – vorliegen.[465] Hingegen ist bei einer zusätzlichen Verwertungsvereinbarung zwischen Insolvenzverwalter und Grundpfandberechtigtem von dem Bestehen eines Geschäftsbesorgungsvertrags gem. § 675 BGB und damit von einer sonstigen Leistung i.S.d. § 3 Abs. 9 UStG auszugehen.[466]

Die Entscheidung des BFH ist nicht kritiklos von der Literatur hingenommen worden; vielmehr haben sich zahlreiche Stimmen gegen eine solche Sichtweise stark gemacht, da es sich bei der Entscheidung des BFH zweifellos um die Einführung eines sog. Fiskusprivilegs handelt.[467] Die Überlegungen des BFH hinsichtlich eines Geschäftsbesorgungsverhältnisses zwischen Insolvenzverwalter und Gläubiger basieren auf einer rein zivilrechtlichen Betrachtung, während die insolvenzrechtlichen Besonderheiten gänzlich außer Acht gelassen werden.[468] Zu hinterfragen ist, ob der Insolvenzverwalter überhaupt im Interesse nur eines bestimmten Gläubigers tätig werden kann oder ob dies nicht gerade gegen den Grundsatz der Gläubigergleichbehandlung (§ 1 S. 1 InsO) oder der Unabhängigkeit des Insolvenzverwalters verstößt.[469] Grundsätzlich setzt ein Geschäftsbesorgungsvertrag i.S.d. § 675 BGB die Fremdnützigkeit der Tätigkeit des Geschäftsführers voraus, wobei diesem die Loyalitäts- und Interessenwahrungspflicht obliegt.[470] Dies scheint im Lichte des Grundsatzes der Gläubigergleichbehandlung für die Tätigkeit des Insolvenzverwalters äußerst fraglich. Vielmehr wird dieser ausschließlich im Rahmen seiner eigenen gesetzlichen Verpflichtung tätig und nicht darüber hinaus im Interesse eines einzelnen Gläubigers. Dass durch die Tätigkeit des Insolvenzverwalters ebenfalls die Interessen der Gläubiger berührt werden, ist lediglich als Reflex des Eigeninteresses des Insolvenzverwalters an der Erzielung eines möglichst hohen Verwertungserlöses zu sehen.[471] Weiterhin widerspricht es dem Grundgedanken der Geschäftsbesorgung, dass dem Grundpfandgläubiger eine freihändige Verwertung überhaupt nicht zusteht, weshalb er

---

465 U.a.: BFH Urt v. 19.12.1985 – V R 139/76, BStBl. II 1986, 500 (502); BFH Urt. v. 28.07.2011 – V R 28/09, BStBl. II 2014, 406 (409).

466 BFH Urt. v. 28.07.2011 – V R 28/09, BStBl. II 2014, 406 (409).

467 *De Weerth*, DZWIR 2005, 375 f.; *Ganter/Brünink*, NZI 2006, 257 (259); *Johann*, DStZ 2012, 127 (132); *Kahlert*, ZIP 2010, 1274 (1282); Anm. *Schmittmann*, ZInsO 2011, 1908 (1909); *Tetzlaff*, in: MüKoInsO, § 165 Rz. 283; *Wäger*, WM 2012, 769 (771 f.).

468 *De Weerth*, DZWIR 2005, 375; *Johann*, DStZ 2012, 127 (130).

469 So: *De Weerth*, DZWIR 2005, 375; *Johann*, DStZ 2012, 127 (131); Anm. *Stapper/Schädlich*, NZI 2016, 824 (828).

470 *Benicke*, in: Soergel, BGB, § 675 Rz. 5; *Johann*, DStZ 2012, 127 (131); *Martinek/Omlor*, in: Staudinger, BGB, § 675 Rz. A 22.

471 So auch: *Johann*, DStZ 2012, 127 (132).

eine entsprechende Geschäftsbesorgung auch nicht an den Insolvenzverwalter übertragen kann.[472] Vielmehr handelt es sich bei der freihändigen Verwertung von Immobilien – wie auch bei der Verwertung von Mobilien – um eine allein dem Insolvenzverwalter zustehende Verpflichtung kraft Gesetzes (vgl. §§ 159, 165 InsO).[473] Ähnlicher Auffassung ist auch der BGH, der darauf verweist, dass der Insolvenzverwalter als Partei kraft Amtes tätig wird und damit nicht im Interesse nur eines einzelnen Gläubigers handeln kann.[474]

Zudem ist der Insolvenzverwalter zu einer freihändigen Verwertung von Grundstücken berechtigt (vgl. §§ 165 i.V.m. § 159 InsO).[475] Dass für die freihändige Veräußerung zusätzlich die Zustimmung des Gläubigerausschusses erforderlich ist (§ 160 Abs. 2 Nr. 1 InsO), spricht nicht gegen eine Verpflichtung des Insolvenzverwalters kraft Gesetzes. Insbesondere gilt es zu beachten, dass der Verwalter den Verkauf unter der aufschiebenden Bedingung der Löschungsbewilligung durch den Grundpfandgläubiger betreiben kann, sodass es nicht nachvollziehbar erscheint, die nachträgliche Löschungsbewilligung umsatzsteuerrechtlich und zivilrechtlich anders zu behandeln als die vorherige Bewilligung.[476]

Von der zivilrechtlichen Sichtweise zu unterscheiden ist jedoch die umsatzsteuerrechtliche Behandlung der Verwertung. Um aus umsatzsteuerrechtlicher Sicht eine sonstige Leistung i.S.d. § 3 Abs. 9 UStG annehmen zu können, muss ein Leistungsaustausch (§ 1 Abs. 1 Nr. 1 UStG) zwischen den Parteien bestehen. Als Leistung sieht der BFH die günstigere Möglichkeit der Verwertung durch den Insolvenzverwalter an, während die Gegenleistung in dem vereinbarten Entgelt aus der Verwertungsvereinbarung zu sehen ist.[477] Die günstigere Art der Verwertung entspringt – ähnlich wie bei den beweglichen Gegenständen – einer gesetzlichen Anordnung (§§ 165, 159 InsO). Der Insolvenzverwalter ist nicht nur an die Zwangsversteigerung und Zwangsverwaltung gebunden, sondern kann

---

472 *Johann*, DStZ 2012, 127 (132); *Keller*, NZI 2013, 265 (267 f.); *Mitlehner*, ZIP 2012, 649 (652); *Tetzlaff*, in: MüKoInsO, § 165 Rz. 283.

473 *Dithmar/Schneider*, in: Braun, InsO, § 165 Rz. 1; *Ganter/Brünink*, NZI 2006, 257 (259 f.); *Landfermann*, in: Kreft, InsO, § 165 Rz. 5; *Tetzlaff*, in: MüKoInsO, § 165 Rz. 283.

474 BGH Beschl. v. 14.07.2016 – IX ZB 31/14, NZI 2016, 824 (826); *de Weerth*, MwStR 2016, 989 (990).

475 *Brinkmann*, in: Uhlenbruck, InsO, § 165 Rz. 27; *Dithmar/Schneider*, in: Braun, InsO, § 165 Rz. 1; *Landfermann*, in: Kreft, InsO, § 165 Rz. 5; *Mitlehner*, ZIP 2012, 649 (652).

476 Vgl hierzu: *Johann*, DStZ 2012, 127 (131).

477 BFH Urt. v. 18.08.2005 – V R 31/04, BStBl. II 2007, 183 (185); BFH Urt. v. 28.07.2011 – V R 28/09, BStBl. II 2014, 406 (409).

sich auch für den freihändigen Verkauf der mit Grundpfandrechten belasteten Immobilie entscheiden. Dass diese Art der Verwertung dem Gläubiger ein kosten- und zeitintensives Zwangsversteigerungsverfahren erspart, ist auch in diesem Fall ein Reflex der rechtlichen Vorschriften.[478]

Die Rechtsprechung differenziert zwischen der gesetzlichen Kostenpauschale i.S.d. §§ 170, 171 InsO und der vereinbarten Kostenpauschale im Rahmen der Verwertungsvereinbarung, was in der Literatur nicht gänzlich auf Zustimmung getroffen ist.[479] Insbesondere muss auch hier beachtet werden, dass es sich bei den Kosten der Verwertung umsatzsteuerrechtlich um keine Gegenleistung für die Verwertungsbemühungen des Insolvenzverwalters handelt.[480] Ziel der Reformierung der Insolvenzordnung war es, das Recht der Mobiliarsicherheiten zu verbessern und an dasjenige der Immobiliarsicherheiten anzupassen, welches zu diesem Zeitpunkt bereits besser mit dem Insolvenzrecht abgestimmt war.[481] Um dem Ziel der Marktkonformität gerecht werden zu können, mussten die gesicherten Gläubiger ins Verfahren eingebunden werden.[482] Da ihnen aufgrund der dinglichen Absicherung jedoch eine Vorzugsstellung gegenüber den übrigen Massegläubigern eingeräumt wurde, muss dies über die Entrichtung von Kostenbeiträgen ausgeglichen werden, nicht zuletzt um so das Schuldnervermögen maximal zu vermehren.[483] Aus den vorgenannten Gründen wird deutlich, dass es sich bei den Kostenbeiträgen nicht um eine Gegenleistung für die Verwertung des Insolvenzverwalters handeln soll – die hierfür anfallende Umsatzsteuer wird im Rahmen des § 7 InsVV geregelt.[484] Gründe für eine entsprechende Kostentragungsregelung im Bereich der Mobiliarsicherheiten (§§ 170, 171 InsO) sind laut Allgemeiner Begründung zum Regierungsentwurf der Insolvenzordnung „die fehlende Erkennbarkeit solcher Sicherheiten und die häufig auftretenden

---

478 Ähnlich: *Ganter/Brünink*, NZI 2006, 257 (260); *Johann*, DStZ 2012, 127 (132); *Kindler*, Grundpfandrechte im Insolvenzverfahren, S. 91.

479 *De Weerth*, DZWIR 2005, 375 f.; *Ganter/Brünink*, NZI 2006, 257 (260); Anm. *Heublein*, BFH EWiR § 165 InsO, 513 (514); *Johann*, DStZ 2012, 127 (130 f.); *Schmittmann*, StuB 2011, 798 (799); *Tetzlaff*, in: MüKoInsO, § 165 Rz. 283.

480 *Kindler*, Grundpfandrechte im Insolvenzverfahren, S. 91; *Mitlehner*, ZIP 2012, 649 (654).

481 Siehe *Balz/Landfermann*, Die neuen Insolvenzgesetze, Allgemeine Begr. RegE InsO, S. 157.

482 Siehe *Balz/Landfermann*, Die neuen Insolvenzgesetze, Allgemeine Begr. RegE InsO, S. 145.

483 Siehe *Balz/Landfermann*, Die neuen Insolvenzgesetze, Allgemeine Begr. RegE InsO, S. 156.

484 Vgl. *Kindler*, Grundpfandrechte im Insolvenzverfahren, S. 91.

Kollisionsfälle", welche im Insolvenzverfahren regelmäßig erhebliche Kosten verursachen können.[485] Eine vergleichbare Situation ist im Bereich der Immobiliarsicherheiten nicht gegeben, da hier durch einen Blick ins Grundbuch die Belastung des Grundstücks mit eventuellen Grundpfandrechten überprüft werden kann,[486] zumal sich nach § 879 BGB die Rangfolge der eingetragenen Grundpfandrechte nach deren im Grundbuch befindlicher Reihenfolge richtet.[487] Weiterhin ist aufgrund des sachenrechtlichen Typenzwangs eine Abweichung von den Sicherungsrechten im Bereich der Immobilien nicht möglich.[488]

4. Stellungnahme

Der Rechtsprechung des BFH und insbesondere dem zuletzt ergangenen Urteil vom 28.07.2011 ist mit Nachdruck zu widersprechen. Letztlich ist dem BFH vorzuwerfen, dass er mit seiner Entscheidung zur Wiedereinführung eines Fiskusprivilegs maßgeblich beigetragen hat. Die Begründung des BFH hinsichtlich seiner „plötzlichen" Rechtsprechungsänderung fällt eher dürftig aus und lässt sich zudem nicht mit den umsatzsteuerrechtlichen Vorschriften sowie den Vorgaben der MwStSystRL vereinbaren.

Festzuhalten ist, dass es sich bei dem Verwertungsrecht des Insolvenzverwalters um ein gesetzlich vorgeschriebenes originäres Recht handelt, welches weder vom Gläubiger abgeleitet wird noch eine Form der Ermächtigung i.S.d. § 185 Abs. 1 BGB darstellt. Der Insolvenzverwalter handelt kraft der ihm verliehenen Befugnisse und nicht aufgrund einer zusätzlich übernommenen Geschäftsbesorgung. Nicht zuletzt spricht hierfür die Rechtsprechung des EuGH, welcher künstlichen Leistungsketten eher kritisch gegenübersteht.[489] Vom BFH werden sowohl die insolvenzrechtlichen als auch die umsatzsteuerrechtlichen Besonderheiten vollkommen außer Acht gelassen, da er dem Vorwurf der Ungleichbehandlung aus dem Weg gehen möchte. Somit konstruiert er aus eher zweifelhaften Argumenten ein Rechtsverhältnis, aufgrund dessen die Leistungen zwischen Insolvenzverwal-

485 Siehe *Balz/Landfermann*, Die neuen Insolvenzgesetze, Allgemeine Begr. RegE InsO, S. 160.

486 Ähnlich: *Weis/Ristelhuber*, ZInsO 2002, 859 (860 f.).

487 *Kindler*, Grundpfandrechte im Insolvenzverfahren, S. 90.

488 Vgl. *Kindler*, Grundpfandrechte im Insolvenzverfahren, S. 90.

489 Vgl. EuGH Urt. v. 06.02.2003, Rs. C-185/01 (*Auto Lease Holland*), ECLI:EU:C:2003:73, Slg. 2003, I-01317, Rz. 34 f.; EuGH Urt. v. 29.03.2007, Rs. C-111/05 (*Aktiebolaget NN*), ECLI:EU:C:2007:195, Slg. 2007, I-02697, Rz. 22; EuGH Urt. v. 02.12.2010, Rs. C-276/09 (*Everything Everywhere*), ECLI:EU:C:2010:730, Slg. 2010, I-12359, Rz. 22 f.; EuGH Urt. v. 19.07.2012, Rs. C-44/11 (*Deutsche Bank*), ECLI:EU:C:2012:484, Rz. 21.

ter und Sicherungsgläubiger ausgetauscht werden sollen. Nicht näher in Betracht gezogen werden die ursprünglichen Entwürfe zu den Gesetzen sowie die für das Umsatzsteuerrecht so wichtige MwStSystRL, sodass es nicht verwundert, dass die Rechtsprechung zum Teil die entsprechenden Normen des Umsatzsteuergesetzes nicht richtlinienkonform ausgelegt hat.

In Bezug auf die Verwertungskosten erfolgte ebenfalls eine Abkehr von der damaligen Rechtsprechung – was nicht weiter verwundert, da für einen Leistungsaustausch i.S.d. § 1 Abs. 1 Nr. 1 UStG stets eine Gegenleistung erforderlich ist, die im vorliegenden Fall gerade nicht besteht. Sah der BFH die Kosten der Verwertung vormals noch als gesetzlich geregelte Pauschale, welche gerade kein Entgelt einer Leistung sein kann, so ist er nun entschieden von dieser Rechtsprechung abgewichen. Stattdessen soll diese gesetzlich geregelte Pauschale das Entgelt einer sonstigen Leistung i.S.d. § 3 Abs. 9 UStG darstellen. Gegen eine solche Einordnung der Kostenpauschale spricht u. a. die Gesetzesbegründung zu § 171 Abs. 2 S. 1 InsO, aus welcher genau hervorgeht, warum eine Abweichung von den gesetzlich vorgeschriebenen 5 % möglich sein soll. Nicht beachtet wird, dass dem Gläubiger ebenfalls die Kosten der Verwertung entstanden wären und es sich daher um keine Gegenleistung i.S.d. Umsatzsteuergesetzes handelt. Des Weiteren fehlt das Merkmal der bewussten Zuwendung durch den Gläubiger. Es ist nicht ersichtlich, was der Gläubiger aufwendet, um die Leistung (günstigere Art der Verwertung) zu erhalten. Argumente für eine derartige Annahme werden vom BFH nicht angeführt, vielmehr ist die Entscheidung des BFH – meines Erachtens – als endgültig anzusehen. Dabei ist es doch sehr beachtlich, dass es noch keine Entscheidung des EuGH hinsichtlich dieses Themenbereichs gibt, wodurch immer noch viele Fragen offen sind. Es wäre vielmehr wünschenswert, dass der EuGH eindeutig Stellung bezieht und den nationalen Gerichten eine Entscheidungshilfe an die Hand gibt.

Aufgrund der derzeitigen Rechtsprechungslage erscheint es nicht verwunderlich, dass eine große Besorgnis auf Seiten der Insolvenzverwalter und auch der absonderungsberechtigten Gläubiger besteht. Mit der ausdrücklichen Änderung der Rechtsprechung in dem aktuellen Urteil vom 28.07.2011 macht der BFH eine Kehrtwende und positioniert sich doch sehr eindeutig zugunsten des Fiskus, da somit durch die Rechtsprechung eine neue Besteuerungsquelle für diesen geschaffen wird. Sofern man vom Regelfall ausgeht, dass es sich bei den Gläubigern einer Sicherungsübereignung um Banken handelt, ist ersichtlich, für wen diese Rechtsprechung nachteilig sein wird. Im Umsatzsteuerrecht besteht sowohl auf europarechtlicher Ebene als auch auf nationaler Ebene der Grundsatz der Neutralität der Umsatzsteuer zwischen Unternehmern. Dies macht auch deutlich, dass es sich bei der Umsatzsteuer um eine reine Verbrauchsteuer handelt, welche letztlich nur den Endverbraucher belasten soll. Für die Möglichkeit eines Vorsteuerabzugs gem. § 15 Abs. 1 S. 1 Nr. 1 UStG ist es erforderlich, dass es sich auch bei dem Leistungsempfänger um einen Unternehmer i.S.d. § 2 Abs. 1 UStG handelt und dieser nicht aus bestimmten Gründen von der Umsatzsteuer befreit ist. Auf Gläubigerseite sind meist Banken vertreten, bei denen z. B. eine Befreiung von der Umsatzsteuer nach § 4 Nr. 8 UStG vorliegt, sodass diese letztlich nicht von der Möglichkeit eines Vorsteuerabzugs profitieren können. Vielmehr wird ein weiterer steuerpflichtiger Umsatz geschaffen, indem die Verwertung als sonstige Leistung i.S.d. § 3 Abs. 9 UStG angesehen wird und die Banken – ähnlich dem Endverbraucher – verpflichtet sind, die Umsatzsteuer abzuführen. Meines Erachtens lässt sich daraus schlussfolgern, dass die Entscheidung des BFH zum Teil auch aus fiskalischen Gründen getroffen wurde. Eine nähere Erläuterung zu den Gründen der Änderung der Rechtsprechung sucht man vergeblich.

Es geht vielmehr aus der Entscheidung hervor, dass der BFH seine Rechtsprechung hinsichtlich der Verwertung von beweglichen Gegenständen der Immobiliarverwertung anpassen wollte, um somit dem Vorwurf der Ungleichbehandlung zu entgehen. Dass eine solche Änderung allerdings nicht im Rahmen der Mobiliarverwertung erfolgen sollte, sondern eher im Bereich der Immobiliarverwertung, wurde bereits aufgezeigt. Die Annahme eines Einfachumsatzes auch im Rahmen der Immobiliarverwertung dürfte zudem der Rechtsprechung des EuGH entsprechen, welcher künstlichen Leistungsketten grundsätzlich kritisch gegenübersteht. Zu einer solchen künstlichen Leistungskette kommt es aber im Rahmen der Verwertung von mit Grundpfandrechten belasteten Immobilien. Dies liegt an der Fehlinterpretation der Rechtsprechung, welche sich auf die gesetzlich nicht geregelten Kostenbeiträge in dem Bereich stützt.

Nach alledem bleibt festzuhalten, dass es zu keiner sonstigen Leistung in Form einer Geschäftsbesorgung für den Sicherungsgläubiger durch den Insolvenzverwalter kommt. Um es mit den Worten von *Schmittmann* zu sagen: es bleibt abzuwarten, „welches insolvenzsteuerrechtliche Kaninchen der BFH als nächstes aus dem Hut zaubern wird.“[490]

490 Anm. *Schmittmann*, ZInsO 2011, 1908 (1910).

III. Fiktion eines Kommissionsgeschäfts zwischen Sicherungsnehmer und Insolvenzverwalter

Die Finanzverwaltung ist in ihrem BMF-Schreiben vom 30.04.2014[491] noch einen Schritt weitergegangen, indem sie „über § 3 Abs. 3 UStG eine fiktive Lieferung des Sicherungsnehmers/Gläubigers als Kommittent an die Masse vor[...]schaltet, in welcher die an sich vorliegende Geschäftsbesorgungsleistung aufgeht."[492] Demzufolge sollen im kommenden Abschnitt die Merkmale eines Kommissionsgeschäfts sowohl aus zivilrechtlicher als auch aus umsatzsteuerrechtlicher Sicht behandelt und deren Zusammenhänge mit der Verwertung von Sicherungsgut im Insolvenzverfahren erörtert werden.

1. Das Kommissionsgeschäft im Handelsrecht

Die geschichtliche Entwicklung der Kommission begann bereits im Mittelalter Züge anzunehmen und gewann von da an ständig an Bedeutung, insbesondere mit der Abkehr vom Wanderhandel hin zum Exporthandel.[493] War die Kommission zu Zeiten des Wanderhandels noch nicht relevant, so wurde das Bedürfnis nach einer solchen rechtlichen Gestaltung geweckt, als die Kaufleute schließlich sesshaft wurden und ein stehendes Handelsgewerbe betrieben, aber dennoch darauf angewiesen waren, ihre Waren auch in entferntere Bereiche des Landes oder sogar ins Ausland zu verkaufen.[494] Somit war die Grundlage der heutigen Kommission bereits im Mittelalter geschaffen und wurde mit der Zeit stetig fortentwickelt.[495] Die gegenwärtige wirtschaftliche Bedeutung des Kommissionshandels ist im Vergleich zum früheren Warenhandel geringer[496], nimmt allerdings im Bereich des Effektenhandels immer noch eine zentrale Stellung ein.[497]

---

491 BMF-Schreiben v. 30.04.2014 – IV D 2 – S 7100/07/10037, BStBl. I 2014, 816 ff.

492 BMF-Schreiben v. 30.04.2014 – IV D 2 – S 7100/07/10037, BStBl. I 2014, 816 (817).

493 *Nussbaum*, Tatsachen und Begriffe im deutschen Kommissionsrecht, S. 1 ff.; *Schmidt-Rimpler*, in: Ehrenberg, Handbuch des gesamten Handelsrechts, Bd. 5, I. Abtlg., 1. Hälfte, S. 543 ff.

494 *Schmidt-Rimpler*, in: Ehrenberg, Handbuch des gesamten Handelsrechts, Bd. 5, I. Abtlg., 1. Hälfte, S. 545 f.

495 *K. Schmidt*, Handelsrecht, § 31 II Rz. 13.

496 Der Kommissionshandel wird hier fast ausschließlich auf speziellen Märkten wie dem Kunst- oder Antiquitätenhandel betrieben, vgl. *Canaris*, Handelsrecht, § 30 I Rz. 10; *Häuser*, in: MüKoHGB, § 383 Rz. 11; *Koller*, in: Staub, HGB, § 383 Rz. 1 f.

497 *Häuser*, in: MüKoHGB, § 383 Rz. 9; *Koller*, in: Staub, HGB, § 383 Rz. 2; *Nussbaum*, Tatsachen und Begriffe im deutschen Kommissionsrecht, S. 12 f.; *K. Schmidt*, Handelsrecht, § 31 II Rz. 14.

a) *Kommissionsgeschäft i.S.d. §§ 383 ff. HGB*

Die Vorschriften zum Kommissionshandel sind im Vierten Buch des Handelsgesetzbuchs im Dritten Abschnitt in den §§ 383 ff. HGB geregelt worden, wobei eine Definition des Kommissionsgeschäfts ausgelassen wurde. Vielmehr findet sich in § 383 Abs. 1 HGB eine Umschreibung des Kommissionsgeschäfts, welches lediglich in § 383 Abs. 2 S. 2 HGB eine nähere Bestimmung findet.[498] Aus dieser Umschreibung wird geschlussfolgert, dass „das Kommissionsgeschäft i.S.d. §§ 383 ff. HGB [...] ein Handelsgeschäft [ist], durch das sich ein Gewerbetreibender (der Kommissionär) gegenüber einem anderen (dem Kommittenten) zum Abschluss eines Ausführungsgeschäfts in Form eines Kaufvertrags über bewegliche Sachen (Waren) oder über Wertpapiere verpflichtet, wobei der Kommissionär auf Verkäuferseite (Verkaufskommission) oder auf Käuferseite (Einkaufskommission) auftreten kann und im Außenverhältnis gegenüber einem Dritten als mittelbarer Stellvertreter im eigenen Namen sowie im Verhältnis zum Kommittenten für dessen (fremde) Rechnung handelt."[499]

Das Kommissionsgeschäft selbst lässt sich dabei grundsätzlich in drei Phasen aufteilen: Auftragsgeschäft, Ausführungsgeschäft und Abwicklungsgeschäft.[500] Der zwischen Kommissionär und Kommittent geschlossene Kommissionsvertrag stellt das sog. Auftragsgeschäft dar, welches durch das Ausführungs- und Abwicklungsgeschäft vollzogen wird.[501] Das Ausführungsgeschäft umfasst das Rechtsverhältnis zwischen dem Kommissionär und dem Dritten. Hingegen beinhaltet das Abwicklungsgeschäft die Übertragung des aus dem Ausführungsgeschäft Erlangten vom Kommissionär an den Kommittenten.[502] Dennoch kann man die Phasen des Ausführungs- und Abwicklungsgeschäfts nicht strikt voneinander trennen, vielmehr greifen diese im Rahmen der Einkaufs- und Verkaufskommission ineinander über.[503] Insbesondere die dingliche Erfüllungswirkung muss nicht ausschließlich zwischen Kommissionär und Drittem eintreten, sie kann auch erst

---

498 *Häuser*, in: MüKoHGB, § 383 Rz. 1; *Martinek*, in: Oetker, HGB, § 383 Rz. 1; *Psaroudakis*, in: Heidel/Schall, HGB, § 383 Rz. 1.

499 *Martinek*, in: Oetker, HGB, § 383 Rz. 1; ähnlich: *Hopt*, in: Baumbach/Hopt, HGB, § 383 Rz. 1; *Koller*, in: Staub, HGB, § 383 Rz. 5 f.

500 *Canaris*, Handelsrecht, § 30 I Rz. 4; *Hopt*, in: Baumbach/Hopt, HGB, § 383 Rz. 1; *Martinek*, in: Oetker, HGB, § 383 Rz. 7.

501 Siehe *Martinek*, in: Oetker, HGB, § 383 Rz. 7.

502 *Hopt*, in: Baumbach/Hopt, HGB, § 383 Rz. 1; ähnlich: *Koller*, in: Staub, HGB, § 383 Rz. 123 u. 170 ff.

503 *Martinek*, in: Oetker, HGB, § 383 Rz. 7.

im Rahmen des Abwicklungsgeschäfts endgültige Wirkung entfalten und somit den Kommittenten mit einbeziehen.[504]

aa) Kommissionär i.S.d. § 383 Abs. 1 HGB

Die Regelungen zum Kommissionshandel beginnen – anders als nach dem Paradigmenwechsel vom subjektiven zum objektiven Anknüpfungssystem im HGB (vgl. §§ 407 ff. und §§ 467 ff. HGB) – mit der Definition des Kommissionärs in § 383 Abs. 1 HGB.[505] Hiernach ist Kommissionär, wer es gewerbsmäßig übernimmt, Waren oder Wertpapiere für Rechnung eines anderen (Kommittenten) in eigenem Namen zu kaufen oder zu verkaufen. Grundsätzlich würde man, der Vorschrift des § 383 Abs. 1 HGB geschuldet, eine Kommission lediglich in den Fällen eines Kaufs oder Verkaufs von Waren oder Wertpapieren annehmen. Um den Anwendungsbereich des Kommissionsrechts zu erweitern, wurde letztlich die Vorschrift des § 406 HGB eingeführt.[506] Während Abs. 1 S. 1 der Vorschrift den sachlichen Anwendungsbereich des Kommissionshandels um die sog. uneigentliche Kommission ergänzt, wird durch Abs. 1 S. 2 der persönliche Anwendungsbereich auf die sog. Gelegenheitskommission ausgedehnt.[507] Nach § 406 Abs. 2 HGB werden zudem Werklieferungsverträge als mögliche Ausführungsgeschäfte im Rahmen einer Kommission angesehen,[508] wobei die Bedeutung der Vorschrift eher gering ist, da schon nach § 651 S. 1 BGB die kaufrechtlichen Vorschriften auf Werklieferungsverträge anwendbar sind und diese Verträge somit auch ohne Weiteres unter § 383 HGB subsumiert werden könnten.[509] Zusammenfassend lässt sich festhalten, dass die kommissionsrechtlichen Vorschriften grundsätzlich für alle Geschäfte eines Unternehmers gelten sollen, der Geschäfte innerhalb seines Gewerbes im eigenen Namen, aber für fremde Rechnung abschließt.[510]

---

504 *Martinek*, in: Oetker, HGB, § 383 Rz. 7; zu den dinglichen Verhältnissen siehe: *Koller*, in: Staub, HGB, § 383 Rz. 170 ff.

505 *Koller*, in: Staub, HGB, § 383 Rz. 5; *Martinek*, in: Oetker, HGB, § 383 Rz. 1.

506 *Bergmann*, in: Oetker, HGB, § 406 Rz. 1; *Häuser*, in: MüKoHGB, § 406 Rz. 1; *Hopt*, in: Baumbach/Hopt, HGB, § 406 Rz. 1; *Koller*, in: Staub, HGB, § 406 Rz. 1; *Psaroudakis*, in: Heidel/Schall, HGB, § 406 Rz. 1.

507 BGH Urt. v. 05.05.1960 – II ZR 128/58, NJW 1960, 1852 (1853); *Koller*, in: Staub, HGB, § 406 Rz. 3; *Schmidt-Rimpler*, in: Ehrenberg, Handbuch des gesamten Handelsrechts, Bd. 5, I. Abtlg., 1. Hälfte, S. 482.

508 *Hopt*, in: Baumbach/Hopt, HGB, § 406 Rz. 3; *Koller*, in: Staub, HGB, § 406 Rz. 10; *Müller-Erzbach*, Deutsches Handelsrecht, S. 162.

509 *Bergmann*, in: Oetker, HGB, § 406 Rz. 3; *Koller*, in: Staub, HGB, § 383 Rz. 9.

510 *Häuser*, in: MüKoHGB, § 406 Rz. 2; *Koller*, in: Staub, HGB, § 406 Rz. 2.

Zu den grundlegenden Voraussetzungen der Kommission zählt die Gewerbsmäßigkeit. Unter dieser ist eine mit Gewinnerzielungsabsicht und auf Dauer angelegte Tätigkeit zu verstehen, die selbständig ausgeübt wird.[511] Nicht entscheidend ist es, ob ein Kommissionsgeschäft zum ersten Mal abgeschlossen wird. Es kommt vielmehr darauf an, dass es zu weiteren Geschäften solcher Art kommen soll und es sich nicht bloß um eine einmalige Gelegenheit handelt (Ausnahme: Gelegenheitskommission, § 406 Abs. 1 S. 2 HGB).[512] Zudem muss der Kommissionär – wie auch der Handelsvertreter (§ 84 Abs. 1 HGB) oder der Handelsmakler (§ 93 Abs. 1 HGB) – als selbständiger Gewerbetreibender auftreten.[513] Obgleich der Kommissionär gem. § 384 Abs. 1 Hs. 2 HGB weisungsgebunden ist, so ist er doch kein Angestellter i.S.d. § 84 Abs. 2 HGB, sondern dessen Selbständigkeit ist ähnlich wie die des Handelsvertreters nach § 84 Abs. 1 S. 2 HGB zu beurteilen.[514] Ihm verbleibt grundsätzlich ein eigener Gestaltungs- und Ermessensspielraum, innerhalb dessen er sich bewegen kann, trotz vorheriger Weisungen durch den Kommittenten.[515] Entscheidend ist dabei stets das Gesamtbild des abgeschlossenen Vertrages und der tatsächlichen Handhabung desselbigen.[516]

Weiterhin muss eine Provision oder eine sonstige Vergütung für das Rechtsgeschäft vorliegen, d. h. der Kommissionär darf das Geschäft nicht ohne die Absicht, einen Gewinn zu erzielen, abschließen.[517] Hingegen kann ein Geschäft auch dann noch mit Gewinnerzielungsabsicht vorgenommen werden, wenn keine Gegenleistung des Vertragspartners vorliegt, es jedoch dem Handelsgeschäft im weitesten Sinne zugutekommt.[518] Andererseits spricht eine besonders hohe Provision nicht ohne Weiteres für die Annahme eines Kommissionsgeschäftes.[519]

Entscheidendes Merkmal ist das Handeln in eigenem Namen, aber auf fremde Rechnung, womit die Kommission den Lehrbuchfall der mittelbaren Stellver-

---

511 *Häuser*, in: MüKoHGB, § 383 Rz. 24; *Koller*, in: Staub, HGB, § 383 Rz. 11; *Martinek*, in: Oetker, HGB, § 383 Rz. 3.

512 *Koller*, in: Staub, HGB, § 383 Rz. 11; *Martinek*, in: Oetker, HGB, § 383 Rz. 3.

513 *Häuser*, in: MüKoHGB, § 383 Rz. 23; *K. Schmidt*, Handelsrecht, § 31 III Rz. 31.

514 *Häuser*, in: MüKoHGB, § 383 Rz. 23; *Martinek*, in: Oetker, HGB, § 383 Rz. 16.

515 *Häuser*, in: MüKoHGB, § 383 Rz. 23; *Koller*, in: Staub, HGB, § 384 Rz. 58.

516 BGH Beschl. v. 04.03.1998 – VIII ZB 25/97, NJW 1998, 2057 (2058); BGH Beschl. v. 27.10.2009 – VIII ZB 42/08, NJW 2010, 873 (874).

517 *Koller*, in: Staub, HGB, § 383 Rz. 11; *Schmidt-Rimpler*, in: Ehrenberg, Handbuch des gesamten Handelsrechts, Bd. 5, I. Abtlg., 1. Hälfte, S. 501.

518 RG Urt. v. 17.02.1894 – I 413/93, RGZ 33, 105 (110); *Koller*, in: Staub, HGB, § 383 Rz. 11.

519 BGH Urt. v, 05.05.1960 – II ZR 128/58, NJW 1960, 1852; *Koller*, in: Staub, HGB, § 383 Rz. 11.

tretung darstellt.[520] Im Außenverhältnis tritt der Kommissionär im Rahmen des Ausführungsgeschäfts gegenüber dem Dritten im eigenen Namen auf, wird demzufolge selber berechtigt und verpflichtet.[521] Hierbei kann er die mittelbare Stellvertretung preisgeben, ist aber nicht dazu verpflichtet, da diese Tatsache für den Abschluss des Geschäfts unwesentlich ist.[522] Hingegen handelt er im Innenverhältnis für fremde Rechnung, sprich für Rechnung des Kommittenten, sodass er aus dem Auftragsgeschäft verpflichtet ist, die Erträge des Ausführungsgeschäfts im Rahmen eines Abwicklungsgeschäfts an den Kommittenten weiterzuleiten (siehe § 392 Abs. 2 HGB).[523]

Die Vorteile des Kommittenten, einen Kommissionär als Mittler einzuschalten, liegen zum einen in der dadurch gewahrten Anonymität des Kommittenten.[524] Zum anderen besteht ein mögliches Interesse des Kommittenten an der Solvenz oder Fachkunde des Kommissionärs. Hauptaugenmerk des Kommittenten ist jedoch, dass durch die Kommission seine eigenen wirtschaftlichen Zwecke verfolgt werden und er weiterhin „Herr des Ausführungsgeschäftes“ bleibt.[525] Die Vor- und Nachteile des Geschäfts fließen – aus wirtschaftlicher Sichtweise – lediglich dem Kommittenten zu, auch wenn für diesen weder Rechte noch Pflichten gegenüber dem Dritten aus dem Ausführungsgeschäft entstehen.[526] Ein weiterer Beweggrund des Kommittenten besteht in der verbesserten Zugangsmöglichkeit zu anderen Absatzmärkten, die ihm ansonsten verschlossen geblieben wären.[527]

bb) Abgrenzung zum Handelsvertreter und zum Handelsmakler

Im Übrigen ist der Kommissionär zu den weiteren Vertriebsformen im Handelsverkehr abzugrenzen. Im Gegensatz zum Handelsvertreter, der – sofern er als

520 *K. Schmidt*, Handelsrecht, § 31 I Rz. 9; *Martinek*, in: Oetker, HGB, § 383 Rz. 9; Zur Problematik der Begriffsbestimmung „für fremde Rechnung“: *Nussbaum*, Tatsachen und Begriffe im deutschen Kommissionsrecht, S. 46 ff.

521 BGH Urt. v. 08.10.1964 – II ZR 132/64, NJW 1965, 249 (250); *Häuser*, in: MüKoHGB, § 383 Rz. 62; *Martinek*, in: Oetker, HGB, § 383 Rz. 9.

522 *Müller-Erzbach*, Deutsches Handelsrecht, S. 163; siehe auch: *Martinek*, in: Oetker, HGB, § 383 Rz. 9.

523 BGH Urt. v. 08.10.1964 – II ZR 132/64, NJW 1965, 249 (250); *Martinek*, in: Oetker, HGB, § 383 Rz. 9.

524 *Müller-Erzbach*, Deutsches Handelsrecht, S. 163 f.; ähnlich: *Koller*, in: Staub, HGB, § 383 Rz. 4; *Martinek*, in: Oetker, HGB, § 383 Rz. 9.

525 BGH Urt. v. 08.10.1964 – II ZR 132/64, NJW 1965, 249 (250); *Häuser*, in: MüKoHGB, § 383 Rz. 6.

526 Siehe: *Häuser*, in: MüKoHGB, § 383 Rz. 6.

527 *Häuser*, in: MüKoHGB, § 383 Rz. 7; *Koller*, in: Staub, HGB, § 383 Rz. 3.

Abschlussvertreter tätig wird – im fremden Namen handelt (§§ 164 ff. BGB), tritt der Kommissionär stets im eigenen Namen auf und wird dementsprechend selber Vertragspartei.[528] Des Weiteren ist der Handelsvertreter ständig damit betraut, für einen anderen Unternehmer Geschäfte zu vermitteln, siehe § 84 Abs. 1 HGB, während der Kommissionär lediglich einzelfallbezogen tätig wird.[529] Der wesentliche Unterschied zum Handelsmakler besteht darin, dass dieser lediglich mit der Vermittlung von Verträgen betraut ist (siehe § 93 Abs. 1 HGB) und somit auch nicht selbst Vertragspartei wird.[530] Als Mischform von Handelsvertreter und Kommissionär ist der sog. Kommissionsagent anzusehen. Dieser ist mit der dauerhaften Übernahme von Geschäften, die er im eigenen Namen, aber für fremde Rechnung abschließt, „ständig betraut" (siehe § 84 Abs. 1 HGB) und nicht wie ein Kommissionär lediglich einzelfallbezogen tätig.[531]

cc) Abgrenzung zum sog. Eigengeschäft

Eine weitere bedeutsame Abgrenzung ist zum sog. Eigengeschäft vorzunehmen.[532] Während der Kommissionär im Außenverhältnis im eigenen Namen auftritt, handelt er im Innenverhältnis für fremde Rechnung. Anders hingegen der Eigenhändler, der sowohl im Außenverhältnis als auch im Innenverhältnis im eigenen Namen und für eigene Rechnung tätig wird. Demzufolge ist eine Abgrenzung anhand des rechtlich nicht näher bestimmten Begriffs „für fremde Rechnung" vorzunehmen.[533] Sowohl in der Rechtsprechung[534] als auch in der Literatur[535] finden sich mehrere Ansätze, den Begriff „für fremde Rechnung" zu definieren, allerdings ohne eine einheitliche Lösung entwickelt zu haben. Vielfach

---

528 *Canaris*, Handelsrecht, § 30 I Rz. 7; *Koller*, in: Staub, HGB, § 383 Rz. 15; *Martinek*, in: Oetker, HGB, § 383 Rz. 15.

529 *Koller*, in: Staub, HGB, § 383 Rz. 17; *Martinek*, in: Oetker, HGB, § 383 Rz. 15.

530 *K. Schmidt*, Handelsrecht, § 31 III Rz. 31; *Martinek*, in: Oetker, HGB, § 383 Rz. 15.

531 BGH Urt. v. 20.03.2003 – I ZR 225/00, NJW-RR 2003, 1056 (1058); *Hopt*, in: Baumbach/Hopt, HGB, § 383 Rz. 3; *K. Schmidt*, Handelsrecht, § 28 II Rz. 9; *Martinek*, in: Oetker, HGB, § 383 Rz. 18.

532 Bereits RFH Gutachten v. 11.02.1921 – II D 10/20, RFHE 4, 316 (318); *Canaris*, Handelsrecht, § 30 I Rz. 8; *Koller*, in: Staub, HGB, § 383 Rz. 37 f.; *Popitz*, UStG 1919, S. 326.

533 *Koller*, in: Staub, HGB, § 383 Rz. 22; vertiefend m.w.N.: *Nussbaum*, Tatsachen und Begriffe im deutschen Kommissionsrecht, S. 46 ff.

534 RG Urt. v. 19.05.1926 – I 309/25, RGZ 114, 9 (10 f.); BGH Urt. v. 16.12.1952 – I ZR 29/52, NJW 1953, 377 (378).

535 *Canaris*, Handelsrecht, § 30 I Rz. 4 ff.; *K. Schmidt*, Handelsrecht, § 31 III Rz. 32 ff.; *Nussbaum*, Tatsachen und Begriffe im deutschen Kommissionsrecht, S. 46 ff.

wird mit dem Wortlaut („für fremde Rechnung“) dahingehend argumentiert, dass sowohl die Vor- als auch die Nachteile des Geschäfts von einem anderen als dem Handelnden zu tragen sind.[536] Dies spiegelt sich auch in der Vorschrift des § 392 Abs. 2 HGB wider, nach welcher Forderungen aus dem Kommissionsgeschäft – auch wenn sie nicht abgetreten sind – im Verhältnis zwischen dem Kommittenten und dem Kommissionär oder dessen Gläubigern als Forderungen des Kommittenten gelten. So ist es dem Kommittenten u. a. möglich, im Rahmen einer Drittwiderspruchsklage gem. § 771 ZPO einer Pfändung des Gläubigers des Kommissionärs entgegenzuwirken.[537] Weiterhin trägt der Kommittent nach Übergabe des Kommissionsgutes an den Komissionär die Gefahr des zufälligen Untergangs der Sache. Dies ist anders beim bloßen Eigengeschäft (Kaufvertrag), bei welchem die Vorschrift des § 446 BGB Anwendung findet und somit die Gefahr mit der Übergabe auf den Käufer übergeht.[538] Andererseits stehen dem Kommittenten auch eventuelle Übererlöse aus dem Verkauf der Sache durch den Kommissionär zu, siehe § 384 Abs. 2 Hs. 2 HGB. Um eine möglichst klare Abgrenzung der Kommission vom Eigenhandel zu schaffen, sollte u. a. auf folgende Kriterien geachtet werden:

Gegen die Annahme einer Kommission sprechen insbesondere das Fehlen jeglicher Weisungsbefugnis, die Vereinbarung eines zumindest bestimmbaren Kaufpreises, der Ausschluss der Rückgabe oder die Vereinbarung einer Abschlagszahlung nach Übernahme.[539]

Für eine Kommission sprechen hingegen die Weisungsgebundenheit des Kommissionärs und die damit einhergehende Folge, dass er Vor- und Nachteile des Geschäfts auf den Kommittenten abwälzen muss bzw. kann.[540]

Entscheidendes Merkmal ist jedoch die Weisungsbefugnis, die ein unabdingbarer Bestandteil der Kommission ist.[541] Die zuvor genannten Kriterien sind

---

536 Grundlegend: *Lehmann*, in: Düringer/Hachenburg, HGB, § 383 Anm. 6; *Canaris*, Handelsrecht, § 30 I Rz. 8; *Nussbaum*, Tatsachen und Begriffe im deutschen Kommissionsrecht, S. 47.

537 Statt aller: *Canaris*, Handelsrecht, § 30 IV Rz. 73; *Hopt*, in: Baumbach/Hopt, § 392 Rz. 9.

538 *Canaris*, Handelsrecht, § 30 I Rz. 8.

539 So auch: *Hopt*, in: Baumbach/Hopt, § 383 Rz. 7; *Koller*, in: Staub, HGB, § 383 Rz. 38 m.w.N; *Martinek*, in: Oetker, HGB, § 383 Rz. 17.

540 Siehe: *Häuser*, in: MüKoHGB, § 383 Rz. 67; *Koller*, in: Staub, HGB, § 383 Rz. 37 m.w.N.

541 BGH Urt. v. 19.01.1951 – I ZR 15/50, NJW 1951, 270 (271); BGH Urt. v. 19.02.1975 – VIII ZR 175/73, NJW 1975, 776 (777); *Häuser*, in: MüKoHGB, § 383 Rz. 67; *K. Schmidt*, Handelsrecht, § 31 III Rz. 41.

nicht in jedem Fall anwendbar, sondern einzelfallabhängig und entsprechend der Parteivereinbarung auszulegen.[542] Daher ist für eine Abgrenzung zwischen Kommission und Eigengeschäft weiterhin auf den Charakter des Vertragsverhältnisses zwischen Kommittent und Kommissionär abzustellen.[543] Dieser kann sowohl in einer rein kaufvertraglichen Beziehung liegen als auch in einer geschäftsbesorgungsrechtlichen Interessenwahrung.[544] Wie die Parteien das Verhältnis bezeichnen, kann dabei nicht ausschlaggebend sein. Vielmehr ist durch Auslegung (§§ 133, 157 BGB) zu bestimmen, um welche Art von Rechtsverhältnis es sich handelt.[545]

dd) Kommissionsvertrag

Der Kommissionsvertrag zwischen Kommittenten und Kommissionär ist ein entgeltlicher, gegenseitiger Vertrag i.S.e. Geschäftsbesorgung gem. § 675 Abs. 1 BGB.[546] Ob es sich dabei um einen Geschäftsbesorgungsvertrag mit dienst- oder werkvertraglichen Elementen handelt, kann nicht endgültig beantwortet werden – vielmehr ist dies eine Entscheidung des Einzelfalls.[547] Hierbei ist vorwiegend anhand des Umstandes zu unterscheiden, ob ein Erfolg (Werkvertrag) oder nur eine Tätigkeit (Dienstvertrag) geschuldet wird.[548] Von einem Geschäftsbesorgungsvertrag mit dienstvertraglichen Elementen kann insbesondere dann ausgegangen werden, wenn es sich um eine Vielzahl von Geschäften handelt, die der Kommissionär für den Kommittenten wahrnehmen soll, und ein Abschluss des einzelnen

542 *Canaris*, Handelsrecht, § 30 I Rz. 8.

543 Ähnlich: *Canaris*, Handelsrecht, § 30 I Rz. 8; *Koller*, in: Staub, HGB, § 383 Rz. 34.

544 *Martinek*, in: Oetker, HGB, § 383 Rz. 17.

545 RG Urt. v. 19.05.1926 – I 309/25, RGZ 114, 9 (10 f.); *Häuser*, in: MüKoHGB, § 383 Rz. 49; *K. Schmidt*, Handelsrecht, § 31 III Rz. 39 f.; *Martinek*, in: Oetker, HGB, § 383 Rz. 17.

546 RG Urt. v. 28.01.1903 – I 296/02, RGZ 53, 363 (371); RG Urt. v. 05.02.1918 – III 311/17, RGZ 92, 158 (159); *Hopt*, in: Baumbach/Hopt, HGB, § 383 Rz. 6; *Koller*, in: Staub, HGB, § 383 Rz. 100; *K. Schmidt*, Handelsrecht, § 31 IV Rz. 50; *Martinek*, in: Oetker, HGB, § 383 Rz. 27.

547 *Koller*, in: Staub, HGB, § 383 Rz. 101 f.; *K. Schmidt*, Handelsrecht, § 31 IV Rz. 50 f.; *Martinek*, in: Oetker, HGB, § 383 Rz. 27 f.; *Schmidt-Rimpler*, in: Ehrenberg, Handbuch des gesamten Handelsrechts, Bd. 5, I. Abtlg., 1. Hälfte, S. 497; für Dienstvertrag: RG Urt. v. 05.02.1918 – III 311/17, RGZ 92, 158 (159); RG Urt. v. 24.01.1925 – I 728/23, RGZ 110, 119 (123); BGH Beschl. v. 28.05.2002 – XI ZR 336/01, NJW-RR 2002, 1272; für Werkvertrag: RG Urt. v. 17.04.1909 – I 209/08, RGZ 71, 76 (78); *Knütel*, ZHR 137 [1973], 285 (286 f.) m.w.N.

548 *Koller*, in: Staub, HGB, § 383 Rz. 105; *Sprau*, in: Palandt, BGB, Einf. v. § 631 Rz. 10.

Geschäfts noch zweifelhaft ist.[549] Hingegen kann von einem werkvertraglichen Charakter gesprochen werden, wenn es sich um ein bestimmtes Geschäft (Einkauf oder Verkauf) handelt, das der Kommissionär abschließen soll, während die Parteien von einem erfolgreichen Abschluss des Geschäfts ausgehen.[550] Diese Differenzierungen werden allerdings nur im Rahmen des Kündigungsrechts[551] relevant und sollen hier nicht näher ausgeführt werden.

Der Kommissionsvertrag als rechtliche Grundlage der Kommission beinhaltet u. a. die Rechte und Pflichten der Vertragsparteien. Insbesondere sind die Pflichten des Kommissionärs geregelt, welche sich im Rahmen einer Verkaufskommission – entsprechend der Weisungsbefugnis des Kommittenten – auf die Weiterveräußerung im eigenen Namen, aber für fremde Rechnung beziehen.[552] Auf die rechtliche Ausgestaltung der Verkaufskommission, u. a. des dinglichen Rechtsgeschäfts, soll im Nachfolgenden näher eingegangen werden.

b) Ermächtigung bei der Verkaufskommission

Bei der Verkaufskommission ist insbesondere das Verfügungsgeschäft zwischen Kommissionär und Kommittenten von besonderer Bedeutung. Hierbei ist vor allem entscheidend, ob der Kommissionär selber Eigentümer war oder ob er lediglich zur Verfügung durch den Kommittenten ermächtigt wurde (vgl. §§ 929 S. 1, 185 Abs. 1 BGB).

Grundsätzlich besteht im Kommissionshandel keine Verpflichtung des Kommittenten zur Übereignung des Kommissiongutes entsprechend den §§ 929 ff. BGB an den Kommissionär.[553] Vielmehr würde die direkte Eigentumsübertragung an den Kommissionär für den Kommittenten zur Folge haben, dass dieser u. a. die Möglichkeit einer Drittwiderspruchsklage (§ 771 ZPO) oder die Möglichkeit der Aussonderung (§ 47 InsO) in der Insolvenz des Kommissionärs verlieren würde.[554] Aus dem Wesen der Kommission selbst ergibt sich, dass nicht das Eigentum auf den Kommissionär übertragen werden soll, sondern lediglich der Besitz an dem

---

549 *Hopt*, in: Baumbach/Hopt, HGB, § 383 Rz. 6; *Martinek*, in: Oetker, HGB, § 383 Rz. 28.

550 *Martinek*, in: Oetker, HGB, § 383 Rz. 28; *Roth*, in: Koller/Kindler/Roth/Morck, HGB, § 383 Rz. 3.

551 *Psaroudakis*, in: Heidel/Schall, HGB, § 383 Rz. 5.

552 *Häuser*, in: MüKoHGB, § 383 Rz. 29.

553 RG Urt. v. 24.01.1925 – I 728/23, RGZ 110, 119 (123); *Hopt*, in: Baumbach/Hopt, HGB, § 383 Rz. 22; *Koller*, in: Staub, HGB, § 383 Rz. 171.

554 *Adolphsen*, in: Gottwald, Insolvenzrechts-Handbuch, § 40 Rz. 82; *Häuser*, in: MüKoHGB, § 383 Rz. 87; *Schmidt/Brinkmann*, in: MüKoZPO, § 771 Rz. 42.

Kommissionsgut.[555] Der Kommissionär kann – auch ohne Eigentümer geworden zu sein – das Kommissionsgut in Folge einer bereits im Kommissionsvertrag festgelegten Ermächtigung wirksam an den Käufer übereignen (§§ 929 ff., 185 Abs. 1 BGB).[556] Gängige Praxis ist daher, dass der Kommittent das Eigentum am Kommissionsgut erst dann vollständig verliert, wenn der Kommissionär das Gut wirksam an den Käufer übereignet (§§ 929 ff., 185 Abs. 1 BGB). Für die Gegenleistung, zumeist den vereinbarten Kaufpreis, bedeutet dies, dass zunächst der Kommissionär das Eigentum an dem Gegenstand der Gegenleistung vollständig erwirbt (§§ 929 ff.) – vorausgesetzt, er ist in eigenem Namen aufgetreten.[557] Nach dem Eigentumserwerb ist der Kommissionär nach § 384 Abs. 2 HGB verpflichtet, das aus dem Ausführungsgeschäft Erlangte auf den Kommittenten zu übertragen.

Die Ermächtigung des Kommissionärs zur Weiterveräußerung ist grundsätzlich bis zur Vornahme frei widerrufbar (§ 183 BGB) und stets so auszulegen (§ 157 BGB), dass die Ermächtigung nur hinsichtlich der Übertragung an den Partner des Ausführungsgeschäfts Bestand hat.[558] Um einen Eigentumserwerb des Käufers auch bei Überschreitung der Grenzen der Verfügungsermächtigung des Kommissionärs zu ermöglichen, kann der Kommittent den Eigentumsübergang genehmigen (§ 185 Abs. 2 BGB). Ansonsten wird der Käufer über die Gutglaubensvorschriften der §§ 932 ff. BGB ausreichend geschützt.[559] Da es im Kommissionshandel nicht unüblich ist, dass der Käufer von der nicht vorhandenen Eigentümerstellung des Kommissionärs Kenntnis hat, greift in diesem Fall die Regelung des § 366 Abs. 1 HGB.[560]

c) Insolvenzverwalter als Kommissionär im handelsrechtlichen Sinn

Zu hinterfragen ist, ob diese handelsrechtlichen Grundsätze des Kommissionshandels auf die Verwertung von Sicherungsgut im Insolvenzverfahren durch den Insolvenzverwalter anwendbar sind oder ob hier nicht eine grundlegende Unterscheidung von handelsrechtlichen und insolvenzrechtlichen Grundsätzen getroffen werden muss.

---

555 BGH Urt. v. 20.03.2003 – I ZR 225/00, NJW-RR 2003, 1056 (1058); *Häuser*, in: MüKoHGB, § 383 Rz. 87; *K. Schmidt*, Handelsrecht, § 31 VI Rz. 104.

556 *Eschenbach*, DStZ 2002, 429 (432); *K. Schmidt*, Handelsrecht, § 31 VI Rz. 104; *Martinek*, in: Oetker, HGB, § 383 Rz. 36.

557 *Häuser*, in: MüKoHGB, § 383 Rz. 96; *Koller*, in: Staub, HGB, § 383 Rz. 175 f.

558 *Häuser*, in: MüKoHGB, § 383 Rz. 90.

559 Siehe: *Martinek*, in: Oetker, HGB, § 383 Rz. 37.

560 *Häuser*, in: MüKoHGB, § 383 Rz. 91; *Koller*, in: Staub, HGB, § 383 Rz. 173; *Martinek*, in: Oetker, HGB, § 383 Rz. 37.

Der Insolvenzverwalter müsste nach handelsrechtlichen Grundsätzen als Kommissionär des Gläubigers fungieren. Demzufolge muss eine mittelbare Stellvertretung zwischen Gläubiger und Insolvenzverwalter vereinbart worden sein, aufgrund derer der Insolvenzverwalter im Ausführungsgeschäft für den Gläubiger in eigenem Namen, aber für fremde Rechnung tätig wird.

Wesentliches Merkmal des Kommissionshandels ist vor allem die damit verbundene Weisungsabhängigkeit des Kommissionärs. Eine solche Weisungsgebundenheit äußert sich insbesondere in der Interessenwahrungspflicht; der Kommissionär ist demnach verpflichtet, ausschließlich die Interessen des Kommittenten zu wahren und seine eigenen Interessen gegebenenfalls erst nachrangig zu berücksichtigen.[561] Eine ähnliche Verpflichtung müsste im Rahmen der Verwertung von Sicherungsgut auch für den Insolvenzverwalter zutreffen, insofern eine Kommission angenommen werden sollte.

Maßgeblich kämen die Vorschriften der §§ 167 und 168 InsO für die Annahme eines Weisungsrechts des Gläubigers, das über ein bloßes Informationsrecht hinausgeht, in Betracht. Diese Vorschriften enthalten einen dem absonderungsberechtigten Gläubiger zustehenden Auskunftsanspruch hinsichtlich des Zustandes der Sache sowie der möglichen Verwertungsaussicht. Ein dem § 384 Abs. 1 Hs. 2 HGB entsprechendes Weisungsrecht lässt sich zunächst nicht daraus ableiten. Vielmehr besteht die Möglichkeit der Einschränkung des Auskunftsanspruchs auf den Bereich des Zumutbaren.[562] Eine solche Einschränkung ist im Hinblick auf die Durchführung eines ordnungsgemäßen Verfahrens und die Schutzbedürftigkeit der einzelnen Parteien sowie der Integrität des Insolvenzverwalters auch erforderlich.[563] Dieser wird häufig mit einer regelrechten Flut von Anträgen auf Informationsfreigabe, Akteneinsicht oder Zwischenberichterstattung konfrontiert. Um dennoch ein zügiges Verfahren zu gewährleisten, muss es dem Insolvenzverwalter möglich sein, in bestimmten Fällen die Auskunft zu verweigern.[564] Sofern der absonderungsberechtigte Gläubiger seinen Auskunftsanspruch geltend macht,

---

561 RG Urt. v. 13.04.1901 – Nr. 5/1901 I, JW 1901, 408 Rz. 30; BGH Urt. v. 20.03.2003 – I ZR 225/00, NJW-RR 2003, 1056 (1059); *Hopt*, in: Baumbach/Hopt, HGB, § 384 Rz. 1; *Kumpan*, Der Interessenkonflikt im deutschen Privatrecht, S. 106; *Martinek*, in: Oetker, HGB, § 384 Rz. 16.

562 BGH Urt. v. 04.12.2003 – IX ZR 222/02, NJW-RR 2004, 772; *Brinkmann*, in: Uhlenbruck, InsO, § 167 Rz. 1; *Büchler/Scholz*, in: HambKomm, InsO, § 167 Rz. 4; *Sponagel*, DZWIR 2011, 270 (274).

563 *Kumpan*, Der Interessenkonflikt im deutschen Privatrecht, S. 186; *Sponagel*, DZWIR 2011, 270 f.

564 *Brinkmann*, in: Uhlenbruck, InsO, § 167 Rz. 3; *Sponagel*, DZWIR 2011, 270.

muss der Gegenstand, auf den sich dieser Anspruch bezieht, genau bezeichnet werden. Eine bloße Feststellung der Absonderungsberechtigung über irgendeinen Gegenstand der Masse reicht nicht aus.[565] Den Gläubiger trifft vielmehr die Verpflichtung, genau darzulegen, auf welcher rechtlichen Grundlage ihm eine „besitzlose Mobiliarsicherheit" an einem Gegenstand der Insolvenzmasse zusteht und ihn somit zur Absonderung berechtigt.[566] Sofern der Gläubiger seine Inhaberschaft eines dinglichen Rechts nicht ausreichend nachweisen kann oder dargestellt hat, besteht für den Insolvenzverwalter – nach derzeitiger Rechtsprechung des BGH – keine Verpflichtung zur Auskunftserteilung.[567] Ein konkretes Weisungsrecht des Sicherungsgläubigers gegenüber dem Insolvenzverwalter lässt sich der Vorschrift des § 167 InsO demnach nicht entnehmen.

Alternativ steht dem Gläubiger ein Recht zur Besichtigung gem. § 167 Abs. 1 S. 2 InsO zu, dieses aber wiederum nur in dem Umfang, wie es dem Insolvenzverwalter zumutbar ist und das Verfahren nicht verzögert.[568] Es ist dabei dem Insolvenzverwalter überlassen, ob er die Informationen über den betreffenden Gegenstand selbst herausgibt oder ob er den Gläubiger auf die Besichtigung der Sache verweist (§ 167 Abs. 1 S. 2 InsO), weshalb es sich bei der Vorschrift lediglich um ein abgestuftes Informationsrecht des Gläubigers handelt.[569] Die daraus erlangten Informationen dienen dem Gläubiger im weiteren Verfahren dazu, seine entsprechenden Eintrittsrechte und Zahlungsansprüche (§§ 168 ff. InsO) geltend zu machen.[570]

Weiterhin besteht nach § 168 Abs. 1 InsO die Verpflichtung des Insolvenzverwalters, den absonderungsberechtigten Gläubiger über eine mögliche Veräußerungsabsicht zu benachrichtigen. Grundsätzlich kann der Gläubiger gem. § 168 Abs. 1 InsO den Insolvenzverwalter auf eine günstigere Art der Verwertung hinweisen, die auch in der Selbstübernahme des Sicherungsguts liegen kann (siehe § 168 Abs. 3 S. 1 InsO). Der Insolvenzverwalter ist jedoch nicht dazu verpflichtet,

565 *Brinkmann*, in: Uhlenbruck, InsO, § 167 Rz. 1; *Sponagel*, DZWIR 2011, 270 (274).

566 *Brinkmann*, in: Uhlenbruck, InsO, § 167 Rz. 6; *Landfermann*, in: Kreft, InsO, § 167 Rz. 2; *Sinz*, in: K. Schmidt, InsO, § 167 Rz. 2; *Smid*, DZWIR 2009, 397 (402); *Sponagel*, DZWIR 2011, 270 (274 f.).

567 BGH Urt. v. 30.10.1967 – VIII ZR 176/65, NJW 1968, 300 (302); BGH Urt. v. 11.05.2000 – IX ZR 262/98, NJW 2000, 3777 (3779 f.); *Smid*, DZWIR 2009, 397 (402); *Sponagel*, DZWIR 2011, 270 (274); a.A.: *Landfermann*, in: Kreft, InsO, § 167 Rz. 2.

568 *Brinkmann*, in: Uhlenbruck, InsO, § 167 Rz. 9; *Sinz*, in: K. Schmidt, InsO, § 167 Rz. 4.

569 *Brinkmann*, in: Uhlenbruck, InsO, § 167 Rz. 1; *Dithmar*, in: Braun, InsO, § 167 Rz. 1.

570 *Dithmar*, in: Braun, InsO, § 167 Rz. 1; *Hess*, in: KK-InsO, § 167 Rz. 1; *Tetzlaff*, in: MüKoInsO, § 167 Rz. 2.

dem Hinweis des Gläubigers auf eine günstigere Art der Verwertung Folge zu leisten.[571] Eine Ablehnung des Hinweises des Gläubigers kann immer dann vorteilhaft sein, wenn es dem Insolvenzverwalter auf die Verwertung einer Sachgesamtheit, insbesondere im Rahmen einer Unternehmenssanierung, ankommt.[572] Der dann vom Insolvenzverwalter geschuldete Nachteilsausgleich (§ 168 Abs. 2 InsO) berechnet sich anhand der Differenz zwischen fiktivem und tatsächlich erreichtem Erlös (siehe § 168 Abs. 2 Alt. 2 InsO).[573] Letztlich kann der Gläubiger dem Insolvenzverwalter Hinweise auf bessere Verwertungsmöglichkeiten geben oder auch Auskunftsansprüche geltend machen, jedoch ergeben sich aus diesen Rechten (§§ 167, 168 InsO) keinerlei Weisungsbefugnisse des Gläubigers. Es besteht allenfalls die Möglichkeit der Haftung des Insolvenzverwalters (§ 60 InsO), insofern er keinen triftigen Grund nachweisen kann, weshalb er den Angaben des Gläubigers nicht nachgekommen ist. Am Ende bleibt die Entscheidungskompetenz jedoch beim Insolvenzverwalter. Ein dem § 675 BGB und dem § 384 Abs. 1 Hs. 2 HGB entsprechendes Weisungsrecht ist im Rahmen der Verwertung nach §§ 166 ff. InsO folglich nicht ersichtlich.

Des Weiteren müsste der Insolvenzverwalter in eigenem Namen, aber für fremde Rechnung bei der Verwertung nach § 166 Abs. 1 InsO tätig geworden sein. Das Merkmal des Handelns in eigenem Namen bereitet zunächst keine grundlegenden Schwierigkeiten, insofern der Insolvenzverwalter selbständig tätig wird und das Sicherungsgut nicht im Rahmen einer sog. echten Freigabe[574] auf den Schuldner oder einer Freigabe nach § 170 Abs. 2 InsO zur Verwertung auf den Gläubiger überträgt.

Allerdings müsste der Insolvenzverwalter bei der Verwertung von Sicherungsgut „für Rechnung" des Gläubigers handeln, d. h. dem Gläubiger allein sollen die Vor- und Nachteile des Ausführungsgeschäfts zu Gute kommen. Sofern man diesbezüglich auf die Vorschrift des § 170 Abs. 1 S. 2 InsO zurückgreift, mag hierin zunächst eine Parallele zur handelsrechtlichen Kommission zu sehen sein, da der Gläubiger grundsätzlich den Verwertungserlös vom Insolvenzverwalter aus-

---

571 *Brinkmann*, in: Uhlenbruck, InsO, § 168 Rz. 3; *Büchler/Scholz*, in: HambKomm, InsO, § 168 Rz. 9; *Dithmar*, in: Braun, InsO, § 168 Rz. 10.

572 BGH Beschl. v. 04.07.2013 – IX ZR 264/12, ZInsO 2013, 1690; *Büchler/Scholz*, in: HambKomm, InsO, § 168 Rz. 9; *Dithmar*, in: Braun, InsO, § 168 Rz. 10; *Hess*, in: KK-InsO, § 168 Rz. 6.

573 *Büchler/Scholz*, in: HambKomm, InsO, § 168 Rz. 9; *Dithmar*, in: Braun, InsO, § 168 Rz. 11; *Hess*, in: KK-InsO, § 168 Rz. 28.

574 *Ganter/Brünink*, NZI 2006, 257 (261); *Klenk/Kronthaler*, NZI 2006, 369 (372); *Tetzlaff*, in: MüKoInsO, § 170 Rz. 22.

gezahlt bekommt, sodass seine Forderungen letztlich getilgt werden. Allerdings ist hierbei zu beachten, dass er lediglich den Betrag in Höhe seiner Forderungen ausgezahlt bekommt und nicht einen über diesen Wert hinausgehenden Betrag – ein Übererlös würde ausschließlich der Masse zustehen.[575] Weiterhin entstehen bei der Verwertung zusätzliche Kosten, wie etwa die der Feststellung und Verwertung, die in Höhe einer gesetzlich geregelten Pauschale vom Verwertungserlös durch den Insolvenzverwalter einzubehalten sind (§ 170 Abs. 1 S. 1 InsO). Eine solche Regelung, wie sie im Insolvenzrecht zu finden ist, widerspricht jedoch dem Gedanken des § 384 Abs. 2 Hs. 2 HGB, wonach der Kommissionär alles aus der Geschäftsbesorgung Erlangte an den Kommittenten herauszugeben hat, wobei sich der Umfang der Herausgabepflicht grundsätzlich nach dem zwischen Kommissionär und Kommittent geschlossenen Kommissionsvertrag richtet, sodass auch ein eventuell erzielter Mehrerlös miteingeschlossen werden kann.[576] Eine solche Vereinbarung zwischen Gläubiger und Insolvenzverwalter würde aber zu einer Benachteiligung der übrigen Gläubiger führen und somit den Grundsätzen der Insolvenzordnung (siehe § 1 InsO) widersprechen.

Dem einzelnen absonderungsberechtigten Gläubiger ist grundsätzlich nur daran gelegen, in Höhe seiner Forderung befriedigt zu werden. Ein Interesse an einem Übererlös und damit letztlich einem Mehrwert für die Masse ist beim Sicherungsgläubiger eher unwahrscheinlich. Es entspricht vielmehr dem Interesse des Insolvenzverwalters, einen möglichst hohen Preis zu erzielen, um somit auch die übrigen Massegläubiger befriedigen zu können. Dementsprechend fallen die Vorteile der Verwertung (Übererlös) nicht allein dem absonderungsberechtigten Gläubiger zu, sondern wirken sich vielmehr positiv auf die Solvenz des Schuldners aus. Eventuelle Vorteile aus der besseren Verwertungsmöglichkeit des Insolvenzverwalters stellen lediglich einen rechtlichen Reflex der Regelungen über die Verwertung im Insolvenzverfahren (§§ 166 ff. InsO) dar und sind demnach keine Vorteile, die aus dem Ausführungsgeschäft zwischen Insolvenzverwalter und Drittem resultieren, sodass letztlich kein Handeln für fremde Rechnung, zumindest im Verhältnis zwischen Insolvenzverwalter und Gläubiger, vorliegt. Es gilt vielmehr zu beachten, dass der Insolvenzverwalter ausschließlich geschäftsbesorgend für den Schuldner tätig wird und nicht zusätzlich für die absonderungsberechtigten Gläubiger. Der Wortlaut des Gesetzes mag an mancher Stelle diesbezüglich zu Irritationen führen (vgl. §§ 58, 63, 69, 79 InsO), sofern er

575 *Brinkmann*, in: Uhlenbruck, InsO, § 171 Rz. 3.

576 Ähnlich: *Häuser*, in: MüKoHGB, § 384 Rz. 77; *Martinek*, in: Oetker, HGB, § 384 Rz. 29.

von einer Geschäftsführung des Insolvenzverwalters spricht. Allerdings ist diese lediglich bezogen auf die Tätigkeit des Insolvenzverwalters für den Schuldner. Eine darüberhinausgehende Geschäftsbesorgung für den Gläubiger würde den Grundsätzen der Insolvenzordnung, insbesondere der Gleichbehandlung aller Gläubiger sowie der Unabhängigkeit des Insolvenzverwalters, zuwiderlaufen.

Nach alledem liegen im Fall der Verwertung durch den Insolvenzverwalter nach § 166 Abs. 1 InsO die erforderlichen Merkmale eines Kommissionsgeschäfts i.S.d. § 383 HGB nicht vor.

2. Das Kommissionsgeschäft im Umsatzsteuerrecht

a) Historische Entwicklung des Kommissionsgeschäfts im Umsatzsteuerrecht

Die Behandlung des Kommissionsgeschäfts gewann im Laufe der Zeit auch im Rahmen der Umsatzsteuer immer mehr an Bedeutung. Erstmals sorgte es schon kurz nach Einführung der Umsatzsteuer (1918)[577] für erhebliche Probleme, sodass bereits 1919 der RFH in einem sog. Kommissionsgutachten Stellung bezog.[578] Es ging in dem Gutachten vor allem um die Frage, was unter einer Lieferung i.S.d. Umsatzsteuergesetzes zu verstehen sei und ob eine bereits aus dem Warenumsatzstempelgesetz vorliegende Definition ohne jegliche Konsequenzen in das seinerzeit geltende Umsatzsteuergesetz übernommen werden könne.[579] Eine solche Begriffsübernahme hätte zur Folge, dass keine Lieferung zwischen Kommissionär und Kommittent vorliegen würde und der Kommissionär schließlich doppelt mit der Umsatzsteuer belastet wäre – zum einen mit der Umsatzsteuer aus dem Ausführungsgeschäft, zum anderen müsste er seine Provision aus dem Kommissionsvertrag der Umsatzsteuer unterwerfen. Ein solches Ergebnis entsprach aber nicht der Rechtsauffassung des RFH, sodass er letztlich rechtsfolgenorientiert den Begriff der Lieferung anhand der Entstehungsgeschichte des Umsatzsteuergesetzes ausgelegt wissen wollte.[580] Demzufolge lag nach Ansicht des RFH im Rahmen der Verkaufskommission sowohl bei der Ausführung als auch bei der Abwicklung des Geschäfts je ein als Lieferung anzusehendes Umsatzgeschäft vor.[581] Dennoch wurde die umsatzsteuerrechtliche Kommission von der Gesetzgebung eher stiefmütterlich behandelt und

577 Umsatzsteuergesetz v. 26.07.1918, RGBl. I 1918, 779 ff.
578 RFH Gutachten v. 20.06.1919 – II D 7/19, RFHE 1 Teil B, S. 40 ff.
579 RFH Gutachten v. 20.06.1919 – II D 7/19, RFHE 1 Teil B, S. 41.
580 Siehe: RFH Gutachten v. 20.06.1919 – II D 7/19, RFHE 1 Teil B, S. 42.
581 RFH Gutachten. v. 20.06.1919 – II D 7/19, RFHE 1 Teil B, S. 43.

fand erstmals in den Durchführungsbestimmungen zum Umsatzsteuergesetz von 1938 (UStDB) Erwähnung.[582] Nach § 3 UStDB liegt beim Kommissionsgeschäft (§ 383 HGB) zwischen dem Kommittenten und dem Kommissionär eine Lieferung vor. Bei der Verkaufskommission gilt der Kommissionär, bei der Einkaufskommission der Kommittent als Abnehmer. Diese Regelung wurde über die Jahre beibehalten und findet sich noch heute im derzeitig geltenden § 3 Abs. 3 UStG wieder.[583]

b) Der Anwendungsbereich des § 3 Abs. 3 UStG

In der Literatur[584] entbrannte ein Streit darüber, wie man diese Regelung auffassen sollte. Es wurde insbesondere darüber diskutiert, ob eine solche Regelung sinnvoll sei, da bereits aufgrund der Vorschrift des § 3 Abs. 1 UStG eine Lieferung zwischen Kommissionär und Kommittent vorliegen würde und es lediglich auf eine Fiktion der Entgeltlichkeit des Lieferungsvorgangs ankomme.[585] Andere hingegen sahen bereits die tatbestandlichen Voraussetzungen einer umsatzsteuerrechtlich relevanten Lieferung zwischen Kommissionär und Kommittent als nicht erfüllt an.[586] In einem Punkt waren sich dennoch alle einig, nämlich darin, dass die Vorschrift des § 3 Abs. 3 UStG eine gesetzliche Fiktion ist.[587] Um zum Kern dieses bereits sehr alten Meinungsstreits in der Literatur zu gelangen, ist es erforderlich, die beiden Arten des Kommissionsgeschäfts und deren umsatzsteuerrechtlichen Folgen ohne die Regelung des § 3 Abs. 3 UStG zu betrachten.

aa) Die umsatzsteuerrechtlichen Voraussetzungen der Einkaufskommission

Im Rahmen der Einkaufskommission schließt der Kommissionär mit dem Dritten einen Vertrag über den Erwerb von Waren oder Wertpapieren i.S.d. § 383 Abs. 1, ggf. i.V.m. § 406 HGB, ab; dies ist das sog. Ausführungsgeschäft.[588] Dabei ist er aufgrund des Kommissionsvertrags mit dem Kommittenten dazu verpflichtet,

---

582 Durchführungsbestimmungen zum Umsatzsteuergesetz v. 23.12.1938, RGBl. I 1938, S. 1935.

583 Siehe auch: *Storg*, Leistender und Leistungsempfänger im Umsatzsteuerrecht, S. 90.

584 *Bolk/Reiß*, DStZ 1980, 385 (386); *Giesberts*, UR 1988, 137 (141 f.); *Heidner*, UR 2001, 517 (518); *Schön*, UR 1988, 1 (2) m.w.N.

585 *Schön*, UR 1988, 1 (2) m.w.N.

586 *Bolk/Reiß*, DStZ 1980, 385 (386); *Giesberts*, UR 1988, 137 (141 f.); *Heidner*, UR 2001, 517 (518).

587 Statt aller: *Leonard*, in: Bunjes, UStG, § 3 Rz. 171; *Schön*, UR 1988, 1; *Storg*, Leistender und Leistungsempfänger im Umsatzsteuerrecht, S. 90.

588 *Häuser*, in: MüKoHGB, § 383 Rz. 61.

alles aus der Geschäftsbesorgung Erlangte herauszugeben (§ 384 Abs. 2 Hs. 2 HGB). Schließlich erhält er vom Kommittenten seine vereinbarte Provision, siehe § 396 Abs. 1 HGB.

Aus umsatzsteuerrechtlicher Sicht liegt im Rahmen des Ausführungsgeschäfts eine steuerbare Lieferung i.S.d. § 3 Abs. 1 UStG vor.[589] Es findet ein Austausch von Leistung (Kaufpreiszahlung) und Gegenleistung (Übergabe der Kaufsache) statt, wobei dem Kommissionär die endgültige Verfügungsmacht an dem Gegenstand verschafft wird. Eine Fiktion im Außenverhältnis (Kommissionär – Dritter) ist demzufolge nicht erforderlich.[590]

Interessanter sind die umsatzsteuerrechtliche Behandlung des Innenverhältnisses (Kommissionär – Kommittent) und die damit einhergehende zivilrechtliche Eigentumsübertragung nach §§ 929 ff. BGB. Grundsätzlich kommt es für die Annahme einer Lieferung i.S.d. § 3 Abs. 1 UStG nicht auf die zivilrechtlichen Vorschriften der Eigentumsübertragung an.[591] Vielmehr meint der Begriff der „Übertragung"[592] den endgültigen Übergang von Substanz, Wert und Ertrag.[593] Von einer Lieferung ist dementsprechend auszugehen, wenn der Gegenstand tatsächlich übergeben wird oder im Rahmen eines Besitzkonstituts (§ 930 BGB) übergeht.[594] Sofern man die Folgen der Verletzung des Kommissionsvertrags betrachtet, wird deutlich, dass dem Kommittenten lediglich ein Schadensersatzanspruch in Form eines Verzögerungsschadens oder des entgangenen Gewinns gegen den Kommissionär zusteht.[595] Keinesfalls kann er Wertersatz für den betreffenden Gegenstand geltend machen.[596] Somit ist die Substanz des Gegenstandes nicht vollständig auf den Kommittenten übergegangen.[597] Sofern allerdings Substanz, Wert und Ertrag übertragen werden – was u. a. bei einer tatsächlichen Übergabe oder einer Übertragung kraft Besitzkonstituts (§ 930 BGB) möglich

589 *Bolk/Reiß*, DStZ 1980, 385 (386); *Heidner*, UR 2001, 517 (518 f.); *Stadie*, in: Stadie, UStG, § 3 Rz. 101.

590 *Hahn*, in: Weymüller, UStG, § 3 Rz. 264; *Stadie*, Umsatzsteuerrecht, Kap. 7, Rz. 7.48.

591 Ausführlicher S. 20 ff.

592 Art. 14 Abs. 1 der Richtlinie 2006/112/EG des Rates v. 28.11.2006 über das gemeinsame Mehwertsteuersystem, ABl. EU Nr. L 347/2006 vom 11.12.2006, S. 12.

593 BFH Urt. v. 29.09.1987 – X R 13/81, BStBl. II 1988, 153 (154); BFH Urt. v. 28.01.1999 – V R 4/98, BStBl. II 1999, 628 (629); BFH Urt. v. 15.06.1999 – VII R 3/97, BStBl. II 2000, 46 (52 f.).

594 So zumindest: *Hahn*, in: Weymüller, UStG, § 3 Rz. 266.1.

595 Siehe: *Stadie*, in: Stadie, UStG, § 3 Rz. 102.

596 *Stadie*, in: Stadie, UStG, § 3 Rz. 102.

597 *Hahn*, in: Weymüller, UStG, § 3 Rz. 266.1 f.; *Stadie*, in: Stadie, UStG, § 3 Rz. 102.

ist – liegt eine Lieferung i.S.d. § 3 Abs. 1 UStG vor.[598] Dieser muss jedoch auch eine entsprechende Gegenleistung gegenüberstehen, um somit zu einem Leistungsaustausch, wie ihn § 1 Abs. 1 S. 1 Nr. 1 UStG fordert, zu führen. Als Gegenleistung käme einzig die Provisionszahlung nebst sonstiger entstandener Kosten des Kommissionärs in Betracht. Dementsprechend müsste zwischen der Leistung (Eigentumsübertragung) und der Gegenleistung (Provisionszahlung) ein innerer Zusammenhang bestehen. Hierbei gilt es jedoch zu beachten, dass die Provisionszahlung nicht die „Gegenleistung" für die Eigentumsübertragung darstellt, sondern vielmehr ein Entgelt einer sonstigen Leistung (§ 3 Abs. 9 UStG), nämlich der Geschäftsbesorgung (§ 675 Abs. 1 BGB), ist.[599] Nach § 396 Abs. 1 S. 2 HGB hat der Kommissionär selbst dann einen Anspruch auf die Zahlung der Provision, wenn das Ausführungsgeschäft unterblieben ist. Im Innenverhältnis zwischen Kommissionär und Kommittent liegt ein Geschäftsbesorgungsvertrag i.S.d. § 675 BGB vor, der umsatzsteuerrechtlich zu einer sonstigen Leistung i.S.d. § 3 Abs. 9 UStG führt. Eigentumsübertragung und Provision stehen demzufolge in keinem inneren Zusammenhang, sodass kein Leistungsaustausch i.S.d. § 1 Abs. 1 S. 1 Nr. 1 UStG vorliegt. Vielmehr tritt die Lieferung aufgrund des Prinzips der Einheitlichkeit der Leistung hinter der primär vorliegenden Hauptleistung, der Geschäftsbesorgung zwischen Kommissionär und Kommittent, zurück.[600]

Im Ergebnis liegt – ohne die Anwendung der gesetzlichen Fiktion des § 3 Abs. 3 UStG – bei der Einkaufskommission im Außenverhältnis eine Lieferung i.S.d. § 3 Abs. 1 UStG vor, während im Innenverhältnis eine sonstige Leistung i.S.d. § 3 Abs. 9 UStG besteht.

bb) Die umsatzsteuerrechtlichen Voraussetzungen der Verkaufskommission

Wie im Fall der Einkaufskommission ist auch bei der Verkaufskommission ausschließlich auf das Innenverhältnis zwischen Kommissionär und Kommittent abzustellen, da es im Außenverhältnis ebenfalls zu einer Lieferung i.S.d. § 3 Abs. 1 UStG an den Abnehmer kommt.

Der Kommissionär könnte im Innenverhältnis das Kommissiongut aufgrund einer direkten Eigentumsübertragung gem. §§ 929 ff. BGB erlangen oder im Rahmen einer Verfügungsermächtigung i.S.d. § 185 BGB tätig werden. Grundsätzlich

---

598 Wie u. a.: *Stadie*, in: Stadie, UStG, § 3 Rz. 101; *Storg*, Leistender und Leistungsempfänger im Umsatzsteuerrecht, S. 91.

599 FG Hamburg Urt. v. 17.04.1991 – II 33/90, EFG 1991, 705; BFH Urt. v. 25.10.1990 – V R 20/85, BStBl. II 1991, 193 (195); *Stadie*, in: Stadie, UStG, § 3 Rz. 103.

600 So auch: *Eschenbach*, DStZ 2002, 477.

ist es im Interesse des Kommittenten, so lange Eigentümer des Gegenstandes zu bleiben, bis der Kommissionär es an einen Dritten veräußert.[601] Der Kommissionär erlangt folglich nur den Besitz an dem Kommissionsgut und wird vom Kommittenten ermächtigt, dieses im eigenen Namen zu veräußern (§§ 929 S. 1, 185 BGB). Umsatzsteuerrechtlich ist daher zu untersuchen, ob zwischen Kommittent und Kommissionär im Zeitpunkt der Übertragung des Besitzes und der damit verbundenen Ermächtigung des Kommissionärs bereits eine Lieferung i.S.d. § 3 Abs. 1 UStG gegeben ist.

(1) Die zivilrechtliche Ermächtigung als Lieferung i.S.d. § 3 Abs. 1 UStG

Es bedarf zunächst einer grundlegenden Auslegung des Begriffs der Lieferung im Zusammenhang mit dem des Kommissionsgeschäfts im umsatzsteuerrechtlichen Sinne.

Die Vorschrift des § 3 Abs. 1 UStG verlangt die Befähigung, im eigenen Namen über einen Gegenstand zu verfügen (Verschaffung der Verfügungsmacht). Grundsätzlich wäre dies also ein möglicher Anwendungsfall des Kommissionsgeschäfts. Allerdings geht die Vorschrift auf eine lange Entstehungsgeschichte zurück, die nicht ganz unberücksichtigt bleiben kann. Bereits im Warenumsatzstempelgesetz von 1916[602] wurde versucht, den Begriff der Lieferung zu definieren. Nach Zusatz 2 der Tarifnummer 10 galt als Warenlieferung die entgeltliche Übertragung beweglicher Sachen.[603] Die Literatur subsumierte darunter letztlich „jede gegen Entgelt bewirkte Besitzübertragung, die dem Empfänger gestattet, tatsächlich und rechtlich über die Sache zu verfügen".[604] Nach § 5 Abs. 1 UStG (1919) lag eine Lieferung vor, „wenn der Lieferer dem Abnehmer die Verfügung über eine Sache verschafft."[605] Das galt, bis schließlich mit Verabschiedung des Umsatzsteuergesetzes von 1967 der Wortlaut der heute gültigen Fassung entstanden ist.[606]

Der Begriff der Lieferung unterlag somit mehreren inhaltlichen Änderungen. Während im Warenumsatzstempelgesetz noch von einem tatsächlichen Vorgang die Rede war, sah das Umsatzsteuergesetz von 1919 hingegen einen „Zustand" für das Vorliegen einer Lieferung vor, in den der Abnehmer gesetzt werden sollte: „Die Verschaffung muss also auf einen Zustand gerichtet sein, der den Leistungs-

601 Siehe S. 92 ff.
602 Gesetz über einen Warenumsatzstempel v. 26.06.1916, RGBl. I 1916, 639 ff.
603 Gesetz über einen Warenumsatzstempel v. 26.06.1916, RGBl. I 1916, 639 (640).
604 Siehe RFH Gutachten v. 20.06.1919 – II D 7/19, RFHE 1 Teil B, S. 41.
605 § 5 des Umsatzsteuergesetzes v. 24.12.1919, RGBl. 1919, 2157 (2160).
606 Umsatzsteuergesetz (Mehrwertsteuer) v. 29.05.1967, BGBl. I 1967, 545 (546).

berechtigten in die Lage setzt, Dritten gegenüber im eigenen Namen aufzutreten."[607] Der derzeitig geltende § 3 Abs. 1 UStG spricht von einer Befähigung, im eigenen Namen über einen Gegenstand zu verfügen, und definiert dies letztlich als Verschaffung der Verfügungsmacht. Es entspricht immer noch der einhelligen Auffassung, dass eine reine Eigentumsübertragung für das Vorliegen einer Lieferung i.S.d. § 3 Abs. 1 UStG nicht ausschlaggebend sein kann, sie aber dennoch ein wichtiges Indiz für das Vorliegen einer Lieferung darstellt.[608] Entscheidend sei vielmehr, dass dem Kommissionär die tatsächliche Verfügungsbefähigung übertragen wurde und dieser dadurch dazu befähigt ist, über den Gegenstand im eigenen Namen zu verfügen. *Popitz* folgerte hieraus, dass bei einer Verkaufskommission eine Lieferung vorliegen müsse, da bei dieser der Kommissionär in eine Rechtsstellung versetzt werde, kraft derer er über einen Gegenstand im eigenen Namen verfügen kann.[609] Darüber hinaus soll nach seiner Auffassung auch die Entgeltlichkeit der Lieferung vorliegen: „[...] der Verkaufskommissionär zahlt den erzielten Kaufpreis an den Kommittenten, weil dieser ihn durch Überlassung der Verfügung über den Gegenstand zur Veräußerung und Erzielung des Preises instand gesetzt hat".[610]

Die Auffassung von *Popitz* dürfte aber mittlerweile überholt sein. Es handelte sich vielmehr um eine rein ergebnisorientierte Auslegung seinerseits, um den Besonderheiten der damals noch geltenden Brutto-Allphasen-Besteuerung gerecht werden zu können. Hier war es noch von zentraler Bedeutung, ob eine weitere Lieferungsstufe eingeschaltet wurde oder ob lediglich eine sonstige Leistung vorliegen sollte.[611] Nach Auffassung von *Popitz* besteht zwischen Kommissionsgeschäften und Propergeschäften keine rechtliche Trennung, sodass diese auch steuerrechtlich gleich zu behandeln sind.[612] Auch diese Ansicht dürfte bereits hinreichend widerlegt worden sein.[613]

---

607 *Popitz*, UStG 1919, S. 313.

608 *Drüen*, in: Tipke/Kruse, AO, § 39 Rz. 21a; *Englisch*, in: Tipke/Lang, Steuerrecht, § 17 Rz. 96; *Leonard*, in: Bunjes, UStG, § 3 Rz. 51; *Martin*, in: Sölch/Ringleb, UStG, § 3 Rz. 72; *Slapio*, in: Birkenfeld/Wäger, Das große Umsatzsteuer-Handbuch, Kapitel 4 Buchst. A Rz. 125; *Stöcker*, in: Peter/Burhoff/Stöcker, UStG, § 3 Rz. 101/1 ff.

609 *Popitz*, UStG 1919, S. 325.

610 *Popitz*, UStG 1919, S. 326.

611 *Storg*, Leistender und Leistungsempfänger im Umsatzsteuerrecht, S. 95; ferner: *Bolk/Reiß*, DStZ 1980, 385 (386).

612 *Popitz*, UStG 1919, S. 326 f.

613 Siehe S. 89 ff.

Die Auslegung anhand des Wortlautes und der Historie der Vorschrift des § 3 Abs. 1 UStG zeigt lediglich die Entwicklung des Begriffs der Verschaffung der Verfügungsmacht. Das Ergebnis der Auslegung muss jedoch im Lichte des Unionsrechts und der damit einhergehenden Rechtsprechung betrachtet werden, sodass im Folgenden näher auf diese eingegangen werden soll.

(2) Ansicht der Rechtsprechung

Nach Ansicht des EuGH kommt es für das Vorliegen einer Lieferung von Gegenständen entscheidend darauf an, ob die Befähigung, faktisch wie ein Eigentümer über den Gegenstand zu verfügen, übertragen wurde.[614] Dabei sollen allerdings die nationalen Vorschriften zur Eigentumsübertragung außer Acht bleiben, da es ansonsten zu Divergenzen bei der Besteuerung im Unionsgebiet führt.[615] Der BFH übernahm letztlich die Rechtsprechung des EuGH und folgerte hieraus, dass die Verschaffung der Verfügungsmacht stets eine endgültige Übertragung von Substanz, Wert und Ertrag an den Abnehmer voraussetzt.[616] Bezüglich der Kommission sei es nicht ausreichend, wenn dem Kommissionär der Besitz an dem Kommissionsgut übertragen und gleichzeitig eine Ermächtigung ausgesprochen wird, über den Gegenstand zu verfügen.[617] Für eine Lieferung i.S.d. § 3 Abs. 1 UStG ist vielmehr erforderlich, „dass die wirtschaftliche Substanz auf den Empfänger übergeht. Verfügungsmacht im Sinne einer Zuordnung der Substanz ist beim Kommissionär jedoch nicht gegeben.“[618] Die wirtschaftliche Substanz an dem Kommissionsgut wird nicht endgültig auf den Kommissionär übertragen, vielmehr soll er lediglich in die Lage versetzt werden – zivilrechtlich wirksam – über den Gegenstand zu verfügen.[619] Dem Kommissionär wird zwar im Rahmen

614 EuGH Urt. v. 21.04.2005, Rs. C-25/03 (*HE*), ECLI:EU:C:2005:241, Slg. 2005, I-03123, Rz. 64; EuGH Urt. v. 15.12.2005, Rs. C-63/04 (*Centralan Property*), ECLI:EU:C:2005:773, Slg. 2005, I-11087, Rz. 62; EuGH Urt. v. 03.06.2010, Rs. C-237/09 (*De Fruytier*), ECLI:EU:C:2010:316, Slg. 2010, I-04985, Rz. 24.

615 EuGH Urt. v. 21.04.2005, Rs. C-25/03 (*HE*), ECLI:EU:C:2005:241, Slg. 2005, I-03123, Rz. 64; EuGH Urt. v. 15.12.2005, Rs. C-63/04 (*Centralan Property*), ECLI:EU:C:2005:773, Slg. 2005, I-11087, Rz. 62; EuGH Urt. v. 03.06.2010, Rs. C-237/09 (*De Fruytier*), ECLI:EU:C:2010:316, Slg. 2010, I-04985, Rz. 24.

616 BFH Urt. v. 29.09.1987 – X R 13/81, BStBl. II 1988, 153 (154); BFH Urt. v. 28.01.1999 – V R 4/98, BStBl. II 1999, 628 (629); BFH Urt. v. 15.06.1999 – VII R 3/97, BStBl. II 2000, 46 (52 f.).

617 Siehe BFH Urt. v. 25.11.1986 – V R 102/78, BStBl. II 1987, 278 (279).

618 BFH Urt. v. 25.11.1986 – V R 102/78, BStBl. II 1987, 278 (279); siehe auch: BFH Urt. v. 20.02.1986 – V R 133/75, BFH/NV 1986, 311 (312).

619 *Bolk/Reiß*, DStZ 1980, 385 (387).

des Kommissionsgeschäfts die Verfügungsberechtigung eingeräumt, auf diese kommt es aber nicht an.[620]

(3) Eigene Stellungnahme

Die Auffassung von *Popitz* ist längst überholt, zumal sie noch auf dem alten System der Brutto-Allphasen-Besteuerung basiert und mit der Rechtsprechung sowohl des EuGH als auch des BFH nicht mehr übereinstimmt.

Vielmehr ist das gesamte Rechtsgeschäft – bestehend aus dem Abschluss des Kommissionsvertrags, der Vorbereitung und Durchführung des Kommissionsgeschäfts sowie der Abwicklung – aus umsatzsteuerrechtlicher Sicht als sonstige Leistung i.S.d. § 3 Abs. 9 UStG einzuordnen.[621] Die Annahme einer Lieferung aufgrund der Verkaufsermächtigung des Kommittenten führt umsatzsteuerrechtlich noch zu keiner Lieferung i.S.d. § 3 Abs. 1 UStG. Dies dürfte der Judikatur des BFH entsprechen, welcher die endgültige Übertragung von Substanz, Wert und Ertrag fordert. Mit der Erteilung der Ermächtigung (§ 185 BGB) zum Verkauf des Kommissionsguts werden eben diese Voraussetzungen nicht erfüllt. Dies wird ebenfalls deutlich, sofern man den § 185 BGB im Lichte der Systematik des Gesetzes betrachtet; dieser ist bei den Normen über die Zustimmung (§§ 182 ff. BGB) eingeordnet. Demzufolge muss regelmäßig eine Zustimmung des Berechtigten vorliegen, damit die Verfügung des Nichtberechtigten wirksam wird.[622] Bei der Verfügung kraft Ermächtigung ist daher die Besonderheit zu beachten, dass dem Nichtberechtigten nicht die vollständige Verfügungsmacht an dem Gegenstand zusteht.[623] Vielmehr ist er dem Berechtigten gegenüber zur Herausgabe des durch die Verfügung Erlangten nach § 816 Abs. 1 S. 1 BGB verpflichtet.[624] Daraus folgernd erhält der Ermächtigte keine bessere oder ausschließliche Rechtsposition an dem Gegenstand gegenüber dem Berechtigten, welcher weiterhin vollständiger Rechtsinhaber bleibt. Der Nichtberechtigte erlangt weder einen wirtschaftlichen Vorteil gegenüber dem Berechtigten noch die vollständige Verfügungsmacht, sodass zu diesem Zeitpunkt nicht von einer Lieferung i.S.d. § 3 Abs. 1 UStG ausgegangen werden kann.[625]

Für die Verkaufskommission kann demzufolge nichts Anderes gelten als für die Einkaufskommission. Im Innenverhältnis zwischen Kommissionär und

---

620 Siehe S. 20 ff.

621 *Eschenbach*, DStZ 2002, 429 (432); *Giesberts*, UR 1988, 137 (138).

622 So auch: *Storg*, Leistender und Leistungsempfänger im Umstazsteuerrecht, S. 97.

623 Vgl. statt aller: *Bayreuther*, in: MüKoBGB, § 185 Rz. 18.

624 *Schwab*, in: MüKoBGB, § 816 Rz. 10 f.; *Storg*, Leistender und Leistungsempfänger im Umsatzsteuerrecht, S. 98.

625 So auch: *Storg*, Leistender und Leistungsempfänger im Umsatzsteuerrecht, S. 98.

Kommittent liegt lediglich eine sonstige Leistung i.S.d. § 3 Abs. 9 UStG vor, während im Außenverhältnis eine Lieferung i.S.d. § 3 Abs. 1 UStG erfolgt. Weder die Besitzübertragung noch die Verfügungsermächtigung i.S.d § 185 BGB führen daher zu einer Lieferung. Folglich kann nicht bereits aufgrund des § 3 Abs. 1 UStG eine Lieferung zwischen Kommissionär und Kommittent angenommen werden, weshalb die Vorschrift des § 3 Abs. 3 UStG nicht aus diesem Grund hinfällig wäre.

cc) Wirkung der Fiktion des § 3 Abs. 3 UStG

Nach § 3 Abs. 3 UStG wird eine Lieferung zwischen Kommissionär und Kommittent im Falle der handelsrechtlichen Kommission i.S.d. § 383 HGB fingiert, wobei dies sowohl bei der Einkaufs- als auch der Verkaufskommission lediglich das Innenverhältnis betrifft. Die an sich vorliegende sonstige Leistung im Innenverhältnis wird durch die Fiktion einer Lieferung überlagert.[626] Obwohl es dem Wortlaut des § 3 Abs. 3 UStG zufolge um die Fiktion einer Lieferung an sich geht, ist gerade in der älteren Literatur häufiger diskutiert worden, ob nicht lediglich die Entgeltlichkeit fingiert wird.[627] Aus dem zuvor Dargestellten folgt jedoch, dass im Innenverhältnis schon keine Lieferung anzunehmen ist und daher letztlich eine entgeltliche Lieferung i.S.d. § 1 Abs. 1 S. 1 Nr. 1 UStG fingiert werden muss.

Grundsätzlich versteht man unter einer gesetzlichen Fiktion die „Anwendung der für den einen Tatbestand gegebenen Regel auf einen anderen Tatbestand".[628] Mit der Vorschrift des § 3 Abs. 3 UStG erfolgt eine Anwendung der für das Eigengeschäft geltenden Regelung (§ 3 Abs. 1 UStG) auf die Kommission.[629] Es wird demzufolge eine weitere Zwischenstufe in die Unternehmerkette eingeschaltet. Auswirkung hat dies auf den Lieferungszeitpunkt, den Lieferungsort und die Anwendbarkeit von Befreiungs- oder Ermäßigungstatbeständen.[630] Sofern der Zeitpunkt der Lieferung festgelegt wurde, ergeben sich hieraus auch Folgerungen für den Lieferungsort.

---

626 *Martin*, in: Sölch/Ringleb, UStG, § 3 Rz. 402; *Nieskens*, in: Rau/Dürrwächter, UStG, § 3 Rz. 2581; *Schön*, UR 1988, 1 (4).

627 *Popitz*, UStG 1919, S. 325; *Schön*, UR 1988, 1 (2).

628 *Larenz*, Methodenlehre der Rechtswissenschaft, S. 262.

629 *Nieskens*, in: Rau/Dürrwächter, UStG, § 3 Rz. 2582; *Popitz*, UStG 1919, S. 327; *Storg*, Leistender und Leistungsempfänger im Umsatzsteuerrecht, S. 99; so auch bereits schon: *Schön*, UR 1988, 1 (3).

630 Siehe *Martin*, in: Sölch/Ringleb, UStG, § 3 Rz. 405.

(1) Lieferungszeitpunkt bei der Verkaufskommission

Bei der Fiktion des § 3 Abs. 3 UStG gilt der Kommittent als Lieferer und der Kommissionär als Abnehmer. Hinsichtlich des Zeitpunktes, wann eine Lieferung vorliegen soll, lässt sich dem Gesetz keine nähere Angabe entnehmen. Sowohl der RFH als auch der BFH haben früh Stellung bezogen, wann der Lieferungszeitpunkt bei der Kommission vorliegen soll: Eine Lieferung liegt demzufolge schon zu dem Zeitpunkt vor, in dem der Kommittent die Sache an den Kommissionär übergibt.[631] Damit stellt die Rechtsprechung auf das tatsächliche Element der Übergabe ab. Allerdings lässt sich der Rechtsprechung entgegenhalten, dass zum Zeitpunkt der Übergabe an den Kommissionär der endgültige Kaufpreis und damit die Höhe der Gegenleistung noch nicht bestimmbar ist, da noch nicht sicher ist, ob überhaupt eine Gegenleistung erfolgt (Abschluss des Ausführungsgeschäfts).[632] Schließlich änderte der BFH in seinem Urteil vom 25.11.1986 seine Rechtsprechung und forderte für das Vorliegen einer Lieferung die Übertragung der wirtschaftlichen Substanz als abschließendes Kriterium.[633] Diese sei im Zeitpunkt der Übergabe an den Kommissionär jedoch noch nicht auf ihn übergegangen. Legt man diese Auffassung bezüglich des Lieferungszeitpunktes zugrunde, würde dies dazu führen, dass die Lieferung erst in dem Augenblick (sog. „juristische Sekunde") endgültig vorliegt, in dem der Kommissionär an den Dritten liefert.[634]

Andere Stimmen in der Literatur sehen den Lieferungszeitpunkt bereits in der Übergabe des Kommissionsgutes an den Kommissionär.[635] Danach wird dem Kommissionär bereits bei der Übergabe die dem Eigentümer obliegende Verfügungsberechtigung an dem Kommissionsgut eingeräumt.[636] Das Problem

---

631 RFH Urt. v. 28.06.1940 – V 128/39, RFHE 49, 100 (101); RFH Urt. v. 22.01.1943 – V 72/42, RFHE 53, 10 (14); BFH Beschl. v. 16.09.1976 – V B 74/75, BStBl. II 1977, 188 (189 f.); kritisch: BFH Urt. v. 25.11.1986 – V R 102/78, BStBl. II 1987, 278 (279).

632 So auch: BFH Urt. v. 25.11.1986 – V R 102/78, BStBl. II 1987, 278 (279); *Heidner*, UR 2001, 517 (518).

633 BFH Urt. v. 25.11.1986 – V R 102/78, BStBl. II 1987, 278 (279); *Heidner*, UR 2001, 517 (518); *Slapio*, in: Birkenfeld/Wäger, Das große Umsatzsteuer-Handbuch, Kapitel 4 Buchst. A Rz. 125.

634 BFH Urt. v. 06.10.2005 – V R 20/04, BStBl. II 2006, 931 (932); *Eschenbach*, DStZ 2002, 429 (433); *Hahn*, in: Weymüller, UStG, § 3 Rz. 257; *Martin*, in: Sölch/Ringleb, UStG, § 3 Rz. 412; *Slapio*, in: Birkenfeld/Wäger, Das große Umsatzsteuer-Handbuch, Kapitel 4 Buchst. D Rz. 52.

635 *Heidner*, UR 2001, 517 (518); *Leonard*, in: Bunjes, UStG, § 3 Rz. 172; *Schön*, UR 1988, 1 (2).

636 *Heidner*, UR 2001, 517 (518); *Leonard*, in: Bunjes, UStG, § 3 Rz. 172.

des noch unbestimmten Entgelts der Lieferung und des möglichen Scheiterns des Ausführungsgeschäfts löst diese Auffassung, indem sie den Besteuerungstatbestand erst mit Abschluss des Ausführungsgeschäftes als erfüllt ansieht und die damit einhergehenden Rechtswirkungen auf den Zeitpunkt der Übergabe zurückbezieht.[637]

Beide Ansichten gelangen zwar zu dem Ergebnis, mit Hilfe der Fiktionswirkung eine Lieferung zwischen Kommissionär und Kommittent anzunehmen.[638] Es wird jedoch auch deutlich, dass beiden Auffassungen noch rechtsdogmatische Schwächen anhaften. Während die derzeitige Rechtsprechung und vorherrschende Meinung in der Literatur das Problem zu lösen versuchen, indem sie die Erfüllung des Besteuerungstatbestandes von einem Schwebezustand abhängig machen, nehmen die Vertreter der anderen Auffassung eine rechtliche Rückwirkung in Kauf. Beide Ansichten bedeuten letztlich für den Steuerpflichtigen ein hohes Maß an Rechtsunsicherheit, nicht zuletzt dann, wenn es sich um einen grenzüberschreitenden Sachverhalt handelt, welcher gerade in der derzeitigen Wirtschaftslage unumgänglich ist. Dennoch ist der Ansicht der Rechtsprechung der Vorzug zu gewähren, da diese am ehesten den Vorgaben sowohl des Unionsrechts als auch des nationalen Rechts entspricht.

Bei der Verkaufskommission liegt – wie bereits oben ausgeführt – keine Lieferung zwischen Kommissionär und Kommittent vor, sodass eine solche anhand der Vorschrift des § 3 Abs. 3 UStG fingiert werden muss. Da es sich bei § 3 Abs. 3 UStG um eine Fiktion und damit um eine Gleichsetzung von verschiedenen Sachverhalten, die als gleich zu erachten sind,[639] handelt, muss zumindest ein dem in § 3 Abs. 1 UStG vergleichbarer „leistungsähnlicher Vorgang" vorliegen.[640] Der rechtliche Moment der Eigentumsübertragung des Kommissionärs an den Dritten kommt der Erfüllung des Tatbestands des § 3 Abs. 1 UStG am nächsten, sodass diese Ansicht am ehesten dem Zweck einer gesetzlichen Fiktion entspricht.[641]

(2) Reichweite der Fiktion

Das grundsätzliche Problem der Trennung von Kommission und Eigengeschäft wird mit der Vorschrift des § 3 Abs. 3 UStG nicht endgültig gelöst, stellt aber

637 *Heidner*, UR 2001, 517 (518); *Leonard*, in: Bunjes, UStG, § 3 Rz. 172; *Schön*, UR 1988, 1 (4).

638 Zu den europarechtlichen Bezügen siehe S. 116 ff.

639 *Larenz*, Methodenlehre der Rechtswissenschaft, S. 262.

640 *Eschenbach*, DStZ 2002, 477 (478).

641 Siehe ferner: *Eschenbach*, DStZ 2002, 477 (478).

eine Erleichterung für die Rechtsprechung[642] dar, die seit langer Zeit versucht, eine Lösung für das Problem zu finden.[643] Bevor auf diese Problematik näher eingegangen wird, ist jedoch zu klären, welche Kommissionsgeschäfte von § 3 Abs. 3 UStG überhaupt erfasst werden sollen. § 3 Abs. 3 UStG verweist ausschließlich auf die Vorschrift des § 383 HGB. Nicht inbegriffen sind die anderweitigen Fälle der Kommission, die in § 406 HGB aufgeführt werden.[644]

Die Vorschrift des § 383 Abs. 1 HGB regelt zunächst den persönlichen Anwendungsbereich des Abschnitts über Kommissionsgeschäfte.[645] Die Verweisung des § 3 Abs. 3 UStG auf § 383 HGB könnte dahingehend verstanden werden, dass für die Umsatzsteuerbarkeit lediglich auf die Person des Kommissionärs abzustellen ist. Allerdings wird vor dem Klammerverweis in § 3 Abs. 3 UStG das Kommissionsgeschäft aufgeführt, welches erst in § 383 Abs. 2 HGB Erwähnung findet. Unter die handelsrechtliche Kommission lassen sich sämtliche der in den §§ 383–406 HGB aufgeführten Geschäfte fassen, sodass die Verweisung in § 3 Abs. 3 UStG unscharf ist.[646] Nach Auffassung des BFH ist ein Kommissionsgeschäft i.S.d. HGB auch dann anzunehmen, „wenn ein Kaufmann, der nicht (gewerbsmäßig tätiger) Kommissionär ist, es übernimmt, im Betrieb seines Handelsgewerbes Waren für Rechnung eines anderen (des Kommittenten) im eigenen Namen zu kaufen oder zu verkaufen (vgl. § 406 Abs. 1 S. 2 HGB).“[647] Demzufolge ist nicht auf den Typus Kommissionär abzustellen, sondern auf das dahinterstehende Rechtsgeschäft der Geschäftsbesorgung (§ 675 BGB).[648] Ähnlicher Auffassung ist auch *K. Schmidt*, der das Kommissionsgeschäft als Regelungsgegenstand der §§ 383–406 HGB ansieht und nicht auf den Kommissionär als Unternehmertypus abstellt.[649] Letzteres entsprach noch der alten Regelung des § 1 Abs. 2 Nr. 6 HGB (bis 1998), die den Kommissionsunternehmer als weiteren Unternehmertypus festlegte.[650] Um von dieser misslichen Platzierung des Kommissionsunternehmers in § 383 Abs. 1

642 Insbesondere: RFH Gutachten v. 20.06.1919 – II D 7/19, RFHE 1 Teil B, S. 40 ff.; BFH Urt. v. 25.11.1986 – V R 102/78, BStBl. II 1987, 278 ff.

643 So auch: *Storg*, Leistender und Leistungsempfänger im Umsatzsteuerrecht, S. 100.

644 *Eschenbach*, DStZ 2002, 429 (433); *Storg*, Leistender und Leistungsempfänger im Umsatzsteuerrecht, S. 100.

645 *Martinek*, in: Oetker, HGB, § 383 Rz. 1.

646 So BFH Urt. v. 06.10.2005 – V R 20/04, BStBl. II 2006, 931 (933).

647 BFH Urt. v. 06.10.2005 – V R 20/04, BStBl. II 2006, 931 (933).

648 *Slapio*, in: Birkenfeld/Wäger, Das große Umsatzsteuer-Handbuch, Kapitel 4 Buchst. D Rz. 6; *Storg*, Leistender und Leistungsempfänger im Umsatzsteuerrecht, S. 101.

649 *K. Schmidt*, Handelsrecht, § 31 I Rz. 2.

650 HGB Fassung vom 01.01.1964 bis 30.06.1998: § 1 Abs. 2 Nr. 6, abrufbar unter juris.de.

HGB abzurücken, musste die Norm des § 406 HGB zusätzlich eingefügt werden, um den Anwendungsbereich der Kommissionsgeschäfte zu erweitern.[651]

Der Klammerverweis in § 3 Abs. 3 UStG ist dementsprechend nicht dahingehend zu verstehen, dass hierunter lediglich der Kommissionsunternehmer zu subsumieren ist. Eine derartige Einschränkung auf einen Personenkreis kann von dem Gesetzgeber in § 3 Abs. 3 UStG nicht gewollt sein. Vielmehr muss es um den Typus des Kommissionsgeschäftes an sich gehen, dessen missliche Formulierung in § 383 HGB durch die Regelung in § 406 HGB ergänzt werden musste. Die Umsatzsteuer knüpft stets an das zwischen den Parteien liegende Rechtsgeschäft (in Form eines Leistungsaustausches) an und nicht an die Besteuerung eines bestimmten Personenkreises.[652] Die Klassifizierung als eine bestimmte Unternehmensform hat demzufolge keinen Einfluss auf die umsatzsteuerrechtliche Behandlung des Rechtsgeschäfts. Nur eine solche Einordnung kann dem Charakter der Umsatzsteuer als allgemeiner Verbrauchsteuer gerecht werden.[653] Demzufolge ist der Verweis in § 3 Abs. 3 UStG dahingehend zu verstehen, dass sämtliche Kommissionsgeschäfte i.S.d §§ 383–406 HGB den Anforderungen genügen, sofern eine Lieferung tatsächlich vorliegt.

(3) Für fremde Rechnung – umsatzsteuerrechtliche Abgrenzung von Kommission und Eigengeschäft

Grundsätzlich sind das Handeln im eigenen oder fremden Namen (Außenverhältnis) und das Handeln für eigene oder fremde Rechnung (Innenverhältnis) zu unterscheiden.[654] Das Außenverhältnis ist im Umsatzsteuerrecht entscheidend für die Bestimmung des Leistenden und des Leistungsempfängers, den Zeitpunkt der Lieferung und den Leistungsort.[655] Sowohl das Eigengeschäft als auch die Kommission führen im Außenverhältnis zu einem Handeln im eigenen Namen und damit zu einer umsatzsteuerrechtlich relevanten Lieferung.[656] Lediglich im Innenverhältnis

651 *Bergmann*, in: Oetker, HGB, § 406 Rz. 1; *Häuser*, in: MüKoHGB, § 406 Rz. 1; *Hopt*, in: Baumbach/Hopt, HGB, § 406 Rz. 1; *K. Schmidt*, Handelsrecht, § 31 I Rz. 4 f.

652 Siehe auch: *Englisch*, in: Tipke/Lang, Steuerrecht, § 17 Rz. 20.

653 So auch: *Storg*, Leistender und Leistungsempfänger im Umsatzsteuerrecht, S. 101.

654 *Gruß*, Der Umsatzbegriff nach den Änderungen durch das Umsatzsteuergesetz (Mehrwertsteuer), S. 31; *Slapio*, in: Birkenfeld/Wäger, Das große Umsatzsteuer-Handbuch, Kapitel 4 Buchst. D Rz. 2 ff.

655 BFH Urt. v. 13.03.1987 – V R 33/79, BStBl. II 1987, 524 (525); BFH Urt. v. 28.01.1999 – V R 4/98, BStBl. II 1999, 628 (629) m.w.N.; BFH Urt. v. 10.09.2015 – V R 17/14, BFH/NV 2016, 80 (82); *Nieskens*, in: Rau/Dürrwächter, UStG, § 3 Rz. 2381.

656 *Nieskens*, in: Rau/Dürrwächter, UStG, § 3 Rz. 2503 u. 2381.

unterscheiden sie sich an dem Merkmal, für wessen Rechnung das Geschäft getätigt wurde – Eigengeschäft (Handeln für eigene Rechnung) und Kommission (Handeln für fremde Rechnung).[657] Im Folgenden soll daher näher auf das Merkmal „für fremde Rechnung“ und dessen umsatzsteuerrechtliche Bedeutung eingegangen werden.

Zivilrechtlich ist das Handeln im eigenen Namen und für fremde Rechnung nicht gesondert geregelt worden, es wird vielmehr vom Gesetzgeber ignoriert.[658] Dies wird u.a. damit begründet, dass es sich um zwei Rechtsverhältnisse handelt, die rechtlich voneinander zu trennen sind: das Innen- und das Außenverhältnis.[659] Dabei wurde auch die Gefahr gesehen, dass eine mögliche Abgrenzung zur unmittelbaren Stellvertretung erschwert werden könnte.[660] Demzufolge wurde das Außenverhältnis stets als eigenes Rechtsgeschäft betrachtet, das der mittelbare Stellvertreter im eigenen Namen und für eigene Rechnung tätigte. Schließlich würden aus dem jeweiligen Rechtsverhältnis nur die jeweiligen Vertragsparteien berechtigt und verpflichtet.[661] Dem Begriff „für fremde Rechnung“ kommt im Zivilrecht demnach keine Bedeutung im rechtlichen Sinne, wohl aber im wirtschaftlichen Sinne zu.[662] Entscheidend ist dabei stets, wem die Vor- und Nachteile des Geschäfts zustehen. Die Entscheidung des Gesetzgebers, die mittelbare Stellvertretung im Zivilrecht nicht ausdrücklich zu regeln, führt somit zu Folgeproblemen in anderen Rechtsgebieten, wie etwa dem Umsatzsteuerrecht. Fraglich ist daher, ob es im Umsatzsteuerrecht überhaupt darauf ankommt, wem die Erfolge und Nachteile eines Geschäftes zukommen, oder ob nicht andere Kriterien maßgeblich sind.

Grundsätzlich sind auch im Umsatzsteuerrecht die einzelnen Rechtsverhältnisse getrennt voneinander zu behandeln. Wem eine Leistung zuzurechnen ist, d.h. in wessen Namen gehandelt wurde, bestimmt sich maßgeblich nach dem Außenverhältnis und den damit meist verbundenen zivilrechtlichen Vereinbarungen.[663] Das Innenverhältnis zeigt indessen auf, für wessen Rechnung das Geschäft vorgenom-

---

657 *Gruß*, Der Umsatzbegriff nach den Änderungen durch das Umsatzsteuergesetz (Mehrwertsteuer), S. 31; *Slapio*, in: Birkenfeld/Wäger, Das große Umsatzsteuer-Handbuch, Kapitel 4 Buchst. D Rz. 2 ff.

658 *Hefermehl*, in: Schlegelberger, HGB, § 383 Rz. 21; *Schwark*, JuS 1980, 777; *Storg*, Leistender und Leistungsempfänger im Umsatzsteuerrecht, S. 129.

659 *Schwark*, JuS 1980, 777; *Storg*, Leistender und Leistungsempfänger im Umsatzsteuerrecht, S. 129.

660 *Schmidt-Rimpler*, in: Ehrenbach, Handbuch des gesamten Handelsrechts Bd. 5, I. Abtlg., 1. Hälfte, S. 604 ff.; *Schwark*, JuS 1980, 777.

661 *Schwark*, JuS 1980, 777.

662 Ähnlich: *Hefermehl*, in: Schlegelberger, HGB, § 383 Rz. 21.

663 Ständige Rspr.: BFH Urt. v. 13.03.1987 – V R 33/79, BStBl. II 1987, 524 (525); BFH Beschl. v. 31.01.2002 – V B 108/01, BStBl. II 2004, 622 (624); BFH Urt. v. 26.06.2003 – V

men wurde.[664] Für den Fall der Kommission bedeutet dies, dass im Innenverhältnis eine sonstige Leistung i.S.d. § 3 Abs. 9 UStG vorliegt, während im Außenverhältnis eine Lieferung i.S.d. § 3 Abs. 1 UStG besteht.[665] Ein solches Ergebnis wollte der Gesetzgeber mit der Einführung des § 3 Abs. 3 UStG jedoch vermeiden. Vielmehr sollte die Kommission dem Eigengeschäft gleichgestellt werden, sodass der Kommissionär letztlich als Zwischenhändler agiert.[666] Dieser Gedanke stammte allerdings noch aus der Zeit der Brutto-Allphasen-Besteuerung, nach welcher der Kommissionär zweifach mit der Umsatzsteuer belastet gewesen wäre, insofern keine Lieferung zwischen ihm und dem Kommittenten fingiert worden wäre.[667] Dieser hätte zum einen die Umsatzsteuer für die Lieferungen an die Käufer und zum anderen die Umsatzsteuer bezüglich seiner vom Kommittenten erhaltenen Provision zahlen müssen.[668] Mit Einführung der Netto-Allphasen-Besteuerung und der damit verbundenen Möglichkeit eines Vorsteuerabzugs stellte sich dieses Problem zunächst nicht mehr in dem Ausmaße. Es hat lediglich dann Auswirkungen, wenn entweder der Kommissionär oder der Kommittent nicht Unternehmer i.S.d. Umsatzsteuergesetzes sind.[669] Ob die Vorschrift des § 3 Abs. 3 UStG unter diesem Gesichtspunkt überhaupt noch erforderlich ist, soll im Rahmen dieser Arbeit nicht weiter ausgeführt werden. Vielmehr ist – zwecks des Vorliegens eines Dreifachumsatzes bei der Verwertung von Sicherungsgut im Insolvenzverfahren – näher auf den unionsrechtlichen Hintergrund der Regelung und seine Auswirkungen auf das nationale Umsatzsteuerrecht einzugehen.

c) Vergleich nationales und europäisches Recht – Kommissionsgeschäfte

aa) Unionsrechtliche Grundlage des § 3 Abs. 3 UStG

Die Vorschrift des § 3 Abs. 3 UStG basiert auf der unionsrechtlichen Grundlage des Art. 14 Abs. 2 Buchst. c MwStSystRL.[670] Allerdings wurde bei der Umsetzung

---

R 22/02, BFH/NV 2004, 233 (234); BFH Urt. v. 12.05.2011 – V R 25/10, BFH/NV 2011, 1541 (1542); *Nieskens*, in: Rau/Dürrwächter, UStG, § 3 Rz. 2381.

664 *Nieskens*, in: Rau/Dürrwächter, UStG, § 3 Rz. 2382.

665 Siehe S. 99 ff.

666 *Gruß*, Der Umsatzbegriff nach den Änderungen durch das Umsatzsteuergesetz (Mehrwertsteuer), S. 31; *Martin*, in: Sölch/Ringleb, UStG, § 3 Rz. 404.

667 So auch schon: RFH Gutachten v. 20.06.1919 – II D 7/19, RFHE 1 Teil B, S. 42; *Bolk/Reiß*, DStZ 1980, 385 (386).

668 RFH Gutachten v. 20.06.1919 – II D 7/19, RFHE 1 Teil B, S. 42.

669 Siehe *Bolk/Reiß*, DStZ 1980, 385 (386).

670 Art. 14 Abs. 2 Buchst. c der Richtlinie 2006/112/EG des Rates v. 28.11.2006 über das gemeinsame Mehwertsteuersystem, ABl. EU Nr. L 347/2006 vom 11.12.2006, S. 12.

der MwStSystRL in nationales Recht auf eine Neuformulierung des § 3 Abs. 3 UStG verzichtet, sodass es bei der bereits seit 1938 (UStDB) bekannten Formulierung blieb („Umsetzung durch Unterlassen").[671] Eine solche Maßnahme ist nur dann möglich, sofern die nationale Regelung bereits den Vorgaben der Richtlinie entspricht und es daher keiner erneuten Umsetzung bedarf.

Art. 14 Abs. 2 Buchst. c MwStSystRL bestimmt, dass neben dem in Abs. 1 genannten Umsatz auch die Übertragung eines Gegenstandes aufgrund eines Vertrags über eine Einkaufs- oder Verkaufskommission als Lieferung von Gegenständen gilt. Ob es sich dabei um eine konstitutive oder eine rein deklaratorische Regelung zu Art. 14 Abs. 1 MwStSystRL handelt, soll vorerst hintenangestellt werden. Vielmehr ist zunächst festzustellen was unter den in der Richtlinie genannten Begriffen zu verstehen ist, bevor eine systematische Einordnung derselbigen erfolgt. Obwohl die Begriffe der Einkaufs- und Verkaufskommission in Art. 14 Abs. 2 Buchst. c MwStSystRL im Vordergrund stehen, findet sich keine weitergehende Erläuterung in der Richtlinie.[672] Allenfalls kann ein Vergleich zu den Regelungen über die Dienstleistungen herangezogen werden, wonach Steuerpflichtige, die bei der Erbringung von Dienstleistungen im eigenen Namen, aber für Rechnung Dritter tätig werden, behandelt werden, als ob sie diese Dienstleistungen selbst erhalten und erbracht hätten.[673] Diese Vorschrift entspricht der nationalen Definition der Kommissionsgeschäfte, die grundsätzlich ein Handeln im eigenen Namen, aber für fremde Rechnung als Lehrbuchfall der mittelbaren Stellvertretung voraussetzen.[674]

Während im nationalen Recht dem Innenverhältnis zwischen Kommissionär und Kommittent weiterhin eine tragende Rolle zukommt, gilt im Unionsrecht der Grundsatz der Maßgeblichkeit des Außenverhältnisses.[675] Insbesondere im Rahmen der Dienstleistungen wird deutlich, dass nicht auf das Innenverhältnis abgestellt werden soll. Hier formuliert Art. 28 MwStSystRL wie folgt: „Steuerpflichtige, die bei der Erbringung von Dienstleistungen im eigenen Namen, aber für Rechnung Dritter tätig werden, werden behandelt, als ob sie diese Dienstleistungen selbst erhalten und erbracht hätten." Auch Art. 14 Abs. 2 Buchst. c MwStSystRL regelt lediglich das Außenverhältnis, indem er die Übertragung eines

---

671 Ähnlich im Fall der Aktionärsrechterichtlinie (ARUG), vgl. hierzu: *Stöber*, DStR 2014, 1680 (1681); *Teichmann*, NZG 2014, 401 (403).

672 Siehe auch: *Achatz* in: Achatz/Tumpel, Reihengeschäfte bei der Umsatzsteuer, S. 44.

673 Siehe Art. 28 der Richtlinie 2006/112/EG des Rates v. 28.11.2006 über das gemeinsame Mehwertsteuersystem, ABl. EU Nr. L 347/2006 vom 11.12.2006, S. 14.

674 Siehe S. 84 f.

675 *Achatz* in: Achatz/Tumpel, Reihengeschäfte bei der Umsatzsteuer, S. 44 m.w.N.

Gegenstands aufgrund eines Vertrags über eine Einkaufs- oder Verkaufskommission der Lieferung von Gegenständen gleichstellt. Von zentraler Bedeutung im Unionsrecht ist somit das Außenverhältnis, d. h. wer als Leistender nach Außen in Erscheinung tritt.[676] Welche Konsequenzen dieses Handeln im Innenverhältnis auslöst, d. h. wen die Vor- und Nachteile des Geschäfts treffen, ist nach den unionsrechtlichen Vorgaben ohne Belang.[677] Letztlich muss daher davon ausgegangen werden, dass die Begriffe der Richtlinie sich in ihrem Bedeutungsgehalt deutlich von dem des nationalen Zivilrechts unterscheiden können.[678] Es kann schließlich nicht ausgeschlossen werden, dass auch das erkennbare Handeln für den Kommittenten im Außenverhältnis von der Regelung (Art. 14 Abs. 2 Buchst. c MwStSystRL) umfasst ist.[679] Eine mögliche Klarstellung der Regelung vermag daher nur der hinter ihr stehende Zweck zu bringen.

bb) Zweck der Vorschrift des Art. 14 Abs. 2 Buchst. c MwStSystRL

Grundsätzlich sind Kommissionsgeschäfte als Teile des Wirtschaftslebens anzusehen, welche sowohl Lieferungselemente als auch Dienstleistungselemente umfassen.[680] Dies spiegelt sich zudem im nationalen Charakter der Kommissionsgeschäfte wider, die im Innenverhältnis stets eine Geschäftsbesorgung (§ 675 BGB) beinhalten, während im Außenverhältnis in der Regel ein kaufrechtlicher Vertrag vorliegt (§ 433 BGB). Im Mittelpunkt der Kommission steht nach handelsrechtlichen Gesichtspunkten jedoch die Geschäftsbesorgung für den Kommittenten, was aus unionsrechtlicher Sicht dem Vorliegen einer Dienstleistung (Art. 24 Abs. 1 MwStSystRL) gleichkommt.

Insbesondere die handelsrechtlichen Regelungen zur Interessenwahrung (§ 384 Abs. 1 HGB), Schadensersatzpflicht (§ 385 HGB) oder zu nachteiligen/vorteilhaften Preisabweichungen (§ 386/§ 387 HGB) zeigen auf, dass dem Kommissionär keine umfassende Berechtigung am Kommissionsgut zukommt.[681] Sofern

---

676 Vgl. *Achatz* in: Achatz/Tumpel, Reihengeschäfte bei der Umsatzsteuer, S. 44, der von dem Grundsatz der Maßgeblichkeit des Außenverhältnisses spricht.

677 *Martin*, in: Sölch/Ringleb, UStG, § 3 Rz. 402; *Nieskens*, in: Rau/Dürrwächter, UStG, § 3 Rz. 2521.

678 Vgl. EuGH v. 08.05.2003, Rs. C-269/00 (*Seeling*), ECLI:EU:C:2003:254, Slg. 2003, I-04101, Rz. 46 f.; *Achatz* in: Achatz/Tumpel, Reihengeschäfte bei der Umsatzsteuer, S. 44.

679 *Achatz* in: Achatz/Tumpel, Reihengeschäfte bei der Umsatzsteuer, S. 44.

680 *Achatz* in: Achatz/Tumpel, Reihengeschäfte bei der Umsatzsteuer, S. 45; *Eschenbach*, DStZ 2002, 429 (432); *Schön*, UR 1988, 1 (4).

681 So auch: *Achatz* in: Achatz/Tumpel, Reihengeschäfte bei der Umsatzsteuer, S. 45.

von dieser rechtlichen Würdigung ausgegangen wird, erscheint es fast unumgänglich, in der Kommission lediglich eine Geschäftsbesorgung zu erblicken, welche unionsrechtlich als Dienstleistung zu qualifizieren ist. Allerdings sind die zuvor genannten handelsrechtlichen Regelungen nicht abschließend; so besteht im Falle der Einkaufs- bzw. Verkaufskommission u. a. die Möglichkeit des Selbsteintritts des Kommissionärs (§ 400 Abs. 1 HGB). Dies offeriert dem Kommissionär die Möglichkeit, der Rechtsposition eines Eigenhändlers weitestgehend gleichgestellt zu werden.[682] Somit wird dem Kommissionär durch die nationalen handelsrechtlichen Vorschriften eine Rechtsposition eingeräumt, die ihn nicht nur formal zur Veräußerung berechtigt, sondern ihm im Ergebnis eine solche Rechtsposition verschafft, im umsatzsteuerrechtlichen Sinn über den Gegenstand zu verfügen.[683] Es verwundert daher nicht, dass sowohl der nationale Gesetzgeber als auch der RFH[684] das Innenverhältnis zwischen Kommissionär und Kommittent als Lieferung qualifizieren wollen. Hierdurch werden Qualifikationskonflikte umgangen, die sich bei der umsatzsteuerrechtlichen Einordnung des Leistungsaustausches zwischen Kommissionär und Kommittent stellen würden. Die rechtlichen Möglichkeiten und Gestaltungsspielräume würden eine eindeutige Zuordnung der Kommission als Lieferung oder sonstige Leistung gänzlich unmöglich machen. Letztlich handelt es sich bei der Regelung des § 3 Abs. 3 UStG um eine Vereinfachung der steuerrechtlichen Praxis bezüglich der Abgrenzung von Eigenhandel und Kommission.[685]

Einem ähnlichen Vorwurf muss sich wohl auch der unionsrechtliche Gesetzgeber stellen. Mit Art. 14 Abs. 2 Buchst. c MwStSystRL hat er eine dem nationalen Recht vergleichbare Regelung geschaffen, welche ebenfalls zu einer Fiktion einer Lieferung von Gegenständen führt. Bereits aus dem Vorschlag der Kommission zur sechsten Richtlinie lässt sich erkennen, dass eine solche Regelung gewählt wurde, um den Grundsatz der Steuerneutralität wahren zu können und dadurch eine Vereinfachung innerhalb des gemeinsamen Binnenmarktes zu erreichen.[686] Mithin erweist sich die Regelung ebenfalls als nicht gewinnbringend, da sie im

682 Vgl. *Bergmann*, in: Oetker, HGB, § 400 Rz. 1 und 9; *Nieskens*, in: Rau/Dürrwächter, UStG, § 3 Rz. 2582; *Schön*, UR 1988, 1 (3 f.).

683 Vgl. *Achatz* in: Achatz/Tumpel, Reihengeschäfte bei der Umsatzsteuer, S. 45.

684 RFH Gutachten v. 20.06.1919 – II D 7/19, RFHE 1 Teil B, S. 40 ff.; *Bolk/Reiß*, DStZ 1980, 385 (386); *Nieskens*, in: Rau/Dürrwächter, UStG, § 3 Rz. 2582.

685 So wohl auch: RFH Gutachten v. 20.06.1919 – II D 7/19, RFHE 1 Teil B, S. 42 f.; *Achatz* in: Achatz/Tumpel, Reihengeschäfte bei der Umsatzsteuer, S. 46.

686 Vorschlag der Kommission v. 29.06.1973, Bulletin der Europäischen Gemeinschaften, Beilage 11/1973, S. 7.

Falle des Vorliegens der Voraussetzungen des Art. 14 Abs. 1 MwStSystRL lediglich eine klarstellende Wirkung entfaltet und zu einer Fiktion führt, sofern die Voraussetzungen nicht vorliegen sollten.[687]

Ob es aus unionsrechtlicher oder nationaler Sicht überhaupt noch notwendig erscheint, eine solche Regelung beizubehalten, ist meines Erachtens diskussionswürdig. Letztlich muss man sich vor Augen führen, dass es die Vorschrift des § 3 Abs. 3 UStG und den dahinterstehenden Art. 14 Abs. 2 Buchst. c MwStSystRL nur aus dem Grunde gibt, die Kommission an den Eigenhandel anzupassen, um damit verbundene Abgrenzungsfragen zu vermeiden. Einen weitergehenden Zweck – Steuerbegünstigungen, Steuerbefreiungen etc. – verfolgte der Gesetzgeber mit der Vorschrift nicht. Vielmehr wurden mit Einführung der Vorschrift erst neue Probleme geschaffen (Lieferort, Lieferungszeitpunkt, Vorsteuerabzug).

d) Europarechtliche Auslegung des Begriffs „Übertragung eines Gegenstandes"

Aus der unionsrechtlichen Grundlage des Art. 14 Abs. 2 Buchst. c MwStSystRL folgt, dass „die Übertragung eines Gegenstandes" ebenfalls als eine Lieferung von Gegenständen gilt. Aus dem Wortlaut des Art. 14 MwStSystRL wird deutlich, dass der Begriff der „Übertragung" nicht mit dem der „Übergabe" identisch sein kann.[688] Sofern man Art. 14 Abs. 2 Buchst. c MwStSystRL im Zusammenhang mit Art. 14 Abs. 1 MwStSystRL liest, wird deutlich, dass mit dem Begriff der „Übertragung" eine weitergehende Position gemeint ist als die bloße Besitzübertragung.[689] Bereits in Abs. 1 wird der Begriff der „Übertragung" im Zusammenhang mit der – einem Eigentümer gleichgestellten – Verfügungsbefähigung verwendet. Eine ähnliche Übersetzung lässt sich auch in den übrigen Sprachfassungen der MwStSystRL finden, welche u. a. die Begriffe *„the transfer of goods"*[690] oder *„la transmisión de*

687 Vorschlag der Kommission v. 29.06.1973, Bulletin der Europäischen Gemeinschaften, Beilage 11/1973, S. 9; *Achatz* in: Achatz/Tumpel, Reihengeschäfte bei der Umsatzsteuer, S. 46; *Slapio*, in: Birkenfeld/Wäger, Das große Umsatzsteuer-Handbuch, Kapitel 4 Buchst. D Rz. 25.

688 Art. 14 Abs. 2 Buchst. b („die Übergabe eines Gegenstandes"), Buchst. c („die Übertragung eines Gegenstandes") der Richtlinie 2006/112/EG des Rates v. 28.11.2006 über das gemeinsame Mehwertsteuersystem, ABl. EU Nr. L 347/2006 vom 11.12.2006, S. 12; *Martin*, in: Sölch/Ringleb, UStG, § 3 Rz. 412.

689 *Martin*, in: Sölch/Ringleb, UStG, § 3 Rz. 412.

690 Art. 14 Council Directive 2006/112/EC of 28.11.2006 on the common system of value added tax.

bienes“[691] verwenden.[692] Ob es sich dabei um einen rein tatsächlichen Vorgang handelt oder eine rechtliche Übertragung gemeint ist, lässt die Richtlinie hingegen offen. Fraglich ist zudem, ob der Gegenstand durch den Kommittenten oder den Kommissionär übertragen werden muss. Die Regelung des Art. 14 Abs. 2 Buchst. c MwStSystRL enthält diesbezüglich keine nähere Erläuterung; dies im Gegensatz zur nationalen Vorschrift des § 3 Abs. 3 UStG, welcher genau festlegt, dass im Falle der Verkaufskommission der Kommissionär, bei der Einkaufskommission der Kommittent als Abnehmer gilt. Anhand dieser Regelung wird deutlich, dass der Kommissionär im Rahmen der Verkaufskommission zugleich Abnehmer und Lieferer ist. Sofern man die nationale Vorschrift zugrunde legt, müsste eine entsprechende Übertragung des Gegenstandes an den Kommissionär erfolgen. Dass allerdings die nationalen Übertragungsvorschriften diesbezüglich außer Acht zu lassen sind, wurde bereits mehrfach dargelegt.[693] Um dennoch eine allgemeingütige Aussage treffen zu können, was unter dem Begriff der Übertragung zu verstehen ist, sind die nationalen Vorgaben zumindest als Indiz heranzuziehen.

Unter dem Begriff der Übertragung der Verfügungsbefähigung aus Art. 14 Abs. 1 MwStSystRL lässt sich eine dem unmittelbaren Besitz ähnliche Rechtsposition verstehen, welche zudem als „Minus“ zur Eigentümerstellung anzusehen ist.[694] Da der europäische Gesetzgeber sowohl in Art. 14 Abs. 1 als auch in Art. 14 Abs. 2 Buchst. c MwStSystRL denselben Begriff verwendet, muss hierin eine Verbindung gesehen werden – eine ähnliche Verwendung ist auch in den übrigen Sprachfassungen der MwStSystRL zu erkennen.[695] Sofern die bloße Besitzübertragung ausreichen sollte, wird bereits in dem Zeitpunkt, in dem der Kommittent das Kommissionsgut an den Kommissionär übergibt, eine Lieferung

---

691 Art. 14 Directiva 2006/112/CE del consejo 28.11.2006 relativa al sistema común del impuesto sobre el valor añadido.

692 So auch schon: *Wäger*, Die Besteuerung innergemeinschaftlicher Reihengeschäfte, S. 77.

693 Siehe S. 20 ff.

694 *Pehle*, Die Bestimmung des Lieferortes bei grenzüberschreitenden ruhenden Umsatzgeschäften, S. 106 f.

695 Siehe „the transfer“, Art. 14 Council Directive 2006/112/EC of 28.11.2006 on the common system of value added tax; „la transmisión“, Art. 14 Directiva 2006/112/CE del consejo 28.11.2006 relativa al sistema común del impuesto sobre el valor añadido; „de overdracht “, Art. 14 Richtlijn 2006/112/EG van de Raad van 28.11.2006 betreffende het gemeenschappelijke stelsel van belasting over de toegevoegde waarde.

i.S.d. Umsatzsteuerrechts verwirklicht.[696] Stellt man hingegen darauf ab, dass die bloße Übergabe des Gegenstandes für das Vorliegen einer Lieferung nicht ausreicht, so verschiebt sich der Zeitpunkt der Lieferung nach hinten (Lieferung des Kommissionärs an den Dritten).[697] Im Folgenden soll daher auf die verschiedenen Lieferungszeitpunkte und deren mögliche Auswirkungen eingegangen werden.

aa) Übertragung als Besitzübergabe?

Leonard führt an, dass der Zeitpunkt der Lieferung im Moment der tatsächlichen Übergabe des Kommissionsgutes an den Kommissionär verwirklicht werde.[698] Hierfür nimmt er Bezug auf die unionsrechtliche Vorschrift des Art. 14 Abs. 1 MwStSystRL, wonach die Übertragung der Befähigung, wie ein Eigentümer über den Gegenstand verfügen zu können, für die Annahme einer Lieferung ausreicht. Dies setzt er wiederrum mit der handelsrechtlichen Verfügungsbefugnis über das Kommissionsgut gleich, welche der Kommissionär bereits mit Übergabe des Gegenstandes erlangt.[699] Eine ähnliche Ansicht lässt sich in dem am 20.06.1919 verfassten Gutachten des Reichsfinanzhofs erkennen. In diesem ging es um die Umsatzsteuerbarkeit der Verkaufskommission und dabei insbesondere um die Auslegung des Lieferungsbegriffs.[700] Dieser sollte nach Auffassung des RFH entsprechend dem bereits aus dem Warenumsatzstempelgesetz bekannten Begriff dahingehend verstanden werden, dass als Lieferung jede entgeltliche Besitzübertragung angesehen werden kann.[701] Begründet wurde diese Ansicht mit der Entstehungsgeschichte der Vorschrift und der Übernahme der Definition aus dem Warenumsatzstempelgesetz.[702] Diese Form der Auslegung diente jedoch letztlich nur dem Zweck, die Kommission dem Properhandel (Eigenhandel) gleichzusetzen, um somit Unstimmigkeiten bei der Abgrenzung zu vermeiden. Dies mochte zu Zeiten der Brutto-Allphasen-Besteuerung noch sinnvoll und auch

---

696 U.a.: RFH Urt. v. 28.06.1940 – V 128/39, RFHE 49, 100 (101); RFH Urt. v. 22.01.1943 – V 72/42, RFHE 53, 10 (14); *Heidner*, UR 2001, 517 (518); *Leonard*, in: Bunjes, UStG, § 3 Rz. 172; *Schön*, UR 1988, 1 (2).

697 U.a.: BFH Urt. v. 20.02.1986 – V R 133/75, BFH/NV 1986, 311 (312); BFH Urt. v. 25.11.1986 – V R 102/78, BStBl. II 1987, 278 (279 f.); *Hahn*, in: Weymüller, UStG, § 3 Rz. 257; *Martin*, in: Sölch/Ringleb, UStG, § 3 Rz. 412.

698 *Leonard*, in: Bunjes, UStG, § 3 Rz. 172.

699 *Leonard*, in: Bunjes, UStG, § 3 Rz. 172; ähnlich: *Martinek*, in: Oetker, HGB, § 383 Rz. 37.

700 RFH Gutachten v. 20.06.1919 – II D 7/19, RFHE 1 Teil B, S. 40.

701 RFH Gutachten v. 20.06.1919 – II D 7/19, RFHE 1 Teil B, S. 41.

702 RFH Gutachten v. 20.06.1919 – II D 7/19, RFHE 1 Teil B, S. 42 f.

notwendig erscheinen, ist jedoch spätestens mit Einführung der Netto-Allphasen-Besteuerung mit Vorsteuerabzugsmöglichkeit hinfällig geworden. Ein tiefgründigerer Zweck als lediglich die Anpassung von Eigenhandel und Kommission liegt letztlich nicht vor und wird auch vom Gesetzgeber nicht angeführt. Es handelt sich beim § 3 Abs. 3 UStG somit um ein Relikt aus Zeiten der Brutto-Besteuerung, dessen Aufhebung meines Erachtens längst überfällig ist.

Weiterhin kann diese Auffassung das Problem des noch unbestimmten Entgelts nicht überzeugend lösen. Der Steuertatbestand ist zum Zeitpunkt der Übergabe des Kommissionsguts an den Kommissionär noch nicht voll erfüllt, da es an dem für § 1 Abs. 1 S. 1 Nr. 1 UStG erforderlichen Leistungsaustausch gegen Entgelt fehlt. Hier wird versucht, die Rechtswirkungen, die bei der endgültigen Lieferung an den Dritten eintreten, auf den Zeitpunkt der Übergabe zurückzubeziehen.[703]

bb) Übertragung mit Lieferung des Kommissionärs

Die gegenteilige Auffassung geht von einer Lieferung erst zu dem Zeitpunkt aus, in dem der Kommissionär den Gegenstand endgültig an den Dritten liefert.[704] Die bloße Übergabe des Kommissionsguts vom Kommittenten an den Kommissionär stellt demnach noch keine Lieferung i.S.d. § 3 Abs. 1 UStG dar.[705] Vielmehr liegt erst im Zeitpunkt der Lieferung an den Abnehmer eine endgültige Lieferung auch zwischen Kommissionär und Kommittent vor; erst hier ist der Abnehmer bestimmt bzw. es ist erst jetzt gewiss, dass ein Verkauf überhaupt stattfindet.[706] Mit Übergabe der Ware an den Kommissionär wird lediglich der Besitz an dem Gegenstand mit der gleichzeitigen Ermächtigung, darüber zu verfügen, übertragen; erst eine juristische Sekunde vor Lieferung an den Abnehmer liegt – nach dieser Auffassung – eine Lieferung auch zwischen Kommissionär und Kommittent vor.[707]

Diese Ansicht mag zunächst überzeugen, da sie keine offenen Fragen bezüglich der Person des Abnehmers oder der Höhe des Kaufpreises lässt. Auch dürfte diese Auffassung derjenigen der MwStSystRL entsprechen. Nach dieser ist für eine Lieferung im Rahmen der Verkaufskommission entscheidend, dass der entsprechende Gegenstand übertragen werden muss. Aufgrund des zwischen Kommissionär und Kommittent vorliegenden Geschäftsbesorgungsvertrags wird

703 Siehe *Heidner*, UR 2001, 517 (518).

704 Statt vieler: *Martin*, in: Sölch/Ringleb, UStG, § 3 Rz. 412.

705 BFH Urt. v. 25.11.1986 – V R 102/78, BStBl. II 1987, 278 (279); *Hahn*, in: Weymüller, UStG, § 3 Rz. 257.

706 So schon: BFH Urt. v. 25.11.1986 – V R 102/78, BStBl. II 1987, 278 (280).

707 *Hahn*, in: Weymüller, UStG, § 3 Rz. 257; *Martin*, in: Sölch/Ringleb, UStG, § 3 Rz. 412.

der Kommissionär zwar zum Verkauf des Kommissionsgutes ermächtigt. Dies stellt aber – nach Auffassung des BFH[708], welcher sich auf die Rechtsprechung des EuGH[709] beruft – noch keine endgültige Übertragung von Ertrag, Wert und Substanz auf den Kommissionär dar. Eine solche Übertragung kann erst in dem Moment erblickt werden, in dem der Kommissionär den Gegenstand endgültig an den Abnehmer liefert.[710] Zu einem vorherigen Zeitpunkt besteht für den Kommittenten jederzeit die Möglichkeit, den Kommissionär auszuschließen (vgl. § 405 Abs. 3 HGB) bzw. den Abnehmerkreis einzugrenzen, da der Kommissionär den Gegenstand ausschließlich zu Verkaufszwecken besitzt.[711]

Zusammenfassend lässt sich sagen, dass erst mit der Lieferung des Kommissionsguts an den Abnehmer eine Lieferung zwischen Kommissionär und Kommittent vorliegt. Die bloße Besitzübertragung nach den nationalen zivilrechtlichen Vorgaben stimmt nicht mit denen der MwStSystRL überein und ist dementsprechend unionsrechtlich auszulegen. Eine dahingehende Entscheidung des EuGH zum Begriff der Übertragung i.S.d. Art. 14 Abs. 2 Buchst. c MwStSystRL bleibt abzuwarten. Es erscheint jedoch schlüssig, dass er auch in diesem Zusammenhang nicht anders als bereits zu Art. 14 Abs. 1 MwStSystRL entscheiden wird. Demzufolge wird auch im Rahmen der Einkaufs- bzw. Verkaufskommission eine dem faktischen Eigentümer gleichgestellte Rechtsposition zu verlangen sein. Mithin dürfte eine Übertragung erst im Moment der Lieferung des Kommissionärs an den Abnehmer anzunehmen sein.

e) Vorliegen eines sog. Dreifachumsatzes

Anhand der vorherigen Ausführungen zu den Kommissionsgeschäften sowohl im Handels- als auch im Umsatzsteuerrecht soll im Folgenden zu der Auffassung der Finanzverwaltung Stellung bezogen werden.

Im Rahmen der Behandlung des Kommissionsgeschäfts sowohl auf nationaler als auch auf unionsrechtlicher Ebene ist deutlich geworden, dass es noch zu keiner

708 BFH Urt. v. 29.09.1987 – X R 13/81, BStBl. II 1988, 153 (154); BFH Urt. v. 28.01.1999 – V R 4/98, BStBl. II 1999, 628 (629); BFH Urt. v. 15.06.1999 – VII R 3/97, BStBl. II 2000, 46 (52 f.).

709 EuGH Urt. v. 21.04.2005, Rs. C-25/03 (*HE*), ECLI:EU:C:2005:241, Slg. 2005, I-03123, Rz. 64; EuGH Urt. v. 15.12.2005, Rs. C-63/04 (*Centralan Property*), ECLI:EU:C:2005:773, Slg. 2005, I-11087, Rz. 62.

710 So auch: *Flückiger*, in: Plückebaum/Malitzky/Widmann, UStG, § 3 Rz. 13 u. 23; *Martin*, in: Sölch/Ringleb, UStG, § 3 Rz. 412.

711 Vgl. *Canaris*, Handelsrecht, § 30 II Rz. 11 ff.; *Flückiger*, in: Plückebaum/Malitzky/Widmann, UStG, § 3 Rz. 13.

vollständigen Harmonisierung der Rechtsvorschriften über die Umsatzsteuerbarkeit von Kommissionsgeschäften gekommen ist. Dies beruht zum einen auf der Untätigkeit des Gesetzgebers, eine Anpassung der nationalen Vorschriften an die Vorgaben der Richtlinie vorzunehmen – insbesondere die Formulierung des § 3 Abs. 3 UStG sollte vom nationalen Gesetzgeber dringend überarbeitet werden. Zum anderen besteht immer noch eine Diskrepanz zwischen den hier betroffenen Rechtsgebieten des Umsatzsteuer-, Insolvenz- und Unionsrechts. Die entsprechenden nationalen Begrifflichkeiten sollten im Rahmen des Unionsrechts ausgelegt werden. Insbesondere das Kommissionsgeschäft bedarf einer grundlegenden Anpassung an die Bestimmungen in der MwStSystRL. Hierbei gilt es insbesondere zu beachten, dass sich das Unionsrecht ausschließlich an dem Außenverhältnis orientiert.[712] Sofern das BMF von einem Dreifachumsatz bei der Verwertung von Sicherungsgut durch den Insolvenzverwalter ausgeht, ist dies ausdrücklich abzulehnen.

Die Finanzverwaltung geht in ihrem Schreiben vom 30.04.2014 von einem zwischen dem Insolvenzverwalter und Sicherungsnehmer vorliegenden Geschäftsbesorgungsverhältnis aus, welches durch die Fiktion einer Lieferung nach § 3 Abs. 3 UStG absorbiert werden soll.[713] Um dennoch zu einem Dreifachumsatz zu gelangen, fordert das BMF, dass mit Beginn des Insolvenzverfahrens, sprich mit Eintritt der Verwertungsreife, eine weitere Lieferung zwischen Sicherungsgeber und Sicherungsnehmer vorliegen soll. Dies ist notwendig, da der Sicherungsnehmer, vertreten durch den Insolvenzverwalter, das Sicherungsgut nur dann an die Masse liefern kann, wenn er zuvor Verfügungsmacht an dem Gegenstand erlangt hat. Dies entspricht folgender Reihenfolge: (1) Lieferung zwischen Sicherungsgeber und Sicherungsnehmer, (2) fiktive Lieferung zwischen Sicherungsnehmer und Insolvenzmasse, (3) Lieferung zwischen Insolvenzmasse und Abnehmer.

Hinsichtlich der ersten Lieferung erscheint es fragwürdig, ob eine solche im Rahmen des Insolvenzverfahrens überhaupt vorliegen kann. Hierbei gilt es vor allem, den Besonderheiten des Insolvenzverfahrens Rechnung zu tragen. Gem. § 80 Abs. 1 InsO geht mit Eröffnung des Insolvenzverfahrens die Verwaltungs- und Verfügungsbefugnis auf den Insolvenzverwalter über. Weiterhin besteht nach § 148 Abs. 1 InsO die Verpflichtung des Insolvenzverwalters, das gesamte zur Insolvenzmasse gehörende Vermögen in Besitz zu nehmen. § 148 Abs. 1 InsO tritt dabei als Ergänzung des § 80 Abs. 1 InsO in Erscheinung.[714] Während § 80 Abs. 1

712 Siehe: *Achatz*, in: Achatz/Tumpel, Reihengeschäfte bei der Umsatzsteuer, S. 44; *Nieskens*, in: Rau/Dürrwächter, UStG, § 3 Rz. 2521.

713 BMF-Schreiben v.30.04.2014 – IV D 2 – S 7100/07/10037, BStBl. I 2014, 816 (817).

714 *Füchsl/Weishäupl/Jaffé*, in: MüKoInsO, § 148 Rz. 1.

InsO zunächst den Übergang der Verwaltungs- und Verfügungsbefugnis beinhaltet und damit die Insolvenzmasse vor beeinträchtigenden Verfügungen schützt, regelt § 148 Abs. 1 InsO die faktische Begründung der Sachherrschaft.[715] Mit Eröffnung des Insolvenzverfahrens gehen somit die Befugnisse des Schuldners, sein Vermögen zu verwalten und über es zu verfügen, auf den Insolvenzverwalter über. Im Übrigen bleibt die Rechtsstellung des Schuldners unberührt – er ist weiterhin „Eigentümer des zur Insolvenzmasse gehörenden Vermögens bzw. Inhaber der dazu gehörenden Rechte und Gläubiger der Forderungen gegen Dritte."[716]

Das Umsatzsteuerrecht fordert für das Vorliegen einer Lieferung die Verschaffung der Verfügungsmacht, siehe § 3 Abs. 1 UStG. In Anbetracht der zuvor erläuterten Regelungen des Insolvenzverfahrens geht im Falle der Eröffnung des Verfahrens die Verfügungsbefugnis kraft Gesetzes auf den Insolvenzverwalter über. Für das Vorliegen einer umsatzsteuerrechtlich relevanten Lieferung i.S.d. § 3 Abs. 1 UStG ist aber erforderlich, dass eben dieser die Verfügungsmacht auf den Sicherungsnehmer überträgt. Der EuGH fordert hierfür die Übertragung der faktischen Befähigung, wie ein Eigentümer über den Gegenstand zu verfügen.[717] Diese Befähigung trifft zu keinem Zeitpunkt des Insolvenzverfahrens auf die Person des Sicherungsnehmers/Gläubigers zu.[718] Es handelt sich lediglich um einen Versuch der Finanzverwaltung, die anschließende fiktive Lieferung zu erklären, um somit letztlich zu einem Dreifachumsatz zu gelangen. Mithin ist schon die erste der insgesamt drei Lieferungen, die das BMF annimmt, abzulehnen.

Des Weiteren nimmt das BMF eine Geschäftsbesorgung zwischen Insolvenzverwalter und Sicherungsnehmer an, welche in einer fiktiven Lieferung i.S.d. § 3 Abs. 3 UStG aufgehen soll.[719] Zwingende Voraussetzung hierfür ist allerdings, dass der Sicherungsnehmer/Gläubiger selbst Verfügungsmacht an dem Gegenstand erlangt hat, sodass er in der Lage ist, diesen mittels eines Kommissionsverhältnisses an den Insolvenzverwalter zu liefern (§ 3 Abs. 3 UStG). Diese Auffassung vermag bereits aus dem Grunde nicht zu überzeugen, dass hier unterschiedliche Begründungen (BFH und BMF) für das Vorliegen einer Geschäftsbesorgung angeführt werden.[720] Nach Ansicht der Finanzverwaltung gründet die Geschäftsbesorgung darin, dass mit Eröffnung des Insolvenzverfahrens Verwertungsreife

715 Siehe *Füchsl/Weishäupl/Jaffé*, in: MüKoInsO, § 148 Rz. 1.
716 *Ott/Vuia*, in: MüKoInsO, § 80 Rz. 6; *Reischl*, Insolvenzrecht, Rz. 186.
717 Siehe EuGH Urt. v. 15.12.2005, Rs. C-63/04 (*Rs. Centralan Property*), ECLI:EU:C:2005:773, Slg. 2005, I-11087, Rz. 62.
718 So auch: BFH Urt. v. 18.08.2005 – V R 31/04, BStBl. II 2007, 183 (184 f.).
719 BMF-Schreiben v. 30.04.2014 – IV D 2 – S 7100/07/10037, BStBl. I 2014, 816 (817).
720 So auch: *Roth*, Insolvenzsteuerrecht, Rz. 4.469.

eingetreten ist und somit der Sicherungsnehmer/Gläubiger aufgrund der zuvor vereinbarten Sicherungsabrede die Verfügungsmacht an dem Gegenstand erlangt haben muss.[721] Eine solche Auffassung widerspricht jedoch den insolvenzrechtlichen Regeln (§§ 80 Abs. 1, 148 Abs. 1 InsO) und ist auch mit der Ansicht des BFH nicht zu vertreten. Der BFH geht in seiner Entscheidung vom 28.07.2011 von einer anderen Grundlage der Geschäftsbesorgung für den Sicherungsnehmer aus. Hiernach handelt der Insolvenzverwalter bei der freihändigen Verwertung nach §§ 166 ff. InsO nicht ausschließlich im Eigeninteresse, sondern zugleich auch im Interesse der Gläubiger. Dass eine solche Konstellation möglich ist, zeigen die Gedanken zur Geschäftsführung ohne Auftrag. Bei dieser genügt es, dass das Geschäft nicht nur dem Geschäftsherrn, sondern auch Dritten zugutekommen soll (sog. auch fremdes Geschäft).[722] Für die Annahme einer Geschäftsbesorgung würden insbesondere die in den §§ 167 ff. InsO geregelten Mitsprache- und Informationsrechte sprechen.[723] Zu der Annahme eines Dreifachumsatzes durch die Absorption der entgeltlichen Geschäftsbesorgung über die Grundsätze des Kommissionsgeschäfts anhand der fiktiven Lieferung nach § 3 Abs. 3 UStG bezieht der BFH in seinem Urteil keine Stellung.[724] Somit ist dem BFH zu unterstellen, dass er zu keinem Zeitpunkt davon ausgeht, dass der Sicherungsnehmer/Gläubiger die Verfügungsmacht an dem Gegenstand erlangt hat – wie es die Finanzverwaltung fordert.

Weiterhin gilt es zu bedenken, dass die hier vertretene Auffassung schon von keinem Geschäftsbesorgungsverhältnis zwischen Insolvenzverwalter und Sicherungsnehmer/Gläubiger ausgeht.[725] Dies stützt sich zum einen darauf, dass die Verwertung des Insolvenzverwalters auf Grundlage eines ihm zustehenden originären Rechts (§ 166 Abs. 1 InsO) und nicht aufgrund einer fremdnützigen Tätigkeit beruht, welche sich lediglich als rechtlicher Reflex der insolvenzrechtlichen Vorschriften ergibt. Zum anderen fehlt es an der Entgeltlichkeit des Vorgangs, der aber gerade im Umsatzsteuerrecht eine besondere Bedeutung zukommt (§ 1 Abs. 1 S. 1 Nr. 1 UStG). Der BFH geht in seinem aktuellen Urteil davon aus, dass die Kosten der Verwertung als Entgelt für eine sonstige Leistung i.S.d. § 3 Abs. 9 UStG anzusehen sind.[726] Dabei übersieht er jedoch, dass die Verwertungs-

---

721 Siehe: BMF-Schreiben v. 30.04.2014 – IV D 2 – S 7100/07/10037, BStBl. I 2014, 816 (817).

722 BGH Urt. v. 27.05.2009 – VIII ZR 302/07, NJW 2009, 2590 (2591) m.w.N.

723 BFH Urt. v. 28.07.2011 – V R 28/09, BStBl. II 2014, 406 (410).

724 BFH Urt. v. 28.07.2011 – V R 28/09, BStBl. II 2014, 406 (410).

725 Siehe S. 81 ff.

726 BFH Urt. v. 28.07.2011 – V R 28/09, BStBl. II 2014, 406 (410).

kosten ähnlich der Feststellungskosten als Pauschale im Gesetz geregelt worden sind (vgl. § 170 Abs. 1 S. 1 i.V.m. § 171 Abs. 2 InsO). Umsatzsteuerrechtlich betrachtet müssten die Verwertungskosten als Gegenleistung für die Leistung (Verwertung) angesehen werden können. Nach der hier vertretenen Auffassung stellen die Verwertungskosten jedoch keine „bewusste Zuwendung" des Sicherungsnehmers/Gläubigers dar, die er aufwendet, um die Leistung zu erhalten.[727]

Das BMF geht in seinem Schreiben vom 30.04.2014 noch einen Schritt weiter und fordert, dass auch die Kosten der Feststellung (§ 170 Abs. 1 S. 1 i.V.m. § 171 Abs. 1 InsO) der Umsatzsteuer unterliegen sollen.[728] Dabei gilt es zu bedenken, dass diese Pauschale, welche der Höhe nach der gängigen Gerichtspraxis entspricht, lediglich aus Gründen einer besseren Praktikabilität ins Gesetz eingefügt worden ist.[729] Umsatzsteuerrechtlich betrachtet liegt den Kosten der Feststellung auch kein Leistungsaustausch zugrunde, sodass letztlich bereits die Voraussetzungen des Tatbestandes des § 1 Abs. 1 S. 1 Nr. 1 UStG fehlen. Anders als bei den Verwertungskosten besteht zudem nicht die Möglichkeit einer Anpassung der Kosten an die tatsächliche Höhe (siehe § 171 Abs. 2 S. 2 InsO). Bei der Vorschrift über die Kosten der Feststellung handelt es sich letztlich nur um eine gesetzlich geregelte Kostentragungsregel, welche auf die Umsatzsteuer keinerlei Auswirkungen hat. Diese Auffassung entspricht nicht nur der ständigen Rechtsprechung, sondern wird so auch in der herrschenden Literatur vertreten.[730] Meines Erachtens nicht zu erklären ist es, warum das BMF, welches in seinem Schreiben vom 30.04.2014 auf das Urteil des BFH vom 28.07.2011 Bezug nimmt, gravierend vom Selbigen abweicht. Schließlich lässt das Urteil des BFH hinsichtlich der Feststellungskosten kaum eine andere Schlussfolgerung zu als diejenige, dass diese Kosten gerade nicht der Umsatzsteuer unterliegen sollen.[731]

Von der darüberhinausgehenden Annahme eines Kommissionsverhältnisses zwischen Insolvenzverwalter und Sicherungsgläubiger ist gänzlich Abstand zu nehmen. Nicht nur, dass dem Insolvenzverwalter eine für die Kommission wesentliche Weisungsgebundenheit fehlt, zudem wird er auch nicht ausschließlich für Rechnung der absonderungsberechtigten Gläubiger tätig. Eine solche

---

727 Siehe bereits S. 72 ff.

728 BMF-Schreiben v. 30.04.2014 – IV D 2 – S 7100/07/10037, BStBl. I 2014, 816 (817).

729 Siehe S. 72 ff.

730 U.a.: BFH Urt. v. 18.08.2005 – V R 31/04, BStBl. II 2007, 183 (185); BFH Urt. v. 28.07.2011 – V R 28/09, BStBl. II 2014, 406 (409 f.); *Büchler/Scholz*, in: HambKomm, InsO, § 171 Rz. 16; *de Weerth*, BB 1999, 821 (827); *Sinz*, in: K. Schmidt, InsO, § 171 Rz. 34.

731 BFH Urt. v. 28.07.2011 – V R 28/09, BStBl. II 2014, 406 (410).

Annahme würde den grundlegenden Prinzipien des Insolvenzverfahrens widersprechen und ist daher strikt abzulehnen. Ein entsprechendes Urteil des EuGH, speziell zum Fall des Kommissionsgeschäfts bei der Sicherheitenverwertung durch den Insolvenzverwalter, fehlt noch. Es ist allerdings davon auszugehen, dass sich auch der EuGH diesbezüglich eher kritisch verhalten wird; nicht zuletzt aufgrund seiner im Jahr 2003 ergangenen Rechtsprechung im Fall der *Auto Lease Holland*.[732] In dieser Entscheidung nahm der EuGH ganz klar Abstand von der Errichtung künstlicher Leistungsketten und sah auch im Fall des Leasing keine zusätzliche Leistung an den Leasinggeber gegeben.[733] Weiterhin stellt das BMF in seinem Schreiben lediglich auf die zivilrechtliche Kommission ab, ohne die Besonderheiten des Unionsrechts zu berücksichtigen. Dass die zivilrechtliche Kommission und die umsatzsteuerrechtliche Kommission nicht übereinstimmen müssen, wurde im oberen Abschnitt hinreichend dargelegt. Insbesondere die richtlinienwidrige Umsetzung des § 3 Abs. 3 UStG, welcher in seinem Klammerzusatz auf die nationalen Vorschriften des Kommissionsrechts Bezug nimmt, sollte durch den Gesetzgeber an die Vorgaben des Unionsrechts angepasst werden.[734]

Hinsichtlich der Lieferung an den Abnehmer lässt sich nichts weiter hinzufügen. Zweifelsfrei liegt eine umsatzsteuerrechtlich relevante Lieferung i.S.d. § 3 Abs. 1 UStG vor, welche nach der hier vertretenen Auffassung – abweichend von der neueren Rechtsprechung und der Finanzverwaltung – aber lediglich zu einem Einfachumsatz führt.

Der Auffassung des BMF ist in Gänze nicht zuzustimmen. Vielmehr sollte die Verwaltungsanweisung grundlegend überarbeitet werden.

IV. Zusammenfassung und Stellungnahme

Es zeigt sich, dass noch zahlreiche Diskrepanzen in Rechtsprechung und Schrifttum vorliegen, was nicht zuletzt an der Komplexität des Themengebietes – rund um das Insolvenzsteuerrecht in Verbindung mit dem Unionsrecht – liegt. Insbesondere der zuletzt vollzogene Rechtsprechungswandel zur Umsatzsteuerbarkeit der Verwertung beweglicher Sachen zeigt auf, dass innerhalb dieses Themenkomplexes noch große Unsicherheiten bestehen. Letztlich muss sich der BFH

---

732 Vgl. EuGH Urt. v. 06.02.2003, Rs. C-185/01 (*Auto Lease Holland*), ECLI:EU:C:2003:73, Slg. 2003, I-01317, Rz. 34 ff.

733 Vgl. EuGH Urt. v. 06.02.2003, Rs. C-185/01 (*Auto Lease Holland*), ECLI:EU:C:2003:73, Slg. 2003, I-01317, Rz. 34.

734 Vgl. ferner: *Wäger*, Die Besteuerung innergemeinschaftlicher Reihengeschäfte, S. 166.

vorwerfen lassen, mit seiner Entscheidung allein den Fiskus zu privilegieren. Dass die im Urteil vom 28.07.2011 getroffene Richtungsänderung umsatzsteuerrechtlich und auch unionsrechtlich nicht nachvollzogen werden kann, wurde in diesem Abschnitt deutlich zum Ausdruck gebracht. Insbesondere das Vorliegen eines Geschäftsbesorgungsverhältnisses zwischen Sicherungsnehmer/Gläubiger und Insolvenzverwalter ist entschieden zurückzuweisen. Nicht zuletzt werden durch die Annahme einer solchen Geschäftsbesorgung die insolvenzrechtlichen Vorschriften sowie die grundlegenden Ziele und Zwecke der Insolvenzordnung außer Acht gelassen. Dass § 166 InsO eine allein dem Insolvenzverwalter obliegende Aufgabe normiert, bleibt von der neueren Rechtsprechung gänzlich unbeachtet. Dabei sollte mit der Vorschrift des § 166 InsO eine Abkehr von der noch zu Zeiten der Konkursordnung geltenden Rechtlage erfolgen, weshalb die Verwertung im Rahmen des Insolvenzverfahrens primär dem Insolvenzverwalter obliegen soll. Aus dieser Gesetzeslage eine Geschäftsbesorgung für den Gläubiger abzuleiten, erscheint hier – aus den bereits genannten Gründen – nicht schlüssig. Vielmehr wird dem Insolvenzverwalter ein fremdnütziges Verhalten unterstellt, welches sich lediglich als rechtlicher Reflex seiner durch §§ 166, 60 InsO normierten Verpflichtungen darstellt.

Eine sonstige Leistung i.S.d. § 3 Abs. 9 UStG ist aus umsatzsteuerrechtlicher Sicht jedenfalls abzulehnen. Nicht nur, dass es an einem entsprechenden Leistungsaustausch i.S.d. § 1 Abs. 1 S. 1 Nr. 1 UStG fehlt. Auch sind die Verwertungskosten i.S.d. § 171 Abs. 2 InsO nicht als Entgelt (= Gegenleistung) einer sonstigen Leistung anzusehen. Es handelt sich hierbei um eine gesetzlich geregelte Kostenpauschale, ähnlich den Feststellungskosten i.S.d. § 171 Abs. 1 InsO. Hieraus eine Gegenleistung i.S.d. Umsatzsteuerrechts zu konstruieren, erscheint doch sehr fragwürdig. Bei den Verwertungskosten müsste es sich um eine bewusste Zuwendung des Gläubigers für eine ihm gegenüber erbrachte Leistung handeln. Übersehen wird jedoch, dass es sich bei den Verwertungskosten um Beträge handelt, die der Gläubiger auch im Falle einer Freigabe nach § 170 Abs. 2 InsO hätte tragen müssen. Sie erfolgen demzufolge nicht als Gegenleistung für eine bereits erbrachte Leistung, sondern dienen letztlich der Befriedigung der Gläubigergesamtheit.

Gänzlich abzulehnen ist dahingegen die Auffassung der Finanzverwaltung in ihrem BMF-Schreiben vom 30.04.2014. Das BMF legt das Urteil des BFH vom 28.07.2011 dahingehend aus, dass der Insolvenzverwalter über die Grundsätze des Kommissionsgeschäfts tätig wird und demzufolge von einem sog. Dreifachumsatz auszugehen ist. Aus zivilrechtlicher Sicht erscheint es nur schwer nachvollziehbar, den Insolvenzverwalter als Kommissionär des Gläubigers/Sicherungsnehmers anzusehen. Letztlich würde eine weisungsgebundene Tätigkeit des Insolvenzverwalters den Grundsätzen der Insolvenzordnung zuwiderlaufen. Grundsätzlich muss sowohl die Integrität des Insolvenzverwalters gewährleistet als auch die Beschleunigung des Verfahrens vorangetrieben werden. Zudem ist im Rahmen der Kommission die Fremdnützigkeit des Verwalterhandelns abzulehnen. Dies zeigt sich zum einen darin, dass der Insolvenzverwalter nicht alles aus der „Geschäftsbesorgung" Erlangte an den Kommittenten/Gläubiger herauszugeben hat, wie es § 384 Abs. 2 Hs. 2 HGB fordert. Ein eventuell erzielter Übererlös aus der Verwertung kommt der Masse zugute und wird nicht an den betreffenden Gläubiger ausbezahlt. Dieser ist lediglich in Höhe seiner ausstehenden Forderung zu befriedigen. Einzig gegenüber dem Schuldner wird der Insolvenzverwalter geschäftsbesorgend tätig, weshalb er auch nach der InsVV vergütet wird und einen entsprechenden Umsatzsteuerbetrag abzuführen hat.

Auch aus umsatzsteuerrechtlicher Perspektive liegt keine fingierte Leistung i.S.d. § 3 Abs. 3 UStG vor. Nicht nur, dass es sich bei der Vorschrift um ein Überbleibsel noch aus Zeiten des Warenumsatzstempelgesetzes handelt und diese demzufolge längst hätte geändert werden müssen.[735] So ist auch die Annahme einer Verkaufskommission im Falle der Verwertung von Sicherungsgut abzulehnen. Eine solche würde zunächst voraussetzen, dass der Gläubiger/Sicherungsnehmer bereits die Verfügungsmacht an dem Gegenstand erlangt hat, um diese dann in einem weiteren Schritt auf den Insolvenzverwalter übertragen zu können, welcher nach Auffassung der Finanzverwaltung wie ein Kommissionär für Rechnung des Sicherungsnehmers auftritt. Dass ein solches Verhalten des Insolvenzverwalters abzulehnen ist, wurde bereits aufgezeigt. Auch eine vorherige Lieferung der Masse an den Sicherungsnehmer/Gläubiger kommt nicht in Betracht. Vielmehr handelt es sich hierbei um eine rein am Ergebnis orientierte Konstruktion der Finanzverwaltung, die letztlich nur dem Fiskus zugutekommen soll. Es bleibt daher abzuwarten, ob die Finanzverwaltung ein neues BMF-Schreiben aufsetzen wird, um die bisherigen Fehlinterpretationen auszugleichen. Keinesfalls entspricht das derzeitige Schreiben jedoch der Auffassung der Rechtsprechung des BFH oder gar des EuGH.

735 Auch in Anbetracht der unionsrechtlichen Grundlage des Art. 14 Abs. 2 Buchst. c MwStSystRL, siehe Art. 14 Abs. 2 Buchst. c der Richtlinie 2006/112/EG des Rates v. 28.11.2006 über das gemeinsame Mehwertsteuersystem, ABl. EU Nr. L 347/2006 vom 11.12.2006, S. 12.

Kapitel 4: Vorsteuerabzug und Aufrechnungsmöglichkeiten mit Forderungen des FA

Abschließend soll auf die jeweiligen Vorsteuerabzugsmöglichkeiten sowohl des Gläubigers als auch des Insolvenzverwalters sowie die eventuellen Aufrechnungsmöglichkeiten des Finanzamtes eingegangen werden.

I. Umsatzsteuerbelastung und Vorsteuerabzugsmöglichkeiten

1. Allgemeines

Im derzeitigen System der Allphasen-Netto-Besteuerung wird die Umsatzsteuer auf jeder Produktions- und Vertriebsstufe erhoben.[736] Dabei besteht für den einzelnen steuerpflichtigen Unternehmer die Möglichkeit, sich im Rahmen eines Vorsteuerabzugs i.S.d. § 15 UStG von der jeweils zu zahlenden Umsatzsteuer zu entlasten, indem diese durch eine Steuervergütung ganz oder teilweise neutralisiert wird.[737] Lediglich der private Endverbraucher wird mit der Umsatzsteuer belastet.[738] In der Rechtsprechung des EuGH[739] wird das sog. Neutralitätsprinzip als fundamentales Prinzip des gemeinsamen Mehrwertsteuersystems hervorgehoben; hierbei beruft sich der Gerichtshof nicht zuletzt auf die Erwägungsgründe der MwStSystRL.[740]

---

736 So auch in Art. 1 Abs. 2 der Richtlinie 2006/112/EG des Rates v. 28.11.2006 über das gemeinsame Mehwertsteuersystem, ABl. EU Nr. L 347/2006 vom 11.12.2006, S. 9; *Englisch*, in: Tipke/Lang, Steuerrecht, § 17 Rz. 15.

737 Statt aller: *Englisch*, in: Tipke/Lang, Steuerrecht, § 17 Rz. 307; *Looks*, in: Weymüller, UStG, § 15 Rz. 18.

738 *Englisch*, in: Tipke/Lang, Steuerrecht, § 17 Rz. 15; *Kortschak*, Lehrbuch Umsatzsteuer, Rz. 861.

739 EuGH Urt. v. 06.07.1995, Rs. C-62/93 (*BP Soupergaz/Griechischer Staat*), ECLI:EU:C:1995:223, Slg. 1995, I-01883, Rz. 16; EuGH Urt. v. 23.10.2003, Rs. C-109/02 (*Kommission/Deutschland*), ECLI:EU:C:2003:586, Slg. 2003, I-12691, Rz. 20; EuGH Urt. v. 28.07.2011, Rs. C-274/10 (*Kommission/Ungarn*), ECLI:EU:C:2011:530, Slg. 2011, I-07289, Rz. 42 m.w.N.

740 Vgl. Erwägungsgründe 4–7 der Richtlinie 2006/112/EG des Rates v. 28.11.2006 über das gemeinsame Mehwertsteuersystem, ABl. EU Nr. L 347/2006 vom 11.12.2006, S. 1; *Englisch*, in: Tipke/Lang, Steuerrecht, § 17 Rz. 23.

Im Folgenden soll dementsprechend näher auf die einzelnen Vorsteuerabzugsmöglichkeiten bei der Verwertung von Sicherungsgut im Insolvenzverfahren eingegangen werden. Grundsätzlich ist die Geltendmachung eines Vorsteuerabzugs an folgende Voraussetzungen geknüpft, siehe § 15 Abs. 1 UStG: (1) Lieferung an einen Unternehmer durch einen Unternehmer, (2) in Ausführung für das Unternehmen des Empfängers, (3) Vorliegen einer ordnungsgemäßen Rechnung, §§ 14, 14 a UStG, (4) Steuerschuld des leistenden Unternehmers, sowie (5) kein Ausschluss des Vorsteuerabzugs i.S.d. § 15 Abs. 1a – 4a UStG.[741] Eine Entlastung – und damit die Möglichkeit eines Vorsteuerabzugs – kann allerdings nur dann eingeräumt werden, sofern es sich um eine unternehmerische Tätigkeit handelt, welche der Umsatzsteuer unterfällt.[742] Im Bereich der Sicherungsübereignungen ist zunächst das Hauptaugenmerk auf die Unternehmereigenschaft i.S.d. § 2 UStG zu werfen. Vielfach treten in der Praxis auf Seiten des Sicherungsnehmers Kreditinstitute oder gar Privatpersonen auf, was gerade im Bereich der Vorsteuerabzugsmöglichkeiten zu erheblichen Problemen führen kann. Kreditinstitute sind zumeist von der Umsatzsteuer befreit (vgl. § 4 Abs. 1 Nr. 8 UStG), weshalb ihnen ein Vorsteuerabzug verwehrt wird.[743] Privatpersonen steht hingegen schon kein Vorsteuerabzug zu, da ihnen die nötige Unternehmereigenschaft i.S.d. § 2 UStG fehlt.[744]

2. Ansicht der Finanzverwaltung

Zunächst ist aus Sicht der Finanzverwaltung – anhand des Beispiels im BMF-Schreiben vom 30.04.2014[745] – darzulegen, welche Umsatzsteuerbelastungen vorliegen und woraus sich die einzelnen Vorsteuerabzugsmöglichkeiten ergeben:

„Über das Vermögen des Schuldners S wurde das Insolvenzverfahren eröffnet. Dem Gläubiger G stehen noch Forderungen in Höhe von 100.000 € zu, für die ihm ein Gegenstand zur Sicherung übereignet wurde. Als Insolvenzverwalter wurde I bestellt. I macht von seinem Verwertungsrecht nach § 166 Abs. 1 InsO Gebrauch und veräußert das Sicherungsgut im Namen der Masse und für Rechnung des

741 *Englisch*, in: Tipke/Lang, Steuerrecht, § 17 Rz. 309 ff.

742 *Englisch*, in: Tipke/Lang, Steuerrecht, § 17 Rz. 307; *Looks*, in: Weymüller, UStG, § 15 Rz. 20.

743 Siehe § 15 Abs. 2 S. 1 Nr. 1 UStG; *Johann*, DStZ 2012, 127 (132); Anm. *Kroth*, FD-InsR 2011, 323729; Anm. *Schmittmann*, ZInsO 2011, 1908 (1909); *Schmittmann*, StuB 2011, 798 (799); *Spliedt/Schacht*, BFH EWiR § 1 UStG 1/05, 841 (842).

744 Siehe § 15 Abs. 1 S. 1 Nr. 1 UStG i.V.m. § 2 UStG; *Englisch*, in: Tipke/Lang, Steuerrecht, § 17 Rz. 307.

745 BMF-Schreiben v.30.04.2014 – IV D 2 – S 7100/07/10037, BStBl. I 2014, 816 (817 f.).

G für 23.800 € an den Erwerber E. Bei der Verwertung des Sicherungsguts sind Kosten i.H.v. 1.000 € entstanden, welche neben den Kosten der Feststellung nach § 171 Abs. 1 InsO vereinbarungsgemäß vom Erlös einzubehalten sind. Da die Verwertung des Gegenstands zu einer Belastung der Masse mit Umsatzsteuer führt, hat I den Auskehrungsbetrag an G nach § 171 Abs. 2 S. 3 InsO entsprechend zu kürzen. I rechnet mit G im Gutschriftwege wie folgt ab:

Brutto-Veräußerungserlös	23.800,00 €
Abzgl. USt (§ 171 Abs. 2 S. 3 InsO)	./. 3.800,00 €
Abzgl. Kosten der Feststellung (4 % vom Bruttobetrag)	./. 952,00 €
Abzgl. Kosten der Verwertung	./. 1.000,00 €
Betrag der Schuldentilgung (Netto-Entgelt)	18.048,00 €
Darauf USt	+ 3.429,12 €
Ergibt Brutto-Entgelt	21.477, 12 €
Abzgl. USt (entspr. § 171 Abs. 2 S. 3 InsO)	./. 3.429, 12 €
Tatsächlicher Auskehrbetrag an G	18.048,00 €."[746]

Sofern es sich bei G um einen Unternehmer i.S.d. § 2 UStG handelt, ergibt sich Folgendes: Als Entgelt der ersten Lieferung[747] (Masse – Gläubiger) ist die Höhe der Schuldenbereinigung (hier: 18.048,00 €) anzusehen. Nach Ansicht der Finanzverwaltung erstarkt mit Eröffnung des Insolvenzverfahrens die zwischen Sicherungsgeber (vertreten durch den Insolvenzverwalter) und Sicherungsnehmer vorliegende Sicherungsübereignung zu einer Lieferung i.S.d. § 3 Abs. 1 UStG. Das Entgelt dieser Lieferung entspricht dem Gegenwert der Leistung, mithin dem Netto-Veräußerungserlös (hier: 20.000,00 €) abzgl. der Kosten der Verwertung und Feststellung. Die auf den von der Finanzverwaltung vorausgesetzten Betrag der Schuldenbereinigung anfallende Umsatzsteuer i.H.v. 3.429,12 € stellt eine sonstige Masseverbindlichkeit i.S.d. § 55 Abs. 1 Nr. 1 InsO dar. G kann als Unternehmer i.S.d. § 2 UStG den ihm zustehenden Vorsteuerabzug aus der Rechnung des I geltend machen, da diesem ein weiterer steuerpflichtiger Umsatz aus der zweiten Lieferung (Gläubiger – Masse) folgt.

Bei der fiktiven Lieferung nach § 3 Abs. 3 UStG (zweite Lieferung), bei der der I als Kommissionär tätig wird, ist als Entgelt ebenfalls die Höhe der Schuldbefreiung (hier: 18.048,00 €) anzusehen. Die sich aus der Kommission ergebende Provision wird umsatzsteuerrechtlich nicht als Geschäftsbesorgung (und damit als sonstige Leistung i.S.d. § 3 Abs. 9 UStG) besteuert. Vielmehr wird die Provi-

746 BMF Schreiben v. 30.04.2014 – IV D 2 – S 7100/07/10037, BStBl. I 2014, 816 (817).
747 Näheres S. 120 ff.

sion, welche sich nach Ansicht der Finanzverwaltung aus den Kosten der Feststellung und Verwertung ergibt (hier: 1.952,00 €), von der Bemessungsgrundlage (§ 10 Abs. 1 UStG, hier: 20.000 €) der ersten Lieferung abgezogen.[748] Nunmehr kann I den Vorsteuerabzug (hier in Höhe von 3.429,12 €) aus der Rechnung von G geltend machen. Somit würden sich die beiden Umsatzsteuerbeträge aufgrund der gegebenen Vorsteuerabzüge neutralisieren.[749] Die sich aus den ersten beiden Umsätzen ergebende Zahllast, die der Insolvenzverwalter an das FA abführen muss, würde demnach einen Betrag von 370,88 € ausmachen (siehe § 16 Abs. 2 S. 1 UStG).[750] Dies entspricht zudem dem Umsatzsteuerbetrag, der sich aus der Besteuerung der Feststellungs- und Verwertungskosten ergeben würde.[751] Weiterhin hat I die Umsatzsteuer aus der dritten Lieferung an E (hier: 3.800,00 €) als Masseverbindlichkeit zu berücksichtigen. Folglich wird die Masse nur einmal mit Umsatzsteuer belastet, insofern die Rechnung des G innerhalb desselben Voranmeldungszeitraums (vgl. § 18 UStG) ausgestellt wurde.[752] Da dies in der Praxis jedoch kaum möglich ist, besteht für den Insolvenzverwalter die Möglichkeit, über den Kommissionsumsatz (2. Lieferung) im Wege einer Gutschrift gem. § 14 Abs. 2 S. 2 UStG abzurechnen.[753] Dies bedeutet, dass der Insolvenzverwalter letztlich zwei Rechnungen sowie eine Gutschrift ausstellen muss, was einen erheblichen Mehraufwand für diesen bedeutet.[754]

Problematisch wird diese Konstruktion des Dreifachumsatzes jedoch dann, wenn es sich bei G nicht um einen Unternehmer handelt, sondern dieser eine Privatperson ist. Privatpersonen steht der Vorsteuerabzug nicht zu, siehe § 15 Abs. 1 Nr. 1 UStG, sodass hinsichtlich der ersten Lieferung die Masse endgültig mit der Umsatzsteuer belastet würde, welche eine sonstige Masseverbindlichkeit i.S.d. § 55 Abs. 1 Nr. 1 InsO darstellt.[755] Bezüglich der zweiten Lieferung könnte der G zudem keine Rechnung ausstellen (siehe § 14 Abs. 1 und Abs. 4 UStG), weshalb dem Insolvenz-

---

748 BMF Schreiben v. 30.04.2014 – IV D 2 – S 7100/07/10037, BStBl. I 2014, 816 (818); *Reichle*, NZI 2016, 473 (474).

749 BMF Schreiben v. 30.04.2014 – IV D 2 – S 7100/07/10037, BStBl. I 2014, 816 (818).

750 Zu der Umsatzsteuerbelastung anhand der Rechtsprechung des BFH siehe S. 133 f.

751 Mit einem anderen Berechnungsbeispiel: *Reichle*, NZI 2016, 473 (474).

752 Die Vorschrift des § 13b Abs. 2 Nr. 2 UStG kommt lediglich außerhalb von Insolvenzverfahren zur Anwendung.

753 Siehe BMF Schreiben v. 30.04.2014 – IV D 2 – S 7100/07/10037, BStBl. I 2014, 816 (818); *Onusseit*, ZInsO 2014, 1461 (1467).

754 *De Weerth*, NZI 2014, 597 (598); *Onusseit*, ZInsO 2014, 1461 (1468); *Reichle*, NZI 2016, 473 (475).

755 *Reichle*, NZI 2016, 473 (475).

verwalter die Möglichkeit eines Vorsteuerabzugs verwehrt wäre. Weiterhin käme eine zusätzliche Belastung der Masse mit Umsatzsteuer aus der dritten Lieferung an den Erwerber hinzu. Um der Ansammlung von Masseverbindlichkeiten und einer eventuellen eigenen Haftung zu entgehen, müsste der Insolvenzverwalter die Umsatzsteuer aus der ersten Lieferung (hier: 3.429,12 €) vom Auskehrungsbetrag abziehen. Dies wiederum hätte auf Seiten des Sicherungsnehmers/Gläubigers eine erhebliche Erlösschmälerung zur Folge.[756] Im Ergebnis führt die Ansicht der Finanzverwaltung nicht nur zu einer erheblichen Mehrbelastung der Insolvenzverwalter, sondern auch zu einem weiteren Problem der Behandlung von Privatpersonen sowie eines von der Umsatzsteuer befreiten Unternehmers.[757] Nicht zuletzt aus diesen Gründen ist die Ansicht der Finanzverwaltung abzulehnen.

3. Ansicht der Rechtsprechung

Nach Auffassung der Rechtsprechung[758] soll lediglich ein sog. Doppelumsatz vorliegen, was zu folgenden Kosten und Vorsteuerabzugsmöglichkeiten führen würde:

Der BFH sieht als steuerpflichtiges Entgelt der sonstigen Leistung i.S.d. § 3 Abs. 9 UStG lediglich die Kosten der Verwertung an, wohingegen die Feststellungskosten gerade nicht der Umsatzsteuer unterliegen sollen.[759] Dies ergibt sich aus der Annahme einer Geschäftsbesorgung zwischen Insolvenzverwalter und Sicherungsgläubiger, aufgrund derer der Insolvenzverwalter für den Gläubiger die Verwertung übernimmt. Die Geschäftsbesorgung stellt umsatzsteuerrechtlich eine sonstige Leistung i.S.d. § 3 Abs. 9 UStG dar. Das Entgelt dieser Geschäftsbesorgung bzw. sonstigen Leistung entspricht der Höhe der entstandenen Verwertungskosten, welche die Gegenleistung für die vom Insolvenzverwalter erbrachte Leistung (Verwertung) darstellen.[760]

Sofern man das Berechnungsbeispiel des BMF-Schreibens zugrunde legt,[761] ergäbe sich nach der Auffassung des BFH eine deutlich geringere Masseverbindlichkeit (USt lediglich von den Verwertungskosten = 190 €) im Vergleich zur Auffassung der Finanzverwaltung (USt aus der ersten Lieferung = 3.429,12 €).[762] Der

756 Siehe *Reichle*, NZI 2016, 473 (476).

757 So auch: Anm. *Kroth*, FD-InsR 2011, 323729.

758 BFH Urt. v. 28.07.2011 – V R 28/09, BStBl. II 2014, 406 (409 f.).

759 BFH Urt. v. 28.07.2011 – V R 28/09, BStBl. II 2014, 406 (409 f.).

760 Näher dazu bereits S. 72 ff.

761 Siehe S. 130 f.

762 Anhand eines anderen Berechnungsbeispiels: *Reichle*, NZI 2016, 473 (475).

Umsatzsteuerbetrag ist vom Insolvenzverwalter an das Finanzamt abzuführen, wobei die Kosten der Verwertung nicht zu einer Belastung der Masse mit Umsatzsteuer führen dürfen (siehe § 171 Abs. 2 S. 3 InsO). Dementsprechend ergibt sich anhand der Rechtsprechung des BFH folgende Umsatzsteuerbelastung: Die sich aus der Lieferung an den Abnehmer ergebende Umsatzsteuer belastet lediglich den Verbraucher, da diese aus dem eingenommenen Brutto-Verwertungserlös vom Insolvenzverwalter bedient werden kann. Hinsichtlich der sonstigen Leistung i.S.d. § 3 Abs. 9 UStG und der daraus folgenden Umsatzsteuer steht dem Insolvenzverwalter die Möglichkeit zu, diese vom Verwertungserlös abzuziehen (§ 171 Abs. 2 S. 3 InsO). Somit wäre die Masse letztlich nicht mit der zusätzlichen Umsatzsteuer aus der sonstigen Leistung i.S.d. § 3 Abs. 9 UStG belastet und im Ergebnis läge – aufgrund der insolvenzrechtlichen Ausgleichsregelung des § 171 Abs. 2 S. 3 InsO – wiederum ein steuerneutraler Vorgang vor.[763] Für den Sicherungsnehmer bedeutet dies eine zusätzliche Belastung mit der Umsatzsteuer, welche vom Insolvenzverwalter von dem Verwertungserlös einbehalten wird, sofern ihm keine Vorsteuerabzugsmöglichkeit i.S.d. § 15 Abs. 1 UStG zusteht. Letztlich führt damit auch die Auffassung der Rechtsprechung zu einer Mehrbelastung der Sicherungsnehmer und zu einem erhöhten Steueraufkommen für den Fiskus – privilegiert wird somit lediglich der Fiskus. Auch diese Auffassung ist nicht zuletzt aus diesem Grunde abzulehnen. Wünschenswert wäre es, dass der BFH seine insolvenzverwalterkritische Haltung aufgeben und erkennen würde, dass es den Grundsatz „in dubio pro fisco" nicht gibt.[764]

4. Eigene Ansicht

Die zuvor dargestellte Auffassung der Finanzverwaltung vermag weder hinsichtlich der Annahme eines sog. Dreifachumsatzes[765] noch hinsichtlich des im BMF-Schreiben aufgeführten Berechnungsbeispiels[766] zu überzeugen.

Sofern es sich um den in der Praxis nicht seltenen Fall eines Nichtunternehmers auf Seiten des Gläubigers handelt, entsteht mit der Ansicht der Finanzverwaltung eine erhebliche Umsatzsteuerbelastung zulasten der Masse. Dies liegt zum einen an der fehlenden Vorsteuerabzugsberechtigung (§ 15 Abs. 1 Nr. 1 UStG) des Nichtunternehmers, was dazu führt, dass die Masse endgültig mit der

763 Vgl. *Reichle*, NZI 2016, 473 (476).

764 Anm. v. *Beck*, EWIR § 165 InsO 1/04, 931 (932); so auch: *Kahlert*, ZIP 2010, 1274 (1282).

765 Siehe S. 120 ff.

766 S. 130 f.

aus der ersten Lieferung (Masse – Gläubiger) anfallenden Umsatzsteuer belastet wird, § 55 Abs. 1 Nr. 1 InsO. Zum anderen ist es dem Nichtunternehmer versagt, eine entsprechende Rechnung i.S.d. § 14 Abs. 1 und Abs. 4 UStG hinsichtlich der zweiten Lieferung (Gläubiger – Masse) auszustellen, was zur Konsequenz hat, dass der Insolvenzverwalter ebenfalls keinen Vorsteuerabzug geltend machen kann.[767]

Des Weiteren wird für die Berechnung der Feststellungskosten von der Finanzverwaltung der Brutto-Veräußerungserlös als Bemessungsgrundlage zugrunde gelegt. Hinsichtlich der Verwertungskosten ist jedoch verwunderlich, dass die Finanzverwaltung von einem Betrag i.H.v. 1000 € ausgeht.[768] So wäre mit der gesetzlichen Kostenregel des § 171 Abs. 2 S. 1 InsO ein Betrag i.H.v. 1.190 € (5 % vom Brutto-Veräußerungserlös) als Verwertungskostenbeitrag anzusetzen. Allerdings entspricht der von der Finanzverwaltung gewählte Betrag der Berechnung anhand des Netto-Veräußerungserlöses, was in diesem Fall sehr überraschend ist. Für die Frage, auf welche Bemessungsgrundlage abzustellen ist, bedarf es einer Auslegung des § 171 InsO. Dieser legt für die Berechnung der Kostenbeiträge den „Verwertungserlös" zugrunde. Nach Auffassung von *de Weerth* ist lediglich auf das Entgelt (§ 10 Abs. 1 S. 2 UStG) im umsatzsteuerrechtlichen Sinne abzustellen.[769] Dies folgert er aus einer entsprechenden Auslegung der handelsrechtlichen Vorschriften, insbesondere des § 277 Abs. 1 HGB, wonach Umsatzerlöse grundsätzlich Erlöse nach Abzug der Umsatzsteuer darstellen.[770] Dem mag in dem Sinne zuzustimmen sein, dass § 277 HGB die Bilanzierung von Umsatzerlösen abzüglich Umsatzsteuer vorsieht. Eine darüberhinausgehende Aussage zur Bemessungsgrundlage (Netto-Erlös) ergibt sich aus der Vorschrift jedoch nicht.[771] Vielmehr kann die Vorschrift des § 277 HGB auch dahingehend verstanden werden, dass unter den Begriff des „Umsatzerlöses" ebenfalls der Bruttoerlös gefasst werden kann, da ansonsten ein Abzug der Umsatzsteuer nicht schlüssig wäre.[772] Auch aus der Vorschrift des § 171 InsO lässt sich kein Rückschluss auf die Bemessungsgrundlage ziehen. Im allgemeinen Sprachgebrauch dürfte unter dem Begriff des Verwertungserlöses der Gesamterlös, sprich der Gegenwert einschließlich der angefallenen Umsatzsteuer, mithin der Bruttoerlös zu verstehen sein.[773] Ein Ver-

---

767 Siehe dazu bereits S. 130 ff.

768 Kritisch hierzu: *De Weerth*, NZI 2014, 597 (598).

769 *De Weerth*, ZInsO 2007, 70 (71).

770 *De Weerth*, ZInsO 2007, 70 (71).

771 So auch: *Onusseit*, ZInsO 2007, 247.

772 Siehe: *Onusseit*, ZInsO 2007, 247.

773 *Onusseit*, ZInsO 2007, 247; *Sinz*, in: K.Schmidt, InsO, § 171 Rz. 5; *Tetzlaff*, in: MüKoInsO, § 170 Rz. 27.

gleich der beiden Vorschriften führt somit zu keinem eindeutigen Ergebnis, da beide diesbezüglich unpräzise formuliert worden sind.

Ein anderes Bild ergibt sich jedoch, wenn man die Begründung zu § 196 des Gesetzentwurfs der Bundesregierung zur InsO einbezieht: Hier wird der Begriff des Bruttoerlöses in einem Klammerzusatz eindeutig aufgeführt.[774] Auch wenn den Referentenentwürfen nicht die gleiche Rangstellung wie dem Gesetzgeber eingeräumt wird, so sind diese im Rahmen der Reformierung der KO zur InsO weitestgehend berücksichtigt worden.[775] Eine darüberhinausgehende Einbeziehung der umsatzsteuerrechtlichen Besonderheiten bezüglich des Entgeltbegriffs im Rahmen der Reformierung der InsO ist nicht ersichtlich – weshalb der Ruf nach einem einheitlichen Insolvenzsteuerrecht immer größer wird.

Hinsichtlich der verfassungsrechtlichen Bedenken von *de Weerth*[776], dass es zu einer Ungleichbehandlung der Gläubiger aufgrund der umsatzsteuerrechtlichen Auswirkungen auf die Insolvenzmasse (bei entsprechender Vorsteuerabzugsberechtigung des Insolvenzschuldners) kommt, lässt sich anführen, dass gerade im Rahmen eines Netto-Veräußerungserlöses eine Ungleichbehandlung vorliegen würde, wenn der Schuldner nicht zum Vorsteuerabzug berechtigt ist.[777] Dass es in Anbetracht der pauschalierten Berechnungsweise zu ungleichen Ergebnissen kommen kann, insbesondere wenn eine Änderung des Umsatzsteuersatzes zu einer Abweichung von den tatsächlich entstandenen Kosten führt, wurde vom Gesetzgeber im Interesse der Praktikabilität in Kauf genommen, um somit ein vereinfachtes und beschleunigtes Verfahren garantieren zu können.[778] Die Benachteiligung bzw. Ungleichbehandlung der Gläubiger lässt sich anhand der Brutto-Berechnung zudem weitestgehend einschränken, da in diesem Fall die Gläubiger stets denselben prozentualen Anteil zu tragen haben. Sofern eine Netto-Berechnung zugrunde gelegt werden sollte, hinge der entsprechend zu zahlende Kostenbeitrag stets von der Vorsteuerabzugsberechtigung des Insolvenzschuldners ab, was wiederum zu unterschiedlichen Ergebnissen führt.[779]

---

774 Begründung zu § 196 des Gesetzesentwurfs der Bundesregierung, BT-Drucks. 12/2443, S. 181; *Onusseit*, ZInsO 2007, 247 (248).

775 *Onusseit*, ZInsO 2007, 247 (248).

776 Mit Berechnungsbeispielen: *De Weerth*, ZInsO 2007, 70 (71 f.).

777 Vertiefend: AG Düsseldorf, Urt. v. 04.03.2003–55 C 16706/02, ZInsO 2004, 1091; *Onusseit*, ZInsO 2007, 247 (249); so auch: *Landfermann*, in: Kreft, InsO, § 171 Rz. 3 m.w.N.

778 Begründung zu § 196 des Gesetzesentwurfs der Bundesregierung, BT-Drucks. 12/2443, S. 181; AG Düsseldorf, Urt. v. 04.03.2003–55 C 16706/02, ZInsO 2004, 1091.

779 Siehe: AG Düsseldorf, Urt. v. 04.03.2003–55 C 16706/02, ZInsO 2004, 1091.

In Anbetracht dessen ist mit der herrschenden Meinung in der Fachliteratur[780] und auch der Rechtsprechung[781] stets vom Bruttoerlös als Bemessungsgrundlage auszugehen. Mithin ist das Berechnungsbeispiel der Finanzverwaltung hinsichtlich der Bemessungsgrundlage der Verwertungskostenpauschale fehlerhaft und sollte dringend überarbeitet werden.

Nicht nur die Fehlerhaftigkeit des Berechnungsbeispiels, sondern auch die sich aus der Annahme eines sog. Dreifachumsatzes ergebende erhebliche Mehrbelastung der Insolvenzverwalter und auch der Insolvenzmasse verdeutlichen, dass die Ansicht der Finanzverwaltung weder aus wissenschaftlichen noch aus praktischen Erwägungsgründen überzeugen kann und im Ergebnis abzulehnen ist.

Auch die Ansicht der Rechtsprechung kann in ihren Grundzügen nicht überzeugen. Das Vorliegen eines Geschäftsbesorgungsvertrags zwischen Insolvenzverwalter und Sicherungsgläubiger und die damit einhergehende Konsequenz, dass die Verwertungskosten als Entgelt einer sonstigen Leistung anzusehen sind, ist aus den bereits oben dargestellten Gründen zurückzuweisen.[782] Gleichermaßen ergeben sich auch nach der Ansicht der Rechtsprechung Probleme hinsichtlich der Vorsteuerabzugsmöglichkeiten, sofern es sich bei dem Gläubiger um einen Nichtunternehmer handelt. Dass sich diese im Gegensatz zur Auffassung der Finanzverwaltung nicht derartig auf die Insolvenzmasse auswirken, darf nicht von Belang sein.

Sofern mit der hier vertretenen Ansicht lediglich ein Einfachumsatz[783] (Lieferung Insolvenzverwalter – Erwerber) bei der Verwertung von Sicherungsgut angenommen wird, stellt sich die Problematik der Vorsteuerabzugsmöglichkeiten nicht. Anhand des Berechnungsbeispiels des BMF würde sich dementsprechend ergeben, dass der Insolvenzverwalter das Sicherungsgut für 23.800,00 € (einschließlich Umsatzsteuer) an den Erwerber veräußert. Die darin enthaltene Umsatzsteuer führt der Insolvenzverwalter an das Finanzamt ab, sodass letztlich nur der Erwerber mit der Umsatzsteuer belastet wird. Der Insolvenzmasse entstehen keine zusätzlichen Masseschulden i.S.d. § 55

---

780 *Adolphsen*, in: Gottwald, Insolvenzrechts-Handbuch, § 42 Rz. 178; *Becker*, in: Nerlich/Römermann, InsO, § 171 Rz. 8; *Haunschild*, DZWiR 1999, 60 (61 f.); *Landfermann*, in: Kreft, InsO, § 171 Rz. 3 m.w.N.; *Marotzke*, ZZP 109 [1996], 429 (456); *Onusseit*, ZInsO 2007, 247; *Sinz*, in: K.Schmidt, InsO, § 171 Rz. 5; *Tetzlaff*, in: MüKoInsO, § 170 Rz. 27.

781 AG Düsseldorf, Urt. v. 04.03.2003–55 C 16706/02, ZInsO 2004, 1091; bestätigt durch: LG Düsseldorf, Urt. v. 15.01.2004–21 S 156/03, BeckRS 2004, 17881; BGH Beschl. v. 22.09.2005 – IX ZR 65/04, NZI 2005, 679.

782 Siehe hierzu ausführlich S. 81 ff.

783 Zusammenfassend: S. 132 ff.

Abs. 1 Nr. 1 InsO, was sich wiederrum positiv auf die Befriedigung der übrigen Gläubiger auswirkt.

II. Aufrechnungsmöglichkeiten des Finanzamtes

Nachfolgend werden auch die verschiedenen Aufrechnungsmöglichkeiten des Finanzamtes berücksichtigt. Die Aufrechnung mit Forderungen aus dem Steuerschuldverhältnis (§ 37 AO) richtet sich nach der Vorschrift des § 226 Abs. 1 AO, wonach die Vorschriften des Bürgerlichen Rechts sinngemäß Anwendung finden.[784] Dabei sind nicht nur die speziellen Vorschriften der §§ 387 ff. BGB anwendbar, sondern auch die allgemeinen Regelungen des Bürgerlichen Rechts, wie etwa über die Rechts- und Geschäftsfähigkeit, Vertretung und Vollmacht.[785] Zusätzlich sind die Besonderheiten des Insolvenzrechts, sprich die speziellen Regelungen der §§ 94–96 InsO, zu beachten, welche die Aufrechnung nach insolvenzrechtlichen Maßstäben modifizieren.[786] Eine Aufrechnung ist grundsätzlich auch noch nach Eröffnung des Insolvenzverfahrens möglich, sofern zur Zeit der Eröffnung kraft Gesetzes oder aufgrund einer Vereinbarung eine Aufrechnungslage bestand und der Insolvenzgläubiger damit zur Aufrechnung berechtigt war, siehe § 94 InsO. Sind hingegen zur Zeit der Eröffnung des Insolvenzverfahrens die aufzurechnenden Forderungen oder eine von ihnen noch aufschiebend bedingt, nicht fällig oder die Forderungen noch nicht auf gleichwertige Leistungen gerichtet, kann die Aufrechnung erst dann erfolgen, wenn ihre Voraussetzungen eingetreten sind (siehe § 95 Abs. 1 S. 1 InsO).

1. Zivilrechtliche Voraussetzungen der Aufrechnung

Grundlegende Voraussetzung der Aufrechnung ist zunächst eine Aufrechnungslage i.S.d. § 387 BGB: Zwei Personen müssen einander Forderungen schulden (Gegenseitigkeit), welche ihrem Gegenstand nach gleichartig sind (Gleichartigkeit), die Hauptforderung muss erfüllbar (Erfüllbarkeit) und die Gegenforderung muss fällig und durchsetzbar sein (Fälligkeit).[787]

---

784 *Fritsch*, in: Koenig, AO, § 226 Rz. 4; *Marchal*, BB 2013, 33 (34).

785 BFH Urt. v. 04.02.1997 – VII R 50/96, BStBl. II 1997, 479 (480); *Fritsch*, in: Koenig, AO, § 226 Rz. 4.

786 *Fritsch*, in: Koenig, AO, § 251 Rz. 82; *Holzer*, DStR 1998, 1268; *Obermair*, BB 2004, 2610.

787 *Fritsch*, in: Koenig, AO, § 226 Rz. 9; *Grüneberg*, in: Palandt, BGB, § 387 Rz. 3.

a) Gleichartigkeit

§ 226 Abs. 1 AO i.V.m. § 387 BGB setzt voraus, dass es sich um Leistungen handelt, die ihrem Gegenstand nach gleichartig sind. Somit kommt es entscheidend auf den Leistungsgegenstand und nicht den Schuldgrund an.[788] Dementsprechend kann auch mit zivilrechtlichen Forderungen gegen Forderungen aus dem Steuerschuldverhältnis (§ 37 AO) aufgerechnet werden.[789] Da es sich bei dem Anspruch aus dem Steuerschuldverhältnis jedoch um einen Zahlungsanspruch (Geldleistung) handelt, muss dieser wiederum mit einem Zahlungsanspruch aufgerechnet werden, was im Rahmen der hier behandelten Umsatzsteuerforderungen zu keinen Problemen führen sollte.[790]

b) Gegenseitigkeit

Weitere Voraussetzung der § 226 Abs. 1 AO i.V.m. § 387 BGB ist die Gegenseitigkeit der Forderungen. Der Schuldner der Hauptforderung muss gleichzeitig Gläubiger der Gegenforderung sein, wie auch der Gläubiger der Hauptforderung Schuldner der Gegenforderung sein muss.[791] Oftmals verursacht gerade die Bestimmung des Gläubigers bzw. Schuldners erhebliche Schwierigkeiten. Mit § 226 Abs. 4 AO wurde eine Regelung eingeführt, wonach als Gläubiger oder Schuldner eines Anspruchs aus dem Steuerschuldverhältnis auch die Körperschaft gilt, die die Steuer verwaltet.[792] Bei der Vorschrift des § 226 Abs. 4 AO handelt es sich um eine gesetzliche Fiktion der Gegenseitigkeit, sodass sowohl im Rahmen der Ertrags- als auch im Rahmen der Verwaltungshoheit aufgerechnet werden kann (Art. 106 Abs. 3 GG).[793] Folglich kann sowohl mit Bundessteuern gegen Landessteuern als auch auf umgekehrte Weise aufgerechnet werden, sofern es sich um Behörden derselben Körperschaft handelt, die die Steuern verwalten.[794] Auf eine

---

788 *Bahlau*, Die Aufrechnung im Steuerrecht, S. 82; *Fritsch*, in: Koenig, AO, § 226 Rz. 24; *Loose*, in: Tipke/Kruse, AO, § 226 Rz. 30.

789 *Loose*, in: Tipke/Kruse, AO, § 226 Rz. 30.

790 *Fritsch*, in: Koenig, AO, § 226 Rz. 25; *Klünemann*, UStB 2002, 192 (195); *Loose*, in: Tipke/Kruse, AO, § 226 Rz. 31; *Marchal*, BB 2013, 33 (34); *Obermair*, BB 2004, 2610 (2611).

791 *Obermair*, BB 2004, 2610 (2611 f.).

792 Vertiefend: *Bahlau*, Die Aufrechnung im Steuerrecht, S. 37.

793 BFH Urt. v. 25.04.1989 – VII R 105/87, BStBl. II 1989, 949 (951); *Bahlau*, Die Aufrechnung im Steuerrecht, S. 41; *Fritsch*, in: Koenig, AO, § 226 Rz. 20; *Loose*, in: Tipke/Kruse, AO, § 226 Rz. 27.

794 *Loose*, in: Tipke/Kruse, AO, § 226 Rz. 29; *Rüsken*, ZIP 2007, 2053 (2054).

Kassenidentität i.S.d. § 395 BGB kommt es demzufolge nicht mehr an.[795] Sofern dennoch keine Gegenseitigkeit vorliegt, bleibt die Möglichkeit bestehen, dass Steuerpflichtiger und Finanzbehörde einen Aufrechnungsvertrag schließen.[796] Auch in Bezug auf die Gegenseitigkeit ergeben sich bei der Aufrechnung mit Umsatzsteuerforderungen im Insolvenzverfahren keine Schwierigkeiten.[797]

c) Erfüllbarkeit der Hauptforderung

Die Hauptforderung (meist Steuererstattungsanspruch des Schuldners) muss im Gegensatz zur Gegenforderung lediglich erfüllbar sein; auf die Fälligkeit der Forderung kommt es nicht an.[798] Grundsätzlich liegt die Erfüllbarkeit eines Steueranspruchs mit dessen Entstehung vor, siehe § 38 AO.[799] Nach § 38 AO entstehen Ansprüche aus dem Steuerschuldverhältnis, sobald der Tatbestand erfüllt ist, an den das Gesetz die Leistungspflicht knüpft. Nach § 13 Abs. 1 Nr. 1 a) UStG entsteht die Steuer für Lieferungen und sonstige Leistungen bei der Berechnung der Steuer nach vereinbarten Entgelten (§ 16 Abs. 1 S. 1 UStG) mit Ablauf des Voranmeldungszeitraums, in dem die Leistungen ausgeführt worden sind – sog. Soll-Besteuerung – oder nach § 13 Abs. 1 Nr. 1 b) UStG bei der Berechnung nach vereinnahmten Entgelten (§ 20 UStG) mit Ablauf des Voranmeldungszeitraums, in dem die Entgelte vereinnahmt worden sind – sog. Ist-Besteuerung. Letzteres dient der Erleichterung für „kleinere Unternehmen", wobei in der Regel von der Besteuerungsart nach § 16 Abs. 1 S. 1 UStG, mithin der Besteuerung nach vereinbarten Entgelten (sog. Soll-Besteuerung), auszugehen ist.[800] Die Umsatzsteuerforderung ist demzufolge mit Ablauf des Voranmeldungszeitraums, in dem die Leistungen ausgeführt worden sind, entstanden (siehe § 13 Abs. 1 Nr. 1 a) UStG).[801] Sofern das Insolvenzverfahren in den Voranmeldungszeitraum fällt, sind die Umsatzsteuerforderungen, die vor diesem Zeitraum verwirklicht worden sind, Insolvenzforderungen (§ 38 InsO). Hingegen sind Umsatzsteuerforderun-

---

795 BFH Urt. v. 25.04.1989 – VII R 105/87, BStBl. II 1989, 949 (951); *Fritsch*, in: Koenig, AO, § 226 Rz. 20.

796 *Loose*, in: Tipke/Kruse, AO, § 226 Rz. 29.

797 *Marchal*, BB 2013, 33 (34).

798 *Bahlau*, Die Aufrechnung im Steuerrecht, S. 94; *Fritsch*, in: Koenig, AO, § 226 Rz. 26; *Loose*, in: Tipke/Kruse, AO, § 226 Rz. 32.

799 *Bahlau*, Die Aufrechnung im Steuerrecht, S. 94; *Fritsch*, in: Koenig, AO, § 226 Rz. 26; *Obermair*, BB 2004, 2610 (2612); *Rozek*, in: Hübschmann/Hepp/Spitaler, AO, § 226 Rz. 51.

800 *Schüler-Täsch*, in: Sölch/Ringleb, UStG, § 20 Rz. 1.

801 *Klünemann*, UStB 2002, 192.

gen, die vor Insolvenzeröffnung (durch einen vorläufigen Insolvenzverwalter) bzw. nach Insolvenzeröffnung entstehen, als Masseverbindlichkeiten einzuordnen (§ 55 Abs. 1 Nr. 1 InsO).[802]

d) Fälligkeit der Gegenforderung

Die Gegenforderung (meist Steueranspruch des Finanzamtes) muss zudem fällig sein (siehe § 226 Abs. 1 AO i.V.m. § 387 BGB).[803] Die Fälligkeit von Ansprüchen aus dem Steuerschuldverhältnis richtet sich grundsätzlich nach § 220 Abs. 1 AO. Danach sind die einzelnen Steuergesetze ausschlaggebend, mithin die jeweilige Festsetzung der Steuer (siehe § 18 UStG, § 37 EStG i.V.m. § 168 S. 1 AO).[804] Sofern eine entsprechende Regelung fehlen sollte, werden Steuerforderungen gem. § 220 Abs. 2 S. 1 AO erst mit ihrer Entstehung fällig.[805] Darüber hinaus enthält § 220 Abs. 2 S. 2 AO eine Einschränkung des S. 1 dahingehend, dass die Fälligkeit des Anspruchs nicht vor der Bekanntgabe der Festsetzung eintritt, sofern sich der Anspruch in den Fällen des S. 1 aus der Festsetzung von Ansprüchen aus dem Steuerverhältnis ergibt. Wenn die Forderung zur Zeit der Eröffnung des Insolvenzverfahrens noch nicht fällig ist, kann nach der Vorschrift des § 95 Abs. 1 S. 1 InsO eine Aufrechnung erst dann erfolgen, insofern die jeweilige Voraussetzung eingetreten ist. Jedoch ist nach Auffassung des BFH der Eintritt der Fälligkeit spätestens mit Eröffnung des Insolvenzverfahrens gegeben; einer Festsetzung oder Feststellung durch Verwaltungsakt oder einer Anmeldung der Forderung zur Insolvenztabelle bedarf es darüber hinaus nicht mehr.[806] Nach Auffassung von *Roth* bestehen gegen diese Rechtsprechung jedoch arge Bedenken. Insbesondere im Rahmen der Aufrechnung mit Forderungen aus Haftungsfällen kann die Ansicht der Rechtsprechung seiner Meinung nach nicht überzeugen.[807]

---

802 *Klünemann*, UStB 2002, 192 (193); *Obermair*, BB 2004, 2610 (2611).

803 Statt aller: BFH Beschl. v. 22.08.1995 – VII B 107/95, BStBl. II 1995, 916 (918); *Fritsch*, in: Koenig, AO, § 226 Rz. 28.

804 BFH Beschl. v. 22.08.1995 – VII B 107/95, BStBl. II 1995, 916 (918); BFH Urt. v. 04.05.2004 – VII R 45/03, BStBl. II 2004, 815 (816); *Cöster*, in: Koenig, AO, § 168 Rz. 6; *Fritsch*, in: Koenig, AO, § 220 Rz. 5; *Roth*, in: Weymüller, UStG, § 18 Rz. 51.

805 Zur Problematik der steuerrechtlichen Entstehung und der insolvenzrechtlichen Begründetheit siehe S. 142 f.

806 BFH Urt. v. 04.05.2004 – VII R 45/03, BStBl. II 2004, 815 (817); *Obermair*, BB 2004, 2610 (2612).

807 Vertiefend: *Roth*, Insolvenzsteuerrecht, Rz. 3.355.

Bezüglich der hier in Rede stehenden Umsatzsteuerforderungen aus der Verwertungshandlung durch den Insolvenzverwalter stellen sich hinsichtlich der Fälligkeit jedoch keine Probleme.

2. Zwangsverrechnung nach § 16 Abs. 2 UStG

Die Verrechnung der Umsatzsteuer mit den jeweiligen Vorsteuerbeträgen aus demselben Besteuerungszeitraum ist Teil des Steuerfestsetzungsverfahrens (vgl. § 16 Abs. 2 UStG) und demzufolge vorrangig vor der Aufrechnung durch das Finanzamt – als Teil des Steuererhebungsverfahrens – durchzuführen.[808] Auf die vorrangige Verrechnung nach § 16 Abs. 2 UStG haben grundsätzlich auch die insolvenzrechtlichen Vorschriften – insbesondere das Aufrechnungsverbot nach § 96 InsO – keinen Einfluss, da es sich bei der Verrechnung nicht um eine Aufrechnung handelt.[809] Sofern sich ein sog. Vorsteuerüberhang aus der Verrechnung ergibt, kann gegen diesen Überhang die Aufrechnung mit anderen Ansprüchen aus dem Steuerschuldverhältnis – mit den Beschränkungen der insolvenzrechtlichen Regelungen – erklärt werden.[810]

3. Insolvenzrechtliche Voraussetzungen der Aufrechnung

Grundsätzlich bleibt die Aufrechnungslage auch mit Eröffnung des Insolvenzverfahrens bestehen, sofern ein Insolvenzgläubiger vor Eröffnung des Verfahrens zur Aufrechnung berechtigt war (§ 94 InsO). Damit wird der Forderungsgläubiger gleich einem absonderungsberechtigten Gläubiger im Insolvenzverfahren behandelt.[811] Hingegen ist eine Aufrechnung nach § 96 Abs. 1 Nr. 1 InsO ausgeschlossen, wenn ein Insolvenzgläubiger erst nach der Eröffnung des Insolvenzverfahrens etwas zur Insolvenzmasse schuldig geworden ist. Dementsprechend ist zu unterscheiden, ob die Aufrechnungslage bereits vor Insolvenzeröffnung oder erst danach bestand. Die Forderung des Finanz-

---

808 BFH Urt. v. 16.11.2004 – VII R 75/03, BStBl. II 2006, 193 (195); BFH Urt. v. 16.01.2007 – VII R 7/06, BStBl. II 2007, 745 (746); *Roth*, Insolvenzsteuerrecht, Rz. 4.404 und 4.528; *Schüppen/Ruh*, in: MüKoInsO, Insolvenzsteuerrecht, Rz. 132a; *Waza*, in: Waza/Uhländer/Schmittmann, Insolvenzen und Steuern, Rz. 866 ff.

809 BFH Urt. v. 24.11.2011 – V R 13/11, BStBl. II 2012, 298 (300); *Roth*, Insolvenzsteuerrecht, Rz. 4.404; *Schüppen/Ruh*, in: MüKoInsO, Insolvenzsteuerrecht, Rz. 132a.

810 BFH Urt. v. 17.12.1998 – VII R 47/98, BStBl. II 1999, 423 (425); BFH Urt. v. 16.01.2007 – VII R 7/06, BStBl. II 2007, 745 (746).

811 *Holzer*, DStR 1998, 1268 (1271); *Waza*, in: Waza/Uhländer/Schmittmann, Insolvenzen und Steuern, Rz. 815.

amtes ist als Insolvenzforderung i.S.d. § 38 InsO einzuordnen, sofern sie bereits vor Eröffnung des Insolvenzverfahrens begründet war.[812] Diese sind nach §§ 174 ff. InsO zur Insolvenztabelle anzumelden und werden entsprechend den Vorschriften zur Verteilung (§§ 187 ff. InsO) gleichmäßig befriedigt.[813] Masseverbindlichkeiten i.S.d. § 55 Abs. 1 Nr. 1 InsO sind hingegen solche Verbindlichkeiten, die durch die Handlungen des Insolvenzverwalters oder in anderer Weise durch die Verwaltung, Verwertung und Verteilung der Insolvenzmasse begründet werden, ohne zu den Kosten des Insolvenzverfahrens zu gehören. Im Gegensatz zu den Insolvenzforderungen werden Masseverbindlichkeiten vorrangig aus der Insolvenzmasse befriedigt (§ 53 InsO).[814] Hinsichtlich der Frage, auf welchen Zeitpunkt für die Begründetheit eines umsatzsteuerrechtlichen Steueranspruchs des Finanzamtes abzustellen ist, und damit auch für die Abgrenzung von Insolvenzforderung und Masseverbindlichkeit standen sich insbesondere zwei Rechtsauffassungen des BFH (V. und VII. Senat) gegenüber, die im Folgenden kurz dargestellt werden sollen.[815]

Nach Auffassung des VII. Senats des BFH kommt es für die Begründetheit des Steueranspruchs ausschließlich auf die insolvenzrechtlichen Vorschriften an; Gleiches gilt für den Zeitpunkt der Begründetheit.[816] Nicht entscheidend sei es demnach, ob der Anspruch aus steuerrechtlicher Sicht bereits begründet war. Vielmehr komme es für die Begründetheit einer Insolvenzforderung i.S.d. § 38 InsO darauf an, „dass der zu Grunde liegende zivilrechtliche Sachverhalt, der zu der Entstehung der Steueransprüche führt, bereits vor Eröffnung des Insolvenzverfahrens verwirklicht worden ist.“[817] Hinsichtlich eines Vorsteuervergütungsanspruchs kommt es – nach Auffassung des BFH – demnach nicht

812 *Schüppen/Ruh*, in: MüKoInsO, Insolvenzsteuerrecht, Rz. 129; *Waza*, in: Waza/Uhländer/Schmittmann, Insolvenzen und Steuern, Rz. 1961.

813 Siehe *Marchal*, BB 2013, 33 (34).

814 *Marchal*, BB 2013, 33 (34).

815 Vgl. *Hölzle*, BB 2012, 1571 (1576); *Kahlert*, DStR 2011, 1973 (1974); *Roth*, Insolvenzsteuerrecht, Rz. 3.340 ff.; *Schüppen/Ruh*, in: MüKoInsO, Insolvenzsteuerrecht, Rz. 130.

816 Siehe BFH Urt. v. 17.12.1998 – VII R 47/98, BStBl. II 1999, 423 (424); BFH Urt. v. 05.10.2004 – VII R 69/03, BStBl. II 2005, 195 (196); so auch: *Farr*, Die Besteuerung in der Insolvenz, S. 167 Rz. 369; *Hölzle*, BB 2012, 1571 (1576); *Maus*, Steuern im Insolvenzverfahren, Rz. 31 f.; *Ruhe*, Steuern in der Insolvenz, S. 117; *Waza*, in: Waza/Uhländer/Schmittmann, Insolvenzen und Steuern, Rz. 1964.

817 Ständige Rspr.: BFH Urt. v. 21.09.1993 – VII R 119/91, BStBl. II 1994, 83 (84) m.w.N.; BFH Urt. v. 17.12.1998 – VII R 47/98, BStBl. II 1999, 423 (424); BFH Urt. v. 05.10.2004 – VII R 69/03, BStBl. II 2005, 195 (196).

auf die vollständige Verwirklichung des steuerrechtlichen Tatbestandes (vgl. § 15 Abs. 1 Nr. 1 UStG – Rechnungserstellung) an, sondern ausschließlich auf den insolvenzrechtlichen Zeitpunkt der Begründetheit desselbigen, welcher im Zeitpunkt der Leistungserbringung vorliegen soll.[818] Sofern das Finanzamt nach Eröffnung des Insolvenzverfahrens gegen Ansprüche aus dem Steuerschuldverhältnis (Vorsteuervergütungsanspruch) aufrechnen möchte, hat es zunächst sicherzustellen, dass lediglich gegen solche Vorsteuervergütungsansprüche aufgerechnet wird, die vor der Eröffnung des Insolvenzverfahrens begründet worden sind.[819] Weiterhin besteht grundsätzlich der Vorrang der Verrechnung nach § 16 Abs. 2 S. 1 UStG mit Vorsteuerbeträgen aus demselben Besteuerungszeitraum. Erst hinsichtlich des eventuell verbleibenden Vorsteuerüberhangs gilt es zu differenzieren, ob dieser vor oder nach Insolvenzeröffnung bestand.

Demgegenüber führte der V. Senat des BFH in seinem Grundsatzurteil vom 09.12.2010 aus, dass es für die Unterscheidung zwischen Insolvenzforderung oder Masseverbindlichkeit einzig auf den Zeitpunkt ankommt, „zu dem der den Umsatzsteueranspruch begründende Tatbestand vollständig verwirklicht und damit abgeschlossen ist."[820] Wann dieser Tatbestand verwirklicht und damit abgeschlossen ist, soll sich allein nach den steuerrechtlichen Vorschriften richten.[821] Demnach lassen sich als Masseverbindlichkeit sowohl bei der Ist- als auch bei der Soll-Besteuerung die vom Insolvenzverwalter nachträglich vereinnahmten Entgelte für bereits *vor* Insolvenzeröffnung erbrachte Ausgangsleistungen einordnen.[822] Dieser Auffassung hat sich letztlich auch der VII. Senat des BFH angeschlossen; dies mit der Begründung der Wahrung der Einheitlichkeit der Rechtsprechung.[823] Eine Auslegung der Normen darf nicht dazu führen, dass eine unterschiedliche Formulierung innerhalb der Normen (§ 38 InsO „begründet", § 96 Abs. 1 Nr. 1 InsO „schuldig geworden ist") den einheitlichen Rechtsgedanken unterläuft.[824] Die Rechtsprechungsänderung wirkt sich im Wesentlichen auf den

818 BFH Urt. v. 21.09.1993 – VII R 119/91, BStBl. II 1994, 83 (84); BFH Urt. v. 17.12.1998 – VII R 47/98, BStBl. II 1999, 423 (424); BFH Urt. v. 05.10.2004 – VII R 69/03, BStBl. II 2005, 195 (196).

819 Siehe BFH Urt. v. 05.10.2004 – VII R 69/03, BStBl. II 2005, 195 (197).

820 BFH Urt. v. 09.12.2010 – V R 22/10, BStBl. II 2011, 996 (997).

821 BFH Urt. v. 09.12.2010 – V R 22/10, BStBl. II 2011, 996 (997).

822 BFH Urt. v. 09.12.2010 – V R 22/10, BStBl. II 2011, 996 (997 f.); *Marchal*, BB 2013, 33 (35).

823 BFH Urt. v. 25.07.2012 – VII R 29/11, BStBl. II 2013, 36 (38).

824 BFH Urt. v. 25.07.2012 – VII R 29/11, BStBl. II 2013, 36 (38).

Berichtigungstatbestand des § 17 Abs. 2 UStG im Rahmen der Soll-Besteuerung hinsichtlich vor Insolvenzeröffnung begründeter Umsatzsteueransprüche aus.[825]

Hinsichtlich der Verwertung von Sicherungsgut durch den Insolvenzverwalter im laufenden Insolvenzverfahren sind alle im Rahmen der Verwertung entstandenen Forderungen Masseverbindlichkeiten i.S.d. § 55 Abs. 1 Nr. 1 InsO, da diese im Rahmen der Verwertung durch den Insolvenzverwalter begründet worden sind.[826] Eine Aufrechnung durch das Finanzamt – als Massegläubiger – ist uneingeschränkt möglich, sofern Forderung und Gegenforderung denselben Vermögensmassen zugerechnet werden können.[827] Hingegen kann gegen Forderungen aus dem insolvenzfreien Bereich (siehe § 36 Abs. 1 InsO) des Schuldners nicht aufgerechnet werden.[828] Nicht zur Insolvenzmasse zählen dementsprechend Gegenstände, die nicht der Zwangsvollstreckung unterliegen.[829]

---

825 Zu Fragen der Verfassungs- und Europarechtskonformität im Zusammenhang mit der Berichtigungsrechtsprechung des V. Senats (BFH Urt. v. 09.12.2010 – V R 22/10) siehe: *Roth*, Insolvenzsteuerrecht, Rz. 4.327 ff.

826 Siehe BFH Urt. v. 04.07.1957 – V 199/56 U, BStBl. III 1957, 282 (283); BFH Urt. v. 20.07.1978 – V R 2/75, BStBl. II 1978, 684 (685); OFD Frankfurt am Main v. 01.10.1998 – S 7340 A – 85 – St IV 10, UR 1999, 297 (299); *Klünemann*, UStB 2002, 192 (193); *Obermair*, BB 2004, 2610 (2611); *Roth*, Insolvenzsteuerrecht, Rz. 4.466.

827 *Klünemann*, UStB 2002, 192 (196); *Roth*, Insolvenzsteuerrecht, Rz. 3.337.

828 BGH Urt. v. 02.07.1959 – VIII ZR 194/58, NJW 1959, 1874 (1875); BGH Urt. v. 12.03.1986 – VIII ZR 64/85, NJW 1986, 3206 (3209); *Roth*, Insolvenzsteuerrecht, Rz. 3.337; *Sinz*, in: Uhlenbruck, InsO, § 94 Rz. 71.

829 *Roth*, Insolvenzsteuerrecht, Rz. 2.136.

Kapitel 5: Zusammenfassung und zukünftige Entwicklung

Sowohl der Rechtsprechung als auch der Finanzverwaltung ist es bisher nicht gelungen, die beschriebenen erheblichen Probleme im Bereich des Insolvenzsteuerrechts zu lösen. Vielmehr sind durch die derzeitige Rechtsprechungslage und durch das BMF-Schreiben vom 30.04.2014 weitere Problemfelder im Überschneidungsbereich von Insolvenz- und Steuerrecht geschaffen worden. Ziel dieser Arbeit sollte es nicht sein, die Begriffe der MwStSystRL neu zu definieren oder anderweitige Auslegungsmethoden zu entwickeln, sondern die sich aus der BFH-Entscheidung vom 28.07.2011 ergebenden Probleme im Kontext der unionsrechtlichen Vorgaben aufzuarbeiten und diesbezüglich Lösungsvorschläge zu unterbreiten, wie ähnlich gelagerte Fälle in Zukunft zu lösen sind.

I. Zusammenfassung

Die Annahme eines Geschäftsbesorgungsvertrags zwischen Insolvenzverwalter und Sicherungsgläubiger widerspricht sämtlichen insolvenz- sowie umsatzsteuerrechtlichen Prinzipien. Zum einen handelt es sich bei der in § 166 InsO normierten Verwertungsmöglichkeit des Insolvenzverwalters um eine originäre gesetzliche Verpflichtung, welche grundsätzlich nicht das Vorliegen eines Geschäftsbesorgungsvertrags begründet. Der Insolvenzverwalter wird ausschließlich im Verhältnis zum Schuldner geschäftsbesorgend tätig und erhält hierfür entsprechend der InsVV eine Vergütung, von welcher die Umsatzsteuer abzuführen ist. Zusätzlich ist aus zivilrechtlicher Sicht zu beachten, dass es sich bei einem Geschäftsbesorgungsverhältnis um die Übernahme eines Geschäfts handelt, welches allein dem Geschäftsherrn obliegt. Es darf hierdurch jedoch kein neuer Aufgabenkreis geschaffen werden. Allerdings besteht den Vorschriften der Insolvenzordnung zufolge (§§ 80, 166 InsO) keinerlei Berechtigung des Sicherungsgläubigers, die Verwertung selbst vorzunehmen, insofern der Insolvenzverwalter im Besitz des Sicherungsgutes ist. Dass sich diese Art der Verwertung positiv für den Gläubiger auswirkt, ist lediglich als rechtlicher Reflex und nicht, wie *Onusseit*[830] fordert, als verkehrsfähiges Wirtschaftsgut und mithin als ein Entgelt im umsatzsteuerrechtlichen Sinne anzusehen. Darüber hinaus würde die Annahme eines Geschäftsbesorgungsverhältnisses zwischen Gläubiger und

830 Vgl. *Onusseit*, ZIP 2000, 777 (779).

Insolvenzverwalter eher der Rechtslage zu Zeiten der Konkursordnung (§ 127 KO) entsprechen. Dass mit Einführung der InsO eine weitgehende Reformierung gerade im Bereich der Mobiliarsicherheiten angestrebt wurde, zeigt, dass die vergangene Rechtslage nicht mehr im Interesse des Gesetzgebers war und demzufolge aufgehoben werden sollte. Die geschäftsbesorgende Tätigkeit des Insolvenzverwalters für einen bestimmten Gläubiger widerspricht nicht nur dem insolvenzrechtlichen Grundsatz der Gläubigergleichbehandlung, sondern auch der unabhängigen Stellung des Insolvenzverwalters im Insolvenzverfahren als Partei kraft Amtes. Die Rechtsprechung des BFH führt somit nicht nur zu einem Verstoß gegen insolvenzrechtliche Prinzipien (insbesondere § 1 S. 1 InsO), sondern lässt zugleich – gegen den Willen des Gesetzgebers – die alte Rechtslage der Konkursordnung wiederaufleben.

Weiter ist die Annahme der Verwertungskostenpauschale als umsatzsteuerpflichtiges Entgelt mit der hier vertretenen Ansicht abzulehnen. Es handelt sich – ebenso wie bei den Feststellungskosten – um eine gesetzlich geregelte Pauschale, die im Gegensatz zu den Feststellungskosten auf den tatsächlichen Betrag angepasst werden kann. Die Regelung über die Verwertungskostenpauschale ist – wie sich aus der amtlichen Begründung zu § 196 RegE-InsO ergibt – der Praktikabilität geschuldet und berücksichtigt zugleich, dass die tatsächlich entstandenen Kosten im Einzelfall erheblich mehr oder weniger betragen können.

Eine ähnliche Auffassung dürfte wohl auch der EuGH vertreten, der in seiner Rechtsprechung eine grundsätzlich kritische Haltung zu künstlich aufgespaltenen Liefervorgängen einnimmt. Dies entspricht zudem dem umsatzsteuerrechtlichen Grundsatz der Einheitlichkeit der Leistung, welcher auch im Falle der Verwertung durch den Insolvenzverwalter eingreift.

Auf der Stufe des Vorsteuerabzugs besteht die Möglichkeit, im Wege der Geltendmachung eines Steuervergütungsanspruchs die angefallene Umsatzsteuer zu neutralisieren (sog. Neutralitätsprinzip). Dies ist allerdings nur in den Fällen möglich, in denen auf beiden Seiten Unternehmer i.S.d. Umsatzsteuerrechts (§ 2 UStG) tätig sind, § 15 Abs. 1 S. 1 Nr. 1 UStG. Handelt es sich bei der Person des Sicherungsgläubigers um eine Privatperson, besteht die Möglichkeit des Vorsteuerabzugs nicht, sodass die erfolgte sonstige Leistung des Insolvenzverwalters und die entsprechende insolvenzrechtliche Ausgleichsregelung des § 171 Abs. 2 S. 3 InsO zu einer Steuerbelastung beim Sicherungsgläubiger führen. Zu einem ähnlichen Ergebnis würde man gelangen, insofern auf Seiten des Sicherungsgläubigers Banken vertreten wären, welche grundsätzlich gem. § 4 Nr. 8 UStG von der Umsatzsteuer befreit sind (siehe § 15 Abs. 2 S. 1 Nr. 1 UStG).

Der Rechtsprechungswandel führt dementsprechend nicht nur zu einem erheblichen Mehraufwand und zusätzlichen Haftungsrisiken bei den Insolvenzverwaltern, sondern zugleich zu der Wiedereinführung eines sog. Fiskusprivilegs. Dabei sollte es nicht zu den Aufgaben des BFH gehören, für den Fiskus neue Steuereinnahmequellen zu schaffen. Von dem Grundsatz „in dubio pro fisco" sollte der BFH in seiner zukünftigen Rechtsprechung Abstand nehmen.

Die darüberhinausgehende Ansicht der Finanzverwaltung, welche in der Verwertung das Vorliegen eines sog. Dreifachumsatzes sieht, steht nicht nur im Widerspruch zu der ergangenen BFH-Rechtsprechung, sondern ist auch mit den Vorgaben des Unionsrechts und insbesondere der MwStSystRL nicht in Einklang zu bringen. Die Finanzverwaltung gelangt über die Anwendung der Grundsätze zum Kommissionsgeschäft zum Vorliegen eines Dreifachumsatzes. Dabei ist fragwürdig, ob die nationale Regelung des § 3 Abs. 3 UStG in seiner derzeitigen Fassung den Vorgaben des Art. 14 Abs. 2 Buchst. c MwStSystRL entspricht oder in Gänze abgeschafft werden sollte. Der in § 3 Abs. 3 UStG aufgeführte Klammerverweis auf die handelsrechtliche Vorschrift des § 383 HGB ist nicht nur zu eng gefasst, sondern ist zudem mit dem unionsrechtlichen Verständnis von Kommissionsgeschäften unvereinbar.

Im Falle der Verwertung von Sicherungsgut durch den Insolvenzverwalter ist darüber hinaus die Annahme eines Kommissionsvertrags zwischen diesem und dem Sicherungsgläubiger äußerst zweifelhaft. Wesentliche Merkmale eines Kommissionsverhältnisses sind zum einen die Weisungsgebundenheit des Kommissionärs als auch das Handeln für fremde Rechnung, sprich für den Kommittenten. Dass ein solches rein fremdnütziges Verhalten bei einem Insolvenzverwalter fernliegend ist, ergibt sich aus seiner rechtlichen Stellung als Partei kraft Amtes. Der Insolvenzverwalter muss stets als unabhängiges Organ am Insolvenzverfahren teilnehmen und darf sich zu keinem Zeitpunkt auf die Seite eines spezifischen Gläubigers stellen. Weiterhin ist eine weisungsgebundene Tätigkeit des Insolvenzverwalters im Verhältnis zum Sicherungsgläubiger abzulehnen. Die insolvenzrechtlichen Regelungen der §§ 166 ff. InsO führen zu keinem Weisungsrecht des Sicherungsgläubigers, das mit dem des § 384 Abs. 1 Hs. 2 HGB vergleichbar wäre.

Weiterhin führt die sich aus der Ansicht der Finanzverwaltung ergebende Umsatzsteuerbelastung der Masse zu keinen billigen Ergebnissen in der Praxis. Vielmehr wird von den Insolvenzverwaltern ein größerer Verwaltungsaufwand verlangt, indem diese neben den Rechnungen auch noch Gutschriften über die entsprechenden Umsätze erstellen müssen, um einen Vorsteuerabzug im selben Veranlagungszeitraum geltend machen zu können. Sofern es sich auf Seiten des Sicherungsnehmers/Gläubigers um einen Nichtunternehmer oder ein Kreditinstitut handelt, welchen der Vorsteuerabzug versagt bleibt, gelangt die Finanzverwaltung zu einer erheblichen Mehrbelastung der Masse. Dies führt letztlich zu dem Ergebnis, dass allein der Fiskus privilegiert wird.

Eine diesbezügliche Entscheidung des EuGH liegt zu diesem Zeitpunkt noch nicht vor. Es dürfte sich jedoch auch im Rahmen der Kommission kein anderes Bild als im Fall der Geschäftsbesorgung ergeben. Dass der EuGH künstlichen Leistungsketten kritisch gegenübersteht, wurde bereits mehrfach aufgezeigt und sollte daher auch im Rahmen des Dreifachumsatzes fortgeführt werden.

Letztlich ist der früheren Rechtsprechung zur Verwertung von Sicherungsgut im Insolvenzverfahren zuzustimmen, die in der Verwertung lediglich einen Einfachumsatz gesehen hat.[831] Dies führt weder zu einer Aufspaltung eines einheitlichen Vorgangs noch widerspricht es den insolvenzrechtlichen und umsatzsteuerrechtlichen Regelungen sowie den Vorgaben des Unionsrechts. Für die Praxis bedeutet die Annahme eines Einfachumsatzes zudem einen wesentlich geringeren Verwaltungsaufwand, was bei den Insolvenzverwaltern auf Zustimmung stoßen dürfte. Weiterhin werden die Insolvenzmassen nicht mit zusätzlichen Umsatzsteuerbelastungen beschwert, sodass eine bestmögliche Befriedigung aller Gläubiger zumindest möglich ist. Im Ergebnis sollte bei der Verwertung von Sicherungsgut im Insolvenzverfahren – sowie bei der Verwertung von mit Grundpfandrechten belasteten Grundstücken – eine Rückkehr zur damaligen Rechtslage erfolgen und lediglich ein Einfachumsatz angenommen werden.

II. Zukünftige Entwicklung

Die Komplexität des Umsatzsteuerrechts und die zahlreichen nationalen Gestaltungsmöglichkeiten, welche einer Einordnung in das System der Umsatzsteuer bedürfen, zeigen die verschiedenen möglichen Problemfelder im Bereich des Umsatzsteuerrechts auf. Dies allein lässt erahnen, wie weitreichend das Steuerrecht und insbesondere das Umsatzsteuerrecht ist und wie es seinen Einfluss auch auf die übrigen Rechtsgebiete sowohl des Insolvenzrechts als auch des Zivilrechts nimmt. Demzufolge kann nicht ein einzelnes Rechtsgebiet zur Klärung eines umsatzsteuerrechtlichen Problems beitragen, sondern es bedarf des Zusammenspiels der verschiedenen Rechtsgebiete. Die Harmonisierung scheint gerade im Schnittbereich zwischen Insolvenzrecht und Steuerrecht immer wieder Schwierigkeiten zu bereiten, sodass sich bis heute noch kein einheitliches Insolvenzsteuerrecht entwickelt hat. Dies liegt nicht zuletzt an der Komplexität des Steuerrechts, son-

831 BFH Urt. v. 18.08.2005 – V R 31/04, BStBl. II 2007, 183 ff.

dern auch an der zum Teil sehr undeutlichen Positionierung des EuGH. Dennoch darf sich auch der BFH nicht vor einem gemeinsamen Mehrwertsteuersystem verschließen, sondern sollte bemüht sein, in seine Judikatur stärker als bisher die Rechtsprechung des EuGH einfließen zu lassen. Aufgrund der europaweiten Harmonisierung des Umsatzsteuerrechts ist es nicht möglich, allein auf die nationalen Vorschriften für die Begriffsbestimmungen der MwStSystRL zurückzugreifen. Eine lediglich am nationalen Recht orientierte Rechtsprechung würde zu einer Zersplitterung des gemeinsamen Mehrwertsteuersystems führen, sodass es für die zukünftige Entwicklung erstrebenswert wäre, wenn der EuGH Stellung nehmen und der BFH seine Rechtsprechung an die unionsrechtlichen Vorgaben der Richtlinie anpassen würde.

Darüber hinaus sollte eine Reformierung des Umsatzsteuerrechts in Betracht gezogen werden. Auch wenn die Zuständigkeit für einen gemeinsamen Wirtschaftsmarkt bei der Europäischen Union liegen mag, so darf dies dennoch nicht dazu führen, Regelungslücken und etwaige Gleichheitswidrigkeiten unbesehen „zu zementieren“.[832]

---

832 So schon: *Kirchhof*, DStR 2008, 1 (8).

Literaturverzeichnis

Achatz, Markus, Kommissionsgeschäfte und Konsignationsgeschäfte im Unionsrecht, in: Achatz/Tumpel (Hrsg.), Reihengeschäfte bei der Umsatzsteuer, 1. Aufl. 2014, Wien 2014, S. 41–52 (zit.: *Achatz*, in: Achatz/Tumpel, Reihengeschäfte bei der Umsatzsteuer).

Bahlau, Petra, Die Aufrechnung im Steuerrecht, Dissertation, Münster 1993.

Baumbach, Adolf/ *Hopt*, Klaus J. (Hrsg.), Handelsgesetzbuch, Kommentar, 38. Aufl., München 2018 (zit.: *Verf.*, in: Baumbach/Hopt, HGB).

Baur, Jürgen F./ *Stürner*, Rolf, Sachenrecht, 18. Aufl., München 2009.

Beck, Rainer, Umsatzsteuer aus der Verwertungskostenpauschale, ZInsO 2003, S. 509–511.

Ders., Abermals: Umsatzsteuer aus der Verwertungskostenpauschale, ZInsO 2003, S. 890–892.

Ders., Kurzkommentar, FG Brandenburg EWiR § 165 InsO 1/04, EWiR 2004, S. 931–932.

Beck'scher Online-Kommentar BGB, (Hrsg.: *Bamberger*, Heinz Georg/ *Roth*, Herbert/ *Hau*, Wolfgang/ *Poseck*, Roman), 43. Edition, Stand: 15.06.2017, München 2017 (zit.: *Verf.*, in: BeckOK, BGB).

Beck'scher Online-Kommentar InsO (Hrsg: *Fridgen*, Alexander/ *Geiwitz*, Arndt/ *Göpfert*, Burkard), 9. Edition, Stand: 26.01.2018, München 2018 (zit.: *Verf.*, in: BeckOK, InsO).

Beisse, Heinrich, Die wirtschaftliche Betrachtungsweise bei der Auslegung der Steuergesetze in der neueren deutschen Rechtsprechung, StuW 1981, S. 1–14.

Berger, Christian, Die Verwertung von Absonderungsgut – im Spannungsverhältnis von Bürgerlichem Recht, Insolvenzrecht und Europäischem Recht –, KTS – Zeitschrift für Insolvenzrecht 2007, S. 433–450.

Berges, A. M., Große oder Kleine Insolvenzrechtsreform, KTS – Konkurs; Treuhand- und Schiedsgerichtswesen 1955, S. 49–54.

Birkenfeld, Wolfram, Umsatzsteuer in der Zeit, UR 1993, S. 321–329.

Birkenfeld, Wolfram/ *Wäger*, Christoph, Das große Umsatzsteuer-Handbuch, 78. Lfg., Köln 2018 (zit.: *Verf.*, in: Birkenfeld/Wäger, Das große Umsatzsteuer-Handbuch).

Bolk, Wolfgang/ *Reiß*, Wolfram, Zur umsatzsteuerlichen Behandlung des Kommissionsgeschäftes und seiner Bilanzierung, DStZ 1980, S. 385–391.

Bonertz, Rainer, Sicherungsübereignung und Verwertung durch Insolvenzverwalter, Sicherungsnehmer oder Sicherungsgeber aus umsatzsteuerlicher Sicht, UR 2007, S. 241–245.

Braun, Eberhard, Kommentar zur Insolvenzordnung, 7. Aufl., München 2017 (zit.: *Verf.*, in: Braun, InsO).

Brechmann, Winfried, Die richtlinienkonforme Auslegung, Dissertation, Band 99, München 1994.

Broemel, Karl/ *Endert*, Volker, Die bilanziellen Folgen der Sicherungsübereignung, NWB 2014, S. 548–553.

Bunjes, Johann, Umsatzsteuergesetz, Kommentar, 16. Aufl., München 2017 (zit.: *Verf.*, in: Bunjes, UStG).

Canaris, Claus-Wilhelm, Das Rangverhältnis der „klassischen" Auslegungskriterien, demonstriert an Standardproblemen aus dem Zivilrecht, in: Festschrift für Dieter Medicus zum 70. Geburtstag, Köln 1999, S. 25–61 (zit.: *Canaris*, FS Medicus 1999).

Ders., Handelsrecht, 24. Aufl., München 2006.

Canaris, Claus-Wilhelm/ *Habersack*, Mathias/ *Schäfer*, Carsten (Hrsg.), Großkommentar Handelsgesetzbuch, 9. Bd., 5. Aufl., Berlin 2013 (zit.: *Verf.*, in: Staub, HGB).

Dänzer-Vanotti, Wolfgang, Die richtlinienkonforme Auslegung deutschen Rechts hat keinen rechtlichen Vorrang, RIW 1991, S. 754–755.

Ders., Methodenstreit um die den EG-Richtlinien konforme Auslegung, DB 1994, S. 1052–1055.

D'Avoine, Marc, Feststellung, Verwertung und Abrechnung von Sicherheitsgut als „einheitliches Geschäft" des Insolvenzverwalters, ZIP 2012, S. 58–62.

De Weerth, Jan, Die Verwertung sicherungsübereigneter Gegenstände nach Inkrafttreten der Insolvenzrechtsreform im Blickwinkel des Umsatzsteuerrechts, BB 1999, S. 821–828.

Ders., Zur zivil- und umsatzsteuerrechtlichen Beurteilung der Verwertung sicherungsübereigneter Gegenstände durch den Insolvenzverwalter – insbesondere zur Rechnung und Abrechnung des Insolvenzverwalters –, NZI 2001, S. 74–77.

Ders., Umsatzsteuer bei der Verwertung sicherungsübereigneter Gegenstände, UR 2003, S. 161–168.

Ders., Zur vermeintlichen Umsatzsteuerpflicht von Massekostenbeiträgen im Insolvenzverfahren, DZWIR 2005, S. 375–376.

Ders., Urteilsanmerkung, BFH Urt. v. 30.03.2006 – V R 9/03, DStR 2006, S. 985–987.

Ders., Die Bemessungsgrundlage für Kostenpauschalen nach § 171 InsO – Entgelt oder Preis?, ZInsO 2007, S. 70–73.

Ders., Dreifachumsatz bei der Verwertung sicherungsübereigneter Gegenstände im eröffneten Insolvenzverfahren?, NZI 2014, S. 597–600.

Ders., Die „neue Welt" zur Umsatzsteuer bei Insolvenz und insbesondere bei der Sicherungsgutverwertung, NZI 2015, S. 884–887.

Ders., Insolvenzrechtliche Kostenbeiträge und Umsatzsteuer – eine aktuelle Bestandsaufnahme, MwStR 2016, S. 989–991.

Di Fabio, Udo, Richtlinienkonformität als ranghöchstes Normauslegungsprinzip? – Überlegungen zum Einfluss des indirekten Gemeinschaftsrechts auf die nationale Rechtsordnung, NJW 1990, S. 947–954.

Dobratz, Lars, Leistung und Entgelt im Europäischen Umsatzsteuerrecht, Dissertation, Köln 2005.

Drukarczyk, Jochen/ *Duttle*, Josef/ *Rieger*, Reinhard, Mobiliarsicherheiten: Arten, Verbreitung, Wirksamkeit, Köln 1985.

Düringer, Adelbert/ *Hachenburg*, Max (Hrsg.), Handelsgesetzbuch, Kommentar, V. Bd., 2. Hälfte, 3. Aufl., Mannheim 1932 (zit.: *Verf.*, in: Düringer/Hachenburg, HGB).

Ehrenberg, Victor (Hrsg.), Handbuch des gesamten Handelsrechts, 5. Bd., I. Abt., 1. Hälfte, Leipzig 1928 (zit.: *Verf.*, in: Ehrenberg, Handbuch des gesamten Handelsrechts).

Erkel, Günther, Insolvenzrechtliche Erkenntnisse aktueller Rechtstatsachenforschung, in: Uhlenbruck, Wilhelm/ Klasmeyer, Bernd/ Kübler, Bruno M. (Hrsg.), Einhundert Jahre Konkursordnung 1877–1977, Köln 1978, S. 295–299 (zit.: *Erkel*, in: Einhundert Jahre Konkursordnung, S.).

Erman, Walter, Kommentar Bürgerliches Gesetzbuch, (Hrsg.: *Westermann*, Harm Peter), 10. Aufl. Köln 2000 (zit.: *Verf.*, in: Erman, BGB (10. Aufl.)).

Erman, Walter, Kommentar Bürgerliches Gesetzbuch, (Hrsg.: *Westermann*, Harm Peter/ *Grunewald*, Barbara/ *Maier-Reimer*, Georg), 15. Aufl., Köln 2017 (zit.: *Verf.*, in: Erman, BGB).

Eschenbach, Jürgen, Die Behandlung des Kommissionsgeschäfts in § 3 Abs. 3 UStG – Tücken im Umgang mit einer gesetzlichen Fiktion – Teil 1 –, DStZ 2002, S. 429–436.

Ders., Die Behandlung des Kommissionsgeschäfts in § 3 Abs. 3 UStG – Tücken im Umgang mit einer gesetzlichen Fiktion – Teil 2 –, DStZ 2002, S. 477–480.

Farr, Carsten, Die Besteuerung in der Insolvenz, München 2005.

Fölsing, Philipp, Sicherheitenverwertung durch den Insolvenzverwalter: Gefahren und Probleme, ZInsO 2011, S. 2261–2264.

Friedrich, Andreas, Vorbildfunktion der Insolvenzordnung für die Aufnahme einer Regelung der Fälle des § 13c UStG?, UR 2009, S. 149–154.

Frotscher, Gerrit, Besteuerung bei Insolvenz, 8. Aufl., Frankfurt am Main 2014 (zit.: *Frotscher*, Besteuerung bei Insolvenz).

Ders., Internationales Steuerrecht, 4. Aufl., München 2015.

Funk, Anja, Die Sicherungsübereignung in Einzelzwangsvollstreckung und Insolvenz, Dissertation, Frankfurt am Main 1996.

Ganter, Gerhard/ *Bitter*, Georg, Rechtsfolgen berechtigter und unberechtigter Verwertung von Gegenständen mit Absonderungsrechten durch den Insolvenzverwalter, ZIP 2005, S. 93–103.

Ganter, Hans/ *Brünink*, Jan-Hendrik, Insolvenz und Umsatzsteuer aus zivilrechtlicher Sicht, NZI 2006, S. 257–266.

Gaul, Björn, Verwertungsbefugnis des Insolvenzverwalters bei Mobilien trotz Sicherungsübereignung und Eigentumsvorbehalt, ZInsO 2000, S. 256–263.

Gerhardt, Walter, Zur Verwertung von Sicherungsgut im Insolvenzverfahren, in: Gedächtnisschrift für Peter Arens, München 1993, S. 127–142 (zit.: *Gerhardt*, Gedächtnisschrift für Arens 1993).

Giesberts, Franz J., Eigentumsübertragung, Verschaffung der Verfügungsmacht und Lieferung, UR 1976, S. 61–69.

Ders., Ableitungen aus dem Leistungsbegriff für die Beurteilung des Kommissionsgeschäfts im Umsatzsteuerrecht, UR 1988, S. 137–143.

Götz, Rainer, Leistungsumfang und Einheitlichkeit der Leistung im Umsatzsteuerrecht, Dissertation, Heidelberg 1991.

Gottwald, Peter, Die Rechtsstellung dinglich gesicherter Gläubiger, in: Leipold, Insolvenzrecht im Umbruch, S. 197–209 (zit.: *Verf.*, in: Leipold, Insolvenzrecht im Umbruch).

Ders., Insolvenzrechts-Handbuch, 5. Aufl., München 2015 (zit.: *Verf.*, in: Gottwald, Insolvenzrechts-Handbuch).

Gottwald, Peter/ *Adolphsen*, Jens, Die Rechtsstellung dinglich gesicherter Gläubiger in der Insolvenzordnung, in: Kölner Schriften zur Insolvenzordnung, Hrsg.: Arbeitskreis für Insolvenz- und Schiedsgerichtswesen e. V., Köln, 2. Aufl., Köln 2000, S. 1043–1082 (zit.: *Gottwald/Adolphsen*, in: Kölner Schrift zur Insolvenzordnung).

Grabower, Rolf, Die Geschichte der Umsatzsteuer und ihre gegenwärtige Gestaltung im Inland und im Ausland, Berlin 1925.

Grabower, Rolf/ *Herting*, Detlef/ *Schwarz*, Gottfried, Die Umsatzsteuer – Ihre Geschichte und gegenwärtige Gestaltung im In- und Ausland, 2. Aufl., Berlin 1962.

Groeben, Hans von der/ *Schwarze*, Jürgen/ *Hatje*, Armin, Europäisches Unionsrecht, 7. Aufl. Baden-Baden 2015.

Gruß, Hans-Ulrich, Der Umsatzbegriff nach den Änderungen durch das Umsatzsteuergesetz (Mehrwertsteuer), Dissertation, Münster 1972.

Gundlach, Ulf/ *Frenzel*, Volkhard/ *Schmidt*, Nikolaus, Die Verwertungsbefugnis aus §§ 166 ff. InsO, NZI 2001, S. 119–124.

Häsemeyer, Ludwig, Insolvenzrecht, 4. Aufl., Köln 2007 (zit.: *Häsemeyer*, InsR).

Haunschild, Michael, Verwertungsrecht des Insolvenzverwalters und Kostenbeiträge der Gläubiger nach §§ 165 ff. InsO, DZWIR 1999, S. 60–62.

Heidel, Thomas/ *Schall*, Alexander, Handkommentar Handelsgesetzbuch, 2. Aufl., Baden-Baden 2015 (zit.: *Verf.*, in: Heidel/Schall, HGB).

Heidner, Hans-Hermann, Umsatzsteuerrechtliche Behandlung von Kommissionsgeschäften – Insbesondere die neuere Rechtsentwicklung bei der Leistungskommission –, UR 2001, S. 517–523.

Ders., Wirkungsweise von EG-Richtlinien im deutschen Steuerrecht – wie kommt die 6. EG-Richtlinie ins deutsche Umsatzsteuerrecht? –, UR 2003, S. 69–74.

Heinsius, Theodor, Der Sicherheitentreuhänder im Konkurs, in: Festschrift für Wolfram Henckel zum 70. Geburtstag, Berlin 1995, S. 387–400 (zit.: *Heinsius*, FS Henckel 1995).

Henckel, Wolfram, Zur Dogmatik der besitzlosen Mobiliarsicherheiten, in: Festschrift für Albrecht Zeuner zum 70. Geburtstag, Tübingen 1994, S. 193–218 (zit.: *Henckel*, FS Zeuner 1994).

Herget, Daniela/ *Kreuzberg*, Charlotte, Umsatzsteuerliche Fallstricke bei der Verwertung von Kreditsicherheiten, NZI 2013, S. 118–124.

Heublein, Gerrit, Kurzkommentar, BFH EWiR § 165 InsO 1/05, EWiR 2005, S. 513–514.

Hilgers, Petra, Besitzlose Mobiliarsicherheiten im Absonderungsverfahren unter besonderer Berücksichtigung der Verwertungsprobleme, Dissertation, Frankfurt am Main 1994.

Hölzle, Gerrit, Konkurrenz von Steuerrecht und Insolvenzrecht – oder: Ist Steuern zahlen sittenwidrig? Zum Versuch einer dogmatischen Grundlegung, BB 2012, S. 1571–1579.

Holzer, Johannes, Die Aufrechnung im neuen Insolvenzrecht, DStR 1998, S. 1268–1272.

Hübner, Gustav, „Kleine Ursache – große Wirkung" oder „Wehret den Anfängen", UR 1985, S. 6–8.

Hübschmann, Walter/ *Hepp*, Ernst/ *Spitaler*, Armin, Abgabenordnung/Finanzgerichtsordnung, Kommentar, Stand: 246. Lfg., Februar 2018, Köln 2018 (zit.: *Verf.*, in: Hübschmann/Hepp/Spitaler, AO).

Hummel, David, Entgelt als Bemessungsgrundlage im Umsatzsteuerrecht, UR 2015, S. 213–223.

Jacobs, Thomas, Am Anfang war der Warenumsatzstempel, DStZ 2006, S. 654–660.

Jaeger, Ernst, Konkursordnung, Kommentar, 8. Aufl., Berlin 1973 (zit.: *Verf.*, in: Jaeger, KO).

Jauernig, Othmar, BGB, Kommentar, 16. Aufl., München 2015 (zit.: *Verf.*, in: Jauernig, BGB).

Johann, Ulrich, Qualifiziert die „freihändige Verwertung von Grundpfandrechten" in der Insolvenz als umsatzsteuerpflichtige Geschäftsbesorgung, DStZ 2012, S. 127–132.

Kahlert, Günter, „Wiedereinführung" des Fiskusvorrechts im Insolvenzverfahren? – Die Fiskusvorrechte sind schon lange da!, ZIP 2010, S. 1274–1282.

Ders., Zur Dogmatik der Umsatzsteuer im Insolvenzverfahren, DStR 2011, S. 1973–1981.

Kahlert, Günter/ *Rühland*, Bernd, Sanierungs- und Insolvenzsteuerrecht, 2. Aufl., Köln 2011.

Keller, Ulrich, Die Voraussetzungen und der rechtliche Rahmen zur Durchführung einer so genannten kalten Zwangsverwaltung, NZI 2013, S. 265–271.

Ders., Insolvenzrecht, München 2006.

Kindler, Ingo, Grundpfandrechte im Insolvenzverfahren, Dissertation, Berlin 2009.

Kirchhof, Paul, 40 Jahre Umsatzsteuergesetz – Eine Steuer im Umbruch, DStR 2008, S. 1–8.

Klasmeyer, Bernd/ *Elsner*, Ben P./ *Ringstmeier*, Andreas, Ausgewählte Probleme bei der Verwertung von Mobiliarsicherheiten, Hrsg.: Arbeitskreis für Insolvenz- und Schiedsgerichtswesen e. V., Köln, 2. Aufl., Köln 2000, S. 1083–1098 (zit.: *Klasmeyer/Elsner/Ringstmeier*, in: Kölner Schrift zur Insolvenzordnung).

Klenk, Friedrich/ *Kronthaler*, Ludwig, Die Rechtsprechung des V. (Umsatzsteuer-)Senats des Bundesfinanzhofs, NZI 2006, S. 369–375.

Klezath, Peter, Die Entwicklung der Umsatzsteuer bei Verwirklichung des einheitlichen Binnenmarktes, in: Deutsche Steuerjuristische Gesellschaft (Umsatzsteuer in nationaler und europäischer Sicht), Band 13, Köln 1990, S. 167–178 (zit.: *Klezath*, DStJG 13 (1990)).

Klünemann, Martin, Besonderheiten im Festsetzungs- und Erhebungsverfahren (Umsatzsteuer in der Insolvenz III), UStB 2002, S. 192–196.

Knütel, Rolf, Weisungen bei Geschäftsbesorgungsverhältnissen, insbesondere bei Kommission und Spedition, ZHR 137 [1973], S. 285–333.

Kölner Kommentar zur Insolvenzordnung (Hrsg.: *Hess*, Harald), Band 1, Köln 2016, Band 3, Köln 2017 (zit.: *Verf.*, in: KK-InsO).

Koenig, Ulrich, Abgabenordnung, Kommentar, 3. Aufl., München 2014 (zit.: *Verf.*, in: Koenig, AO).

Koller, Ingo/ *Kindler*, Peter/ *Roth*, Wulf-Henning/ *Morck*, Winfried (Hrsg.), Kommentar zum Handelsgesetzbuch, 8. Aufl., München 2015 (zit.: *Verf.*, in: Koller/Kindler/Roth/Morck, HGB).

Kortschak, Hans-Peter, Lehrbuch der Umsatzsteuer, 17. Aufl., Herne 2016 (zit.: *Verf.*, in: Kortschak, Lehrbuch Umsatzsteuer).

Kreft, Gerhart, Insolvenzordnung, Kommentar, 7. Aufl., Heidelberg 2014 (zit.: *Verf.*, in: Kreft, InsO).

Kroth, Harald, BFH: Insolvenzverwalter erbringt mit Verwaltung und Verwertung von Sicherungsgut umsatzsteuerpflichtige Leistungen an Sicherungsnehmer, FD-InsR 2011, 323729.

Kumpan, Christoph, Der Interessenkonflikt im deutschen Privatrecht, Tübingen 2014.

Larenz, Karl, Lehrbuch des Schuldrechts – Besonderer Teil, Band 2, 7. Aufl., München 1965.

Ders., Methodenlehre der Rechtswissenschaft, 6. Aufl., Berlin 1991.

Lohse, Christian, Strahlkraft der neuen Mehrwertsteuer-Durchführungsverordnung, DStR 2011, S. 1740–1742.

Looschelders, Dirk, Schuldrecht Besonderer Teil, 12. Aufl., München 2017.

Lwowski, Hans-Jürgen/ *Fischer*, Gero/ *Langenbucher*, Katja, Das Recht der Kreditsicherung, 9. Aufl., Berlin 2011 (zit.: *Verf.*, in: Lwowski/Fischer/Langenbucher, Das Recht der Kreditsicherung).

Marchal, Hendrik, Aufrechnung mit Umsatzsteuerforderungen in der Insolvenz, BB 2013, S. 33–37.

Marotzke, Wolfgang, Die dinglichen Sicherheiten im neuen Insolvenzrecht, ZZP 109 [1996], S. 429–471.

Maus, Karl Heinz, Steuern im Insolvenzverfahren, Bonn 2004.

Mentzel, Franz/ *Kuhn*, Georg/ *Uhlenbruck*, Wilhelm (Hrsg.), Konkursordnung, Kommentar, 9. Aufl., München 1979 (zit.: *Mentzel/Kuhn/Uhlenbruck*, Konkursordnung).

Meyer, Berthold, Anmerkung zum Urteil vom FG Brandenburg v. 16.03.2004–1 K 2949/02, EFG 2004, S. 1003–1005.

Mitlehner, Stephan, Verwertungsvereinbarungen im Insolvenzverfahren, ZIP 2012, S. 649–657.

Möller, Han-Dirk, Die Sicherungsübereignung im Umsatzsteuerrecht, Dissertation, Würzburg 1999.

Mohrbutter, Harro/ *Ringstmeier*, Andreas, Handbuch Insolvenzverwaltung, 9. Aufl., Köln 2015 (zit.: *Verf.*, in: Mohrbutter/Ringstmeier, HB Insolvenzverwaltung).

Monfort, Bertrand, Hintergrund und Rechtswirkung der Durchführungsverordnung (EU) Nr. 282/2011, UR 2012, S. 172–175.

Mühlhoff, Jürgen, Der Begriff der Lieferungen und sonstigen Leistungen im Umsatzsteuerrecht, Dissertation, Kiel 1952.

Müller, Friedrich/ *Christensen*, Ralph, Juristische Methodik, Bd. II, Europarecht, 2. Aufl., Berlin 2007.

Müller-Erzbach, Rudolf, Deutsches Handelsrecht, 3. Aufl., Tübingen 1928.

Münchener Kommentar zum BGB (Hrsg.: *Säcker*, Franz Jürgen/ *Rixecker*, Roland/ *Oetker*, Hartmut), Band 1 Allgemeiner Teil, 7. Aufl., München 2015, Band 4 Schuldrecht Besonderer Teil II, 6. Aufl., München 2012 (Altauflage), Band 5/2 Schuldrecht Besonderer Teil III/2, 7. Aufl., München 2017, Band 6 Schuldrecht Besonderer Teil IV, 7. Aufl., München 2017, Band 7 Sachenrecht, 7. Aufl., München 2017 (zit.: *Verf.*, in: MüKoBGB).

Münchener Kommentar zum Handelsgesetzbuch (Hrsg.: *Schmidt*, Karsten/ *Grunewald*, Barbara), 5. Band, 4. Aufl., München 2018 (zit.: *Verf.*, in: MüKoHGB).

Münchener Kommentar zur Insolvenzordnung (Hrsg.: *Kirchhof*, Hans-Peter/ *Eidenmüller*, Horst/ *Stürner*, Rolf), Band 1–2, 3. Aufl., München 2013 (zit.: *Verf.*, in: MüKoInsO).

Münchener Kommentar ZPO (Hrsg.: *Rauscher*, Thomas/ *Krüger*, Wolfgang), Band 2, 5. Aufl., München 2016 (zit.: *Verf.*, in: MüKoZPO).

Nerlich, Jörg/ *Römermann*, Volker, Insolvenzordnung, Stand: 33. Lfg., München 2017 (zit.: *Verf.*, in: Nerlich/Römermann, InsO).

Niesert, Burkhard, Das Recht der Aus- und Absonderung nach der neuen Insolvenzordnung, InVo 1998, S. 141–147.

Nussbaum, Arthur, Tatsachen und Begriffe im deutschen Kommissionsrecht, Berlin 1917.

Obermair, Stefan, Die Aufrechnung mit Steuerforderungen in der Insolvenz, BB 2004, S. 2610–2614.

Oerther, Monika, Verwertung des mit Absonderungsrechten belasteten Schuldnervermögens in der Insolvenz nach §§ 165 ff. InsO, Dissertation, Hamburg 2010.

Oetker, Hartmut, Kommentar Handelsgesetzbuch, 5. Aufl., München 2017 (zit.: *Verf.*, in: Oetker, HGB).

Onusseit, Dietmar, Die insolvenzrechtlichen Kostenbeiträge unter Berücksichtigung ihrer steuerrechtlichen Konsequenzen sowie Massebelastungen durch Grundstückseigentum, ZIP 2000, S. 777–787.

Ders., Erneut: Die Bemessungsgrundlage für die Kostenpauschalen des § 171 InsO, ZInsO 2007, S. 247–249.

Ders., Umsatzsteuerrechtliche Folgen der Verwertung von Sicherungsgut, ZInsO 2014, S. 1461–1468.

Palandt, Otto, Bürgerliches Gesetzbuch, Kommentar, 77. Aufl., München 2018 (zit.: *Verf.*, in: Palandt, BGB).

Pape, Gerhard, Einziehungsrecht des Insolvenzverwalters bei sicherungshalber abgetretenen Forderungen, NZI 2000, S. 301–303.

Pehle, Katharina, Die Bestimmung des Lieferortes bei grenzüberschreitenden ruhenden Umsatzgeschäften, Dissertation, Hamburg 2016.

Peter, Karl/ *Burhoff*, Armin/ *Stöcker*, E. E., Umsatzsteuer, Kommentar, Stand: 103. Lfg., Juni 2013, Herne 2013 (zit.: *Verf.*, in: Peter/Burhoff/Stöcker, UStG).

Plückebaum, Konrad/ *Malitzky*, Heinz/ *Widmann*, Werner, Umsatzsteuergesetz – Mehrwertsteuer –, Stand: 191. Lfg., Köln 2012 (zit.: *Verf.*, in: Plückebaum/ Malitzky/Widmann, UStG).

Popitz, Johannes, Kommentar zum Umsatzsteuergesetz vom 24.12.1919 und zu den Ausführungsbestimmungen vom 12.06.1920, 2. Aufl., Berlin 1921 (zit.: *Popitz*, UStG 1919, 2. Aufl. 1921).

Probst, Ulrich, Übereinstimmung zwischen Umsatzsteuergesetz und 6. EG-Richtlinie sowie richtlinienkonforme Auslegung des Umsatzsteuergesetzes, in: Deutsche Steuerjuristische Gesellschaft (Umsatzsteuer in nationaler und europäischer Sicht), Band 13, Köln 1990, S. 137–165 (zit.: *Probst*, DStJG 13 (1990)).

Rau, Günter/ *Dürrwächter*, Erich, Umsatzsteuergesetz, Kommentar, Stand: 175. Lfg., Januar 2018, Köln 2018 (zit.: *Verf.*, in: Rau/Dürrwächter, UStG).

Reichle, Simon, Ungeahnte Folgen des Dreifachumsatzes aus dem BMF-Schreiben vom 30.04.2014, NZI 2016, S. 473–476.

Reichold, Hermann, Geschäftsbesorgung im Arbeitsverhältnis, NZA 1994, S. 488–493.

Reinicke, Dietrich/ *Tiedtke*, Klaus, Kreditsicherung, 5. Aufl., Neuwied 2006.

Reischl, Klaus, Insolvenzrecht, 4. Aufl., Heidelberg 2016.

Riesenhuber, Karl (Hrsg.), Europäische Methodenlehre, 3. Aufl., Berlin 2015 (zit.: *Verf.*, in: Riesenhuber).

Rondorf, Hans-Dieter, Umsatzsteuerliche Behandlung der Verwertung sicherungsübereigneter Gegenstände, NWB 2014, S. 842–854.

Roth, Jan, Insolvenzsteuerrecht, 2. Aufl., Köln 2016.

Rüsken, Reinhart, Aufrechnung von Steuern im Insolvenzverfahren in der neueren Rechtsprechung des Bundesfinanzhofs, ZIP 2007, S. 2053–2060.

Ruhe, Christian, Steuern in der Insolvenz, Berlin 2003.

Schaumburg, Harald, Internationales Steuerrecht, 4. Aufl., Köln 2017 (zit.: *Verf.*, in: Schaumburg, Internationales Steuerrecht).

Schlegelberger, Franz, Handelsgesetzbuch, Kommentar, Band VI, 5. Aufl., München 1977 (zit.: *Verf.*, in: Schlegelberger, HGB).

Schmidt, Andreas (Hrsg.), Hamburger Kommentar zum Insolvenzrecht, 6. Aufl., Köln 2017 (zit.: *Verf.*, in: HambKomm, InsO).

Schmidt, Karsten, Insolvenzgesetze (KO/VglO/GesO), 17. Aufl., München 1997 (zit.: *Kilger/Karsten Schmidt*, KO).

Ders., Handelsrecht – Unternehmensrecht I, 6. Aufl., Köln 2014 (zit.: *K. Schmidt*, Handelsrecht).

Ders., Insolvenzordnung, 19. Aufl., München 2016 (zit.: *Verf.*, in: K. Schmidt, InsO).

Schmittmann, Jens, Anmerkung zu BFH, Urt. v. 28.07.2011 – V R 28/09, ZInsO 2011, S. 1908–1910.

Ders., Umsatzsteuerliche Besonderheiten bei Immobilien in der Zwangsverwaltung, StuB 2011, S. 798–799.

Schön, Wolfgang, Die Kommission im Umsatzsteuerrecht, UR 1988, S. 1–7.

Ders., Die Auslegung europäischen Steuerrechts, Köln 1993.

Ders., Gemeinschaftskonforme Auslegung und Fortbildung des nationalen Steuerrechts – unter Einschluss des Vorlageverfahrens nach Art. 177 EGV –, in: Deutsche Steuerjuristische Gesellschaft (Steuerrecht im Europäischen Binnenmarkt), Band 19, Köln 1996, S. 167–200 (zit.: *Schön*, DStJG 19 (1996)).

Schreiber, Klaus, Sachenrecht, 6. Aufl., Stuttgart 2015.

Schulze, Reiner, Handkommentar BGB, 9. Aufl., Baden-Baden 2017 (zit.: *Verf.*, in: HK-BGB).

Schumann, Ekkehard, Die Unabhängigkeit des Insolvenzverwalters – Sicherung der Integrität des Insolvenzverfahrens, in: Festschrift für Reinhold Geimer zum 65. Geburtstag, München 2002, S. 1043–1072 (zit.: *Schumann*, FS Geimer 2002).

Schwark, Eberhard, Rechtsprobleme bei der mittelbaren Stellvertretung, JuS 1980, S. 777–782.

Schwarz, Johannes, Umsatzsteuer in der Insolvenz – neue Facetten des Leistungsfähigkeitsprinzips, Dissertation, Frankfurt am Main 2012.

Seeliger, Gerhard, Der Begriff des wirtschaftlichen Eigentums im Steuerrecht, Stuttgart 1962.

Sessig, Franz-Joachim/ *Fischer*, Petra, Das Verwertungsrecht des Insolvenzverwalters bei beweglichem Sicherungsgut, ZInsO 2011, S. 618–625.

Serick, Rolf, Eigentumsvorbehalt und Sicherungsübertragung, Bd. 3, Heidelberg 1970 (zit.: *Serick*, Bd. III).

Serick, Rolf, Die Profilierung der Mobiliarsicherheiten von heute im Konkursrecht von gestern, in: Uhlenbruck, Wilhelm/ Klasmeyer, Bernd/ Kübler, Bruno M. (Hrsg.), Einhundert Jahre Konkursordnung 1877–1977, Köln 1978, S. 271–292 (zit.: *Serick*, in: Einhundert Jahre Konkursordnung, S.).

Smid, Stefan, Kreditsicherheiten in der Insolvenz, 3. Aufl., Stuttgart 2015.

Ders., 10 Jahre Insolvenzordnung – (k)ein trauriger Rückblick aus Sicht der Kreditinstitute(!)?, DZWIR 2009, S. 397–404.

Smid, Stefan/ *Leonhardt*, Peter/ *Zeuner*, Mark, Insolvenzordnung, Kommentar, 3. Aufl., Stuttgart 2010 (zit.: *Verf.*, in: Leonhardt/Smid/Zeuner, InsO).

Sölch, Otto/ *Ringleb*, Karl, Umsatzsteuer, Kommentar, Stand: 81. Lfg., Oktober 2017, München 2017 (zit.: *Verf.*, in: Sölch/Ringleb, UStG).

Soergel, Theodor, Bürgerliches Gesetzbuch mit Einführungs- und Nebengesetzen, 10. Band, 13. Aufl., Stuttgart 2011 (zit.: *Verf.*, in: Soergel, BGB).

Spetzler, Eugen, Die richtlinienkonforme Auslegung als vorrangige Methode steuerjuristischer Hermeneutik, RIW 1991, S. 579–582.

Spital-Frenking, Ewald, Zur Abgrenzung umsatzsteuerlicher Verfügungsmacht, UR 1958, S. 123–124.

Spliedt, Jürgen D./ *Schacht*, Ina, Kurzkommentar zu BFH Urt. v. 18.08.2005 – V R 31/04 EWiR § 1 UStG, EWiR 2005, S. 841–842.

Sponagel, Maximilian, Gläubigerinformation im Insolvenzverfahren, DZWIR 2011, S. 270–276.

Stadie, Holger, Umsatzsteuerrecht, Köln 2005.

Ders., Umsatzsteuergesetz, Kommentar, 3. Aufl., Köln 2015 (zit.: *Stadie*, in: Stadie, UStG).

Stapper, Florian/ *Schädlich*, Jörg, Anmerkung BGH Beschl. v. 14.07.2016 – IX ZB 31/14, NZI 2016, S. 824.

Staudinger, Julius von, Kommentar zum Bürgerlichen Gesetzbuch mit Einführungsgesetz und Nebengesetzen, II. Band, 11. Aufl., Berlin 1958 (zit.: *Verf.*, in: Staudinger, BGB (11. Aufl.)).

Ders., Kommentar zum Bürgerlichen Gesetzbuch mit Einführungsgesetz und Nebengesetzen, 2. Buch, 15. Aufl., Berlin 2017 (zit.: *Verf.*, in: Staudinger, BGB).

Stöber, Michael, Das Auskunftsrecht der Aktionäre und seine Beschränkungen im Lichte des Europarechts, DStR 2014, S. 1680–1684.

Storg, Peter, Leistender und Leistungsempfänger im Umsatzsteuerrecht, Dissertation, Bamberg 2004.

Streinz, Rudolf, Europarecht, 10. Aufl., Heidelberg 2016.

Streit, Georg von/ *Korf*, Ralph, Erosion des Lieferbegriffs, UR 2008, S. 410–424.

Tehler, Hermann-Josef, Der Begriff „Leistungsaustausch" im Umsatzsteuerrecht – Versuch einer systemgerechten Auslegung, DStR 1983, S. 215–218.

Teichmann, Christoph, Fragerecht und Aktionärsrechterichtlinie, NZG 2014, S. 401–407.

Tipke, Klaus/ *Kruse*, Heinrich Wilhelm, Abgabenordnung/Finanzgerichtsordnung, Kommentar, Stand: 151. Lfg., Februar 2018, Köln 2018 (zit.: *Verf.*, in: Tipke/Kruse, AO).

Tipke, Klaus/ *Lang*, Joachim, Steuerrecht, 22. Aufl., Köln 2015.

Uhlenbruck, Wilhelm, Einhundert Jahre Konkursordnung, in: Uhlenbruck, Wilhelm/ Klasmeyer, Bernd/ Kübler, Bruno M. (Hrsg.), Einhundert Jahre Konkursordnung 1877–1977, Köln 1978, S. 3–34 (zit.: *Uhlenbruck*, in: Einhundert Jahre Konkursordnung, S.).

Uhlenbruck, Wilhelm, Insolvenzordnung, 14. Aufl., München 2015.

Vieweg, Klaus/ *Werner*, Almuth, Sachenrecht, 7. Aufl., München 2015.

Vogel, Wolfgang, Die umsatzsteuerrechtliche Leistung in systematischer Darstellung, DStR 1977, S. 710–716.

Voss, Reimer, Europäisches und nationales Steuerrecht, StuW 1993, S. 155–168.

Wäger, Christoph, Die Besteuerung innergemeinschaftlicher Reihengeschäfte, Dissertation, München 2000.

Ders., Umsatzsteuer bei der Verwertung von Kreditsicherheiten und Krediten, WM 2012, S. 769–777.

Wagner, Wilfried, Verwertung beweglicher Sachen und Grundstücke durch Insolvenzverwalter als steuerbare sonstige Leistung?, in: Festschrift für Wolfram Reiß zum 65. Geburtstag, Köln 2008, S. 185–193 (zit.: *Wagner*, FS Reiß 2008).

Waza, Thomas/ *Uhländer*, Christoph/ *Schmittmann*, Jens M., Insolvenzen und Steuern, 11. Aufl., Herne 2015.

Weber, Friedrich, Fragen der Gestaltung des Konkursverfahrens in rechtspolitischer und rechtsvergleichender Sicht, KTS – Konkurs; Treuhand- und Schiedsgerichtswesen 1959, S. 80–88.

Weigert, ...OLGR, Urteilsanmerkung v. RG Urt. v. 14.10.1927 – VI [VII] 122/27 zu Nr. 12, JW 1928, S. 63–64.

Weimann, Rüdiger/ *Kraatz*, Hans-Joachim/ *Grobbel*, Tim, Verwertung von Sicherungsgut (Teil I), StB 2015, S. 82–85.

Weis, Ditmar/ *Ristelhuber*, Johannes, Die Verwertung von Grundbesitz im Insolvenzverfahren und die Kostenpauschalen für die Insolvenzmasse, ZInsO 2002, S. 859–863.

Weiss, Eberhard, Anmerkung BFH Urt v. 06.12.1979 – V R 87/72, UR 1980, S. 73–77.

Ders., Anmerkung BFH Urt v. 07.05.1981 – V R 47/76, UR 1981, S. 147–151.

Ders., Nochmals: Der Begriff „Leistungsaustausch" im Umsatzsteuerrecht – Versuch einer systemgerechten Auslegung. Eine Widerlegung zu dem Beitrag von Tehler, DStR 1983, 215, DStR 1983, S. 505.

Ders., Quo vadis Umsatzsteuer? Rückblick und Ausblick auf zwei Umsatzsteuersysteme, UR 1993, S. 329–335.

Welzel, Peter, Masseverwertung nach der InsO aus umsatzsteuerrechtlicher Sicht, ZIP 1998, S. 1823–1834.

Wellenhofer, Marina, Sachenrecht, 32. Aufl., München 2017.

Weymüller, Rainer, Umsatzsteuergesetz, Kommentar, 1. Aufl., München 2015 (zit.: *Verf.*, in: Weymüller, UStG).

Wieacker, Franz, Leistungshandlung und Leistungserfolg im bürgerlichen Schuldrecht, in: Festschrift für H. C. Nipperdey zum 70. Geburtstag, München 1965, S. 783–813 (zit.: *Wieacker*, FS Nipperdey 1965).

Winheller, Stefan/ *Geibel*, Stefan J./ *Jachmann-Michel*, Monika (Hrsg.), Gesamtes Gemeinnützigkeitsrecht, 1. Aufl., Baden-Baden 2017.

Winterberg, Bruno, Kann der Sicherungseigentümer, der durch Besitzkonstitut erworben hat, im Konkurse des Übereigners Herausgabe der übereigneten Sachen zwecks Verwertung verlangen oder muss er die Verwertung dem Konkursverwalter überlassen?, Der Referendar 1932, S. 187–190.

Forum Unternehmens-, Steuer- und Bilanzrecht

Deutsche, europäische und internationale Rechtsfragen

Herausgegeben von Oliver Fehrenbacher / Michael Stöber

Band 1 Patrick Hoor: Verdeckte Gewinnausschüttung und freigebige Zuwendung einer GmbH. 2016.

Band 2 Stephan Kappes: Ertragsteuerliche Behandlung von Sanierungsgewinnen. 2016.

Band 3 Franziska Stahmann: Sonstige Sonderbetriebseinnahmen im Abkommensrecht. Kapitalgesellschaftsbeteiligungen im notwendigen Sonderbetriebsvermögen II. 2017.

Band 4 Suzanne Wagner: Spekulative Optionsgeschäfte aus vertragsrechtlicher, handelsbilanzrechtlicher und steuerrechtlicher Sicht. 2018.

Band 5 Stephan Randt / Oliver Fehrenbacher: Neue ordentliche Testamentsformen. 2018.

Band 6 Christian Hornung: Leaver-, Vesting und Shoot-Out-Klauseln. 2018.

Band 7 Christian Schubert: Vorteilsausgleich und Steuern. 2018.

Band 8 Benjamin Westermann: Zivilrechtliche Folgen steuerlicher Rechtsirrtümer bei Cum-/Ex-Geschäften. 2018.

Band 9 Ramona Claußen: Die Verwertung von Sicherungseigentum durch den Insolvenzverwalter – eine umsatzsteuerrechtliche Betrachtung. 2018.

Band 10 Raika Anika Voldrich: Grenzüberschreitende Spenden. 2018.

www.peterlang.com

www.ingramcontent.com/pod-product-compliance
Ingram Content Group UK Ltd.
Pitfield, Milton Keynes, MK11 3LW, UK
UKHW021127041026
8980IPUK00026B/831

9 783631 765517